# A CIDADE

JOEL KOTKIN

# A CIDADE
UMA HISTÓRIA GLOBAL

*Tradução*
Rafael Mantovani

Copyright © 2005 Joel Kotkin

Todos os direitos desta edição reservados à
Editora Objetiva Ltda.
Rua Cosme Velho, 103
Rio de Janeiro – RJ – Cep: 22241-090
Tel.: (21) 2199-7824 – Fax: (21) 2199-7825
www.objetiva.com.br

Título original
*The City – A Global History*

Capa
Mariana Newlands

Imagens de capa
Cameron Davidson/Corbis/Corbis (DC)/Latinstock
Corbis/Corbis (DC)/Latinstock

Revisão
Fatima Fadel
Bruno Fiuza
Talita Papoula

Editoração eletrônica
Abreu's System Ltda.

CIP-BRASIL. CATALOGAÇÃO-NA-FONTE
SINDICATO NACIONAL DOS EDITORES DE LIVROS, RJ

K88c

    Kotkin, Joel
        A cidade : uma história global / Joel Kotkin ; tradução Rafael Mantovani. - Rio de Janeiro : Objetiva, 2012.

        Tradução de: *The city*
        255p.             ISBN 978-85-390-0333-4

        1. Cidades e vilas - História. 2. Sociologia urbana. 3. Civilização.
    I. Título.

12-0379                          CDD: 307.7609
                                CDU: 316.334.56

Para meu irmão, Mark

# Sumário

Agradecimentos 9
Prefácio 13
Introdução: Lugares sagrados, seguros e movimentados 17
Cronologia 23

### PARTE UM
## ORIGENS: A ASCENSÃO DAS CIDADES EM UM CONTEXTO GLOBAL

Capítulo um: Origens sagradas 35
Capítulo dois: Projeções de poder — a ascensão da cidade imperial 42
Capítulo três: As primeiras capitais comerciais 46

### PARTE DOIS
## AS CIDADES CLÁSSICAS DA EUROPA

Capítulo quatro: A façanha grega 53
Capítulo cinco: Roma — a primeira megalópole 62
Capítulo seis: O eclipse da cidade clássica 70

### PARTE TRÊS
## A ÉPOCA ORIENTAL

Capítulo sete: O arquipélago islâmico 79
Capítulo oito: Cidades do Império do Meio 89
Capítulo nove: Oportunidade perdida 96

PARTE QUATRO
## AS CIDADES OCIDENTAIS REAFIRMAM SUA PRIMAZIA

CAPÍTULO DEZ: O RENASCIMENTO URBANO DA EUROPA 103
CAPÍTULO ONZE: CIDADES DE MAMON 114

PARTE CINCO
## A CIDADE INDUSTRIAL

CAPÍTULO DOZE: A REVOLUÇÃO URBANA ANGLO-AMERICANA 125
CAPÍTULO TREZE: O MAL-ESTAR NA INDUSTRIALIZAÇÃO 139

PARTE SEIS
## A METRÓPOLE MODERNA

CAPÍTULO CATORZE: A BUSCA POR UMA "CIDADE MELHOR" 155
CAPÍTULO QUINZE: O TRIUNFO DOS SUBÚRBIOS 162
CAPÍTULO DEZESSEIS: O DILEMA PÓS-COLONIAL 173
CAPÍTULO DEZESSETE: "RAINHAS DO ORIENTE MAIS DISTANTE" 185
CONCLUSÃO: O FUTURO URBANO 196

NOTAS 213
SUGESTÕES DE LEITURA 239
ÍNDICE 247

# AGRADECIMENTOS

Escrever este livro foi algo como o equivalente intelectual de uma guerra de trincheiras. O escopo era tão vasto, e a necessidade de informações tão premente, que muitas vezes me senti assoberbado pela tarefa que tinha diante de mim, e perturbado pelo ritmo aparentemente tortuoso de progresso.

Uma experiência tão exaustiva, embora altamente satisfatória, teria sido intolerável sem a ajuda e a indulgência de vários indivíduos. Primeiro quero agradecer a minha agente, Melanie Jackson, e a minha assessora de imprensa, Jackie Green, por seu apoio incessante. Também tenho uma grande dívida para com meus editores da Random House, primeiro Scott Moyers e depois Will Murphy, por seu excelente trabalho de edição e orientação.

Editores de diversos jornais e revistas ajudaram a aprimorar este esforço. Sou especialmente grato a editores que são velhos conhecidos meus, acima de tudo Gary Spiecker, do *Los Angeles Times*, e Steve Luxemburg e Zofia Smardz, do *Washington Post*. Também devo agradecer a Patrick J. Lyons, do *New York Times*; Barbara Phillips e Max Boot, do *Wall Street Journal*; e Ed Sussman, da revista *Inc*. Além disso, gostaria de expressar minha gratidão especial a Karl Zinsmeister, do *American Enterprise*, por diversas oportunidades maravilhosas, ótimas conversas e incentivo constante.

Devo muito àqueles que contribuíram de forma mais direta com este esforço, meus assistentes de pesquisa da School of Public Policy da Pepperdine University, onde fui um *senior fellow* até o verão de 2004. Esta equipe inclui Heather Barbour, Joseph "Joe" Hummer, Mingjie "Carol" Li, Cynthia Guerrero e Sarah Priestnall, todos os quais me auxiliaram de forma significativa neste esforço.

Sou especialmente grato a duas assistentes que, depois de formadas, continuaram a colaborar com este trabalho. Erika Ozuna, agora outra vez residente em McAllen, Texas, ajudou não só com a pesquisa geral, mas principalmente com o que dizia respeito a seu país nativo, o México. A reverenda Karen Speicher não apenas fez uma pesquisa excepcional, mas também influenciou o conteúdo do livro, especialmente no tocante ao papel central da religião. Eu também gostaria de agradecer aos funcionários da Pepperdine, principalmente David Davenport, ex-presidente da universidade, Sheryl Kelo, Brad Cheves, Britt Daino, Marie-Ann Thaler e James Wilburn, assim como meu colega Michael Shires.

A pesquisa sobre cidades também contou com o apoio do Milken Institute, especialmente Ross DeVol e Suzanne Trimbath, e acima de tudo Perry Wong, que fez a gentileza de me ajudar com as seções sobre a história da China. Também sinto uma dívida de gratidão para com Ali Modarres, professor da California State University em Los Angeles e especialista em cidades islâmicas. David Friedman, meu bom amigo e parceiro intelectual, me ajudou a pensar o livro, principalmente nas seções referentes ao Japão. Além disso, quero agradecer a meu colega da New America Foundation, Gregory Rodriguez, que me ofereceu sua amizade assim como seu conhecimento sobre Los Angeles e o impacto da imigração. Gostaria de expressar minha gratidão a Robert Carr, que de bom grado fez a manutenção e o projeto da rede eletrônica sem a qual este livro não teria sido escrito.

Minha compreensão de Los Angeles foi aprimorada pelo trabalho que realizei para a Economic Alliance of the San Fernando Valley com a assistência de Robert Scott, David Fleming e Bruce Ackerman. Além disso, tive a sorte de trabalhar em projetos junto à Los Angeles Economic Development Corporation, especialmente com Matt Toledo, Lee Harrington e Jack Kyser. No Inland Empire, agradeço a oportunidade de trabalhar com o La Jolla Institute e o Inland Empire Economic Partnership, principalmente Steve PonTell e Terri Ooms. Também aprendi muito sobre a Califórnia e as cidades em geral com Kevin Starr, agora na University of Southern California.

Meu entendimento de outras cidades americanas contemporâneas foi imensamente auxiliado por meu trabalho em diversos locais. Em muitos destes lugares, recebi a ajuda de meu amigo William Frey, um demógrafo que trabalha na Brookings Institution e na University of Michigan. John Kasarda, do Kenan Institute da University of North Carolina, também me deu incentivo e comentários oportunos enquanto o manuscrito estava sendo preparado.

Falar e trabalhar como consultor me forneceu uma inestimável experiência em primeira mão sobre o funcionamento das cidades. Tive a sorte de aprender muito sobre o centro dos Estados Unidos através de meu contato com a Regional Chamber and Commerce Association of St. Louis, especialmente nas pessoas de Dick Fleming, Robert Coy e Debbie Frederick. Andrew Segal, David Wolff e o prefeito Bob Lanier, de Houston, também me ajudaram a entender e assimilar a dinâmica desta crescente metrópole vital do Texas. Meu trabalho com Delore Zimmerman, diretora da CEO Praxis, me propiciou uma excelente compreensão da dinâmica das cidades pequenas das Grandes Planícies, enquanto o trabalho com Leslie Parks foi muito valioso em lugares como San Jose e Portland, Oregon.

Em Nova York, tive a sorte de ser um colega do Newman Institute do Baruch College, City University of New York, e ter muitas conversas com Henry Wollman, um proeminente desenvolvedor e diretor do instituto. Também em Nova York, gostaria de agradecer ao Center for an Urban Future, incluindo Neil Kleiman, Jonathan Bowles, Kim Nauer e Noemi Altman, colegas no estudo realizado em 2004 sobre o futuro da maior metrópole dos Estados Unidos.

Também recebi ajuda na Europa, principalmente de Eduard Bomhoff e da cidade de Roterdã, que patrocinou uma visita minha para que eu visse e aprendesse sobre essa grande cidade portuária. Geert Mak e Paul Brink em Amsterdã foram guias imprescindíveis da precursora essencial da metrópole comercial moderna. Além disso, agradeço a ajuda em entender Montreal oferecida por meu tio (por aproximação) Léon Graub e por diversas pessoas de Paris, incluindo meus cunhados e sogros franceses.

No que diz respeito à Ásia, sempre terei uma dívida para com meu *sensei* japonês, o falecido Jiro Tokuyama, cuja sabedoria permanece viva em mim, mesmo que ele tenha passado para outro plano. Meu amigo Vincent Diau foi uma fonte constante de informações sobre os acontecimentos recentes na China.

Talvez ninguém tenha me ajudado mais na realização deste livro do que meu amigo e ocasional coautor Fred Siegel, professor de história urbana da Cooper Union em Nova York. O conhecimento de história urbana de Fred, especialmente sobre a Europa e os Estados Unidos, orientou muitas de minhas decisões de leitura e, às vezes, contestou ideias que precisavam ser contestadas.

É com minha família, que foi obrigada a aguentar minhas intermináveis reclamações e meus ocasionais acessos de murros na escrivaninha, que tenho a maior dívida de todas. Isto inclui meu irmão, Mark, a quem este livro é dedicado, minha cunhada, Pamela Putnam, e minha admirável mãe, Loretta Kotkin. E mais especialmente minha maior inspiração constante, minha amada e sempre paciente esposa Mandy, minhas filhas queridas — a sempre curiosa Ariel Shelley e a recém-chegada em nosso lar da Califórnia, a pequena Hannah Elisabeth. Esperamos ouvir falar muito destas duas jovens citadinas no futuro.

# Prefácio

A evolução das cidades materializa a história da humanidade, conforme ela se ergueu das origens primitivas para se impor no mundo. Esta evolução também representa, como o teólogo francês Jacques Ellul uma vez observou, a queda do homem do estado de graça natural e a subsequente tentativa de criar uma nova ordem praticável.

"Caim construiu uma cidade", escreveu Ellul. "Ele substituiu o Éden divino pelo seu próprio."[1] Esta luta para criar um novo tipo de ambiente artificial ocupou os primeiros urbanistas, da Mesoamérica a China, Norte da África, Índia e Mesopotâmia. Neste processo, eles forjaram uma ordem social e moral que transcendeu os antigos relacionamentos tribais e de clãs que antes haviam moldado os relacionamentos humanos.

Dois temas centrais orientaram esta história das cidades. O primeiro é a universalidade da experiência urbana, apesar de grandes diferenças de raças, climas e lugares. Isto já era verdade mesmo antes que a comunicação instantânea, as redes globais e a facilidade do transporte tornassem ainda mais óbvias as semelhanças entre as cidades. Como observou o historiador francês Fernand Braudel: "Uma cidade é sempre uma cidade, onde quer que se situe, no tempo como também no espaço."[2]

O diário de Bernal Díaz, do século XVI, com o qual este livro começa, revela isto de modo surpreendente. Díaz, um soldado da companhia de Cortés, deparou-se com uma urbanidade que lhe era totalmente estranha — a grande cidade de Tenochtitlán, atual Cidade do México — e que, no entanto, exibia características encontradas em cidades europeias como Sevilha, Antuérpia ou Constantinopla.

Assim como uma metrópole europeia, Tenochtitlán era ancorada por um grande centro religioso, um espaço sagrado. Situava-se num local bem defendido e seguro, que permitia uma intensa vida urbana. A grande capital asteca também ostentava grandes mercados que, embora oferecessem diversos artigos estranhos e exóticos, ainda assim funcionavam mais ou menos do mesmo modo que suas contrapartes em cidades do outro lado do Atlântico.

Estas semelhanças podem ser observadas em cidades do mundo inteiro hoje. Forças policiais, centros comerciais e instituições religiosas no leste da Ásia, na Ânglia Oriental ou nos vastos subúrbios de Los Angeles muitas vezes funcionam de modos similares, ocupam os mesmos lugares cruciais na metrópole, e até compartilham formas arquitetônicas comuns. Além disso, há a "sensação" visceral da cidade quase em toda parte — o mesmo passo rápido numa rua movimentada, um mercado informal ou um cruzamento de avenidas, a necessidade de criar lugares notáveis, o compartilhamento de uma identidade cívica exclusiva.

Vários historiadores urbanos já identificaram este fenômeno com um tipo especial de cidade — a área urbana central densamente populada, personificada por Nova York, Chicago, Londres, Paris ou Tóquio. Minha definição é consideravelmente mais vasta, e procura incluir também muitas das áreas metropolitanas mais novas e esparsas, tais como minha cidade natal adotiva de Los Angeles, e também as diversas regiões metropolitanas altamente dispersas e multipolares do mundo em desenvolvimento. Embora formalmente diferentes dos centros urbanos "tradicionais", todas essas regiões urbanas mais recentes continuam sendo, em suas características essenciais, cidades.

Isso leva a uma segunda generalização sobre o que caracteriza as cidades bem-sucedidas. Desde as origens mais remotas, as áreas urbanas realizaram três funções cruciais distintas — criar um espaço sagrado, proporcionar segurança básica e abrigar um mercado. As cidades possuíram estas características em graus maiores ou menores. Falando de modo geral, uma fraqueza evidente nestes três aspectos da urbanidade abalou os fundamentos da vida e acabou levando ao declínio de tais centros urbanos.

Hoje, as diferentes cidades do mundo cumprem estas funções com graus variados de sucesso. Nas cidades em expansão do mundo em desenvolvimento, a falta de uma economia operante e de uma ordem política estável assoma como o problema mais premente. Em diversos casos, os moradores destas cidades ainda conservam grandes laços familiares e sistemas de crença — sejam eles antigas religiões populares, cristianismo, islamismo ou budismo —, porém a base da cidade material foi corroída. Isso dá origem a um novo fenômeno histórico, a grande cidade que cresce sem o costumeiro aumento de prosperidade ou poder.

Os problemas essenciais que afligem regiões urbanas no Ocidente, e cada vez mais nas partes desenvolvidas do leste e do sul da Ásia, são de uma natureza diferente. Muitas vezes, as cidades destas regiões são relativamente seguras e, quando incluídos seus perímetros suburbanos, notavelmente prósperas sob parâmetros históricos. No entanto, estas cidades parecem cada vez mais necessitar de um senso compartilhado de lugar sagrado, identidade cívica ou ordem moral.

A melhor ilustração para isso é o rápido declínio geral das famílias de classe média em diversos dos centros urbanos mais importantes do mundo. Hoje, cidades de elite muitas vezes atraem turistas, populações de classe alta trabalhando no nível mais elevado de serviços empresariais, e aqueles que podem suprir suas necessidades, assim como os jovens nômades, muitos dos quais depois se mudam para outros lugares. Esta cidade cada vez mais efêmera parece situar seus valores mais elevados em qualidades transitórias como "descolado", "cool", "estiloso" e "da moda".

Estas características, por mais atraentes que sejam em sua aparência, não podem substituir os laços essenciais mais duradouros de família, fé, cultura cívica e vizinhança. Nem uma estreita economia transacional ou recreativa pode exercer o mesmo papel que uma economia fundada sobre uma vasta diversidade de indústrias alimentando as ambições de famílias ascendentes. Cada vez mais, estas famílias buscam refúgio ainda mais longe do centro urbano, muitas vezes na periferia ou em cidades menores fora do perímetro urbano.

Esses fenômenos não representam um desafio tão grave quanto a extrema pobreza e a instabilidade comuns às cidades do mundo em desenvolvimento. No entanto, o estudo da história urbana também sugere que mesmo cidades afluentes sem coesão moral ou um senso de identidade cívica estão condenadas à decadência e ao declínio. É minha esperança que as cidades contemporâneas — onde quer que estejam situadas — ainda possam encontrar meios de desempenhar suas funções históricas e assim fazer deste século, o primeiro em que uma maioria de pessoas vive em cidades, um século urbano, não apenas em termos demográficos, mas também em valores mais transcendentes.

O leitor talvez não concorde totalmente com esta análise ou com muitas de minhas afirmações. Em vários aspectos, essa não é a questão crucial. Este livro é pensado principalmente não como uma análise, mas como um guia, instigando o leitor a explorar mais a fundo os fundamentos da experiência urbana. Uma vez apresentado a esta história em andamento, o leitor irá, espero, apreciar mais plenamente a complexidade da experiência urbana que tanto enriqueceu minha vida e a de minha família.

# Introdução:
## Lugares sagrados, seguros e movimentados

Em 8 de novembro de 1519, Bernal Díaz del Castillo deparou-se com uma visão que continuaria gravada em sua memória durante décadas. O soldado[1] espanhol de 17 anos já havia encontrado sinais de uma civilização urbana cada vez mais intensa conforme marchara, com seus menos de quatrocentos companheiros, das planícies úmidas do México rumo aos planaltos vulcânicos. E, num indício do que estava por vir, notou "pilhas de crânios humanos" dispostas em fileiras caprichosas, no topo dos templos provincianos.[2]

Então, de repente, apareceu uma cidade de escala quase inimaginável, construída no alto das montanhas, sobre lagos coroados por um círculo de picos vulcânicos. Ele viu largas vias elevadas cheias de canoas, e avenidas onde se vendia todo tipo de vegetais, aves e utensílios. Viu sofisticadas casas cobertas de flores, grandes palácios e templos reluzentes erguendo-se ao sol mexicano:

> Contemplando tais visões maravilhosas, não sabíamos o que fazer ou dizer, ou se o que surgia diante de nós era real, pois de um lado, na terra, havia grandes cidades; e no interior do lago havia ainda mais, e o próprio lago estava apinhado de canoas, e na via elevada havia muitas pontes espaçadas, e diante de nós erguia-se a grande Cidade do México...[3]

A memória "dessas visões" — registrada quarenta anos depois por Bernal Díaz já velho, morando na Guatemala — é como as que vêm inspirando seres humanos desde que estes começaram a construir grandes cidades. A reação de Díaz poderia ter sido compartilhada por um nômade semita deparando-se pela primeira vez com as muralhas e pirâmides da Suméria 5 mil anos antes, um oficial chinês de província adentrando Loyang no século VII a.C., um peregrino muçulmano chegando de caravana aos portões de Bagdá no século IX ou um camponês italiano no século passado espiando, de um navio a vapor, as imponentes torres da ilha de Manhattan.

## A UNIVERSALIDADE DA EXPERIÊNCIA URBANA

A maior criação da humanidade foi suas cidades. Elas representam a extrema realização de nossa imaginação enquanto espécie, atestando nossa capacidade de reformar o ambiente natural das maneiras mais profundas e duradouras. De fato, hoje nossas cidades podem ser vistas do espaço sideral.

As cidades congregam e deflagram os impulsos criativos da humanidade. Desde os tempos mais remotos, quando apenas uma fração minúscula dos seres humanos vivia em cidades, elas foram os lugares que geraram a maior parte da arte, religião, cultura, do comércio e da tecnologia da humanidade. Esta evolução ocorreu de forma mais prodigiosa num punhado de cidades cuja influência depois se difundiu para outros centros através de conquista, comércio, religião e, mais recentemente, telecomunicações de massa.

Ao longo dos cinco a sete milênios em que os humanos vêm criando cidades, eles já o fizeram de incontáveis formas. Algumas começaram como pouco mais que vilas, as quais, com o tempo, aglomeraram-se e ganharam volume. Outras refletiram a visão consciente de um alto sacerdote, regente ou da elite empresarial, seguindo um plano geral de cumprir algum propósito divino, político ou econômico maior.

Cidades foram construídas em praticamente todas as partes do mundo, desde os planaltos do Peru até a ponta do sul da África e os litorais da Austrália. Acredita-se que as pegadas urbanas permanentes mais antigas estejam na Mesopotâmia, a terra entre os rios Tigre e Eufrates. Dessas raízes brotou uma infinidade de outras metrópoles sucessivas que representam as experiências fundadoras da herança urbana ocidental — incluindo Ur, Ágade, Babilônia, Nínive, Mênfis, Knossos e Tiro.

Muitas outras cidades surgiram de forma essencialmente independente desses primeiros povoamentos mesopotâmicos e mediterrâneos. Algumas delas, tais como Mohenjo-daro e Harappa, na Índia, e Chang'an, na China, atingiram escala e complexidade equiparáveis a qualquer de suas contemporâneas ocidentais.[4] De fato, durante muitos séculos após a queda de Roma, estas capitais "orientais" estiveram entre os sistemas urbanos mais avançados e complexos do planeta. O urbanismo deve ser considerado não como um fenômeno essencialmente ocidental, com um único conjunto de raízes, mas sim como um fato que já assumiu vários aspectos, embora reflita alguma aspiração humana universal maior.

O local primário das cidades determinantes em cada região do mundo mudou diversas vezes. No século V a.C., o historiador grego Heródoto notou a ascensão e a queda, frequentemente rápidas, de grandes lugares. Enquanto viajava para cidades grandes e pequenas, este perspicaz observador precoce registrou:

> Pois muitas das que já foram grandes hoje são pequenas; e as que costumavam ser pequenas tornaram-se grandes em meu próprio tempo. Sabendo, portanto, que a prosperidade humana nunca se detém por muito tempo no mesmo lugar, prestarei atenção a ambas igualmente.[5]

No tempo de Heródoto, algumas das maiores e mais populosas cidades de seu passado — Ur, Nínive — tinham decaído e se tornado insignificantes, deixando pouco mais que os ossos secos do que outrora haviam sido pulsantes organismos urbanos. Cidades como Babilônia, Atenas e Siracusa estavam, naquele momento, em seu glorioso auge; dentro de uns poucos séculos, seriam suplantadas por cidades ainda maiores, notavelmente Alexandria e Roma.

As questões cruciais da época de Heródoto ainda permanecem: o que torna grandes as cidades, e o que leva a seu gradual declínio? Como este livro pretende argumentar, três fatores críticos vêm determinando a saúde geral das cidades — o aspecto sagrado do lugar, a capacidade de proporcionar segurança e projetar poder, e por fim o papel animador do comércio. Onde esses fatores estão presentes, a cultura urbana floresce. Quando esses elementos enfraquecem, as cidades se dissipam, acabam minguando e desaparecendo da história.

## O ASPECTO SAGRADO DO LUGAR

Estruturas religiosas — templos, catedrais, mesquitas e pirâmides — por muito tempo dominaram a paisagem e a imaginação das grandes cidades. Esses edifícios sugeriam que a cidade também era um lugar sagrado, ligado diretamente a forças divinas que controlavam o mundo.

Em nossos tempos, de orientação tão mais secular, as cidades buscam recriar o senso de lugar sagrado por meio de imensos edifícios comerciais e estruturas culturais evocativas. Tais visões inspiram um senso de patriotismo cívico ou admiração, embora sem a sugestão reconfortante da orientação divina. "Uma paisagem impactante", sugeriu o historiador Kevin Lynch, "é o esqueleto" em que os moradores da cidade constroem seus "mitos socialmente importantes".[6]

## A NECESSIDADE DE SEGURANÇA

Os sistemas de defesa também exerceram um papel crucial na ascendência das cidades. Uma cidade precisa antes de tudo ser segura. Como observou o historiador Henri Pirenne, muitas cidades primeiro surgiram como locais de refúgio, a salvo de nômades saqueadores ou da ausência geral de lei que caracterizou grandes partes do planeta ao longo da história. Quando a capacidade de uma cidade de garantir a segurança diminuiu, como no fim do Império Romano no Ocidente ou durante o final do século XX com a alta criminalidade, os citadinos recuaram para regiões mais afastadas ou migraram para outro bastião urbano mais seguro.[7]

## O PAPEL DO COMÉRCIO

No entanto, apenas santidade e segurança não podem criar grandes cidades. Sacerdotes, soldados e burocratas podem fornecer os pré-requisitos para o êxito urbano, mas eles próprios não podem produzir riqueza suficiente para sustentar grandes populações por um longo período de tempo. Isto requer uma economia ativa de artesãos, mercadores, trabalhadores e, infelizmente, em diversos lugares ao longo da história até os dias recentes, escravos. Tais pessoas, necessariamente a vasta maioria dos citadinos, têm, desde o advento do capitalismo, surgido como os criadores primários da própria cidade.

# CRONOLOGIA

| | | |
|---|---|---|
| a.C. | aprox. 25000 | *Homo sapiens* plenamente desenvolvido |
| | 8000 | Rudimentos de pecuária e agricultura no Oriente Próximo |
| | 7500-6800 | Fundação de Jericó |
| | 7000 | Fim da última Era do Gelo |
| | 6000 | Jericó constrói muralhas e mostra sinais de administração |
| | 4000 | Excedentes de alimento desenvolvem-se no vale do Tigre e Eufrates |
| | 3500 | Primeiros exemplos de escrita encontrados em Uruk, Mesopotâmia |
| | 3000 | Início da civilização minoica em Creta |
| | 2600 | Construção da Grande Pirâmide de Quéops |
| | 2500-2400 | Comércio regular desenvolve-se entre a Suméria e Dilmun, no Golfo Pérsico |
| | aprox. 2300 | Sargão funda e governa Ágade perto da Babilônia, capital do Estado Acádio Unido |
| | 2150 | Emergência das cidades harappeanas na Índia |
| | 2004 | Queda da última dinastia suméria |
| | 2000 | Início da Era Minoica em Creta |
| | 1960 | Invasão dos semitas fragmenta antigos impérios mesopotâmicos |
| | 1900 | Data aproximada de nascimento do patriarca Abraão na Mesopotâmia |
| | 1894 | Primeira Dinastia da Babilônia sob Samu-abum |
| | 1792-1750 | Reinado de Hamurabi na Babilônia |
| | 1750 | Surgimento da civilização urbana Shang na China |
| | 1730 | Hicsos invadem e conquistam o Egito |
| | 1766 | Data aproximada do início da dinastia Shang |

| | |
|---|---|
| 1600 | Ascensão das cidades miceneias na Grécia |
| 1400 | Destruição do palácio de Knossos |
| 1400-1200 | Período áureo de Ugarit |
| 1200 | Época aproximada do Êxodo de israelitas do Egito |
| 1111 | Início aproximado da dinastia Chou |
| 961-922 | Reinado de Salomão em Jerusalém |
| 814 | Fundação de Cartago |
| 753 | Fundação lendária de Roma |
| 600 | Fundação de Massalia, depois Marselha, por colonizadores gregos |
| 592 | Sólon designado para conciliar conflito civil em Atenas |
| 587 | Nabucodonosor reconquista Jerusalém |
| 559-529 | Reinado de Ciro, o Grande, da Pérsia |
| 515 | Restauração do Templo de Jerusalém |
| 480-479 | Invasão da Grécia pelos persas |
| 475-221 | "Período dos Estados Combatentes" |
| 450 | Promulgação da Lei das Doze Tábuas em Roma |
| 431-404 | Guerra do Peloponeso solapa cidades-estado gregas |
| 338 | Filipe estabelece hegemonia sobre cidades-estado gregas |
| 332 | Tiro capturada por Alexandre, o Grande |
| 332 | Fundação de Alexandria |
| 331 | Alexandre derrota exércitos persas em Gaugamelos |
| 323 | Morte de Alexandre |
| 321 | Chandragupta Maurya começa a construir um império na Índia |
| 221 | Fundação da dinastia Ch'in sob Shih Huang-ti |
| 168 | Revolta dos judeus contra os gregos seleucenses |
| 146 | Destruição de Cartago |
| 100 | Fundação de Cantão |
| 63 | Pompeu conquista Jerusalém, profana o Templo |
| 44 | Assassinato de Júlio César |
| 31 | Batalha de Áccio |

| | |
|---|---|
| d.C. 27 | Data da fundação do Império Romano sob Augusto |
| 54 | Grande incêndio de Roma sob Nero |
| 70 | Destruição do Templo em Jerusalém |
| 98 | Trajano torna-se o primeiro imperador não itálico |
| 161 | Marco Aurélio torna-se imperador |
| 220 | Queda da dinastia Han |
| 306 | Constantino torna-se imperador, faz do cristianismo a religião oficial |
| 324 | Conclusão da Basílica de São Pedro original em Roma |
| 326 | Estabelecimento de Constantinopla como capital oriental do império |
| 395 | Divisão do Império Romano, quando Bizâncio surge como centro do antigo mundo romano |
| 410 | Alarico I, o Visigodo, saqueia Roma |
| 413 | Santo Agostinho começa *A cidade de Deus* |
| 421 | Data da fundação mitológica de Veneza |
| 476 | Queda do Império Romano no Ocidente |
| 500 | Início da construção de complexos de capitais no Japão |
| 537 | Conclusão da Basílica de Santa Sofia em Constantinopla |
| 570 | Maomé nasce em Meca |
| 581 | Fundação da dinastia Sui |
| 618 | Fundação da dinastia Tang |
| 622 | Hégira de Maomé de Meca para Medina |
| 632 | Morte de Maomé |
| 635 | Árabes ocupam Damasco |
| 637 | Árabes conquistam Jerusalém |
| 639-647 | Conquista do Egito pelos árabes; fundação de Fustat, predecessora do Cairo |
| 661 | Califado muda-se de Damasco para Medina |
| anos 690 | Árabe substitui grego como principal língua administrativa |
| 708 | Fundação de Nara |
| 732 | Charles Martel derrota os árabes em Poitiers |

| | |
|---|---|
| 749 | Califado se muda para Bagdá |
| 751 | Árabes derrotam exército chinês na Ásia Central |
| 794 | Nova capital imperial japonesa em Heian (Kyoto) |
| 800 | Carlos Magno coroado imperador em Roma |
| 885-887 | Paris resiste com êxito à invasão norueguesa |
| 960 | Ascensão da dinastia Sung |
| 968 | Fundação do Cairo |
| 971 | Primeira alfândega fundada em Cantão |
| 987 | Hugo Capeto eleito rei da França em Paris |
| 1037 | Construção da Catedral de Santa Sofia em Kiev |
| 1095 | Início da Primeira Cruzada |
| 1163 | Início da construção da Catedral de Notre-Dame |
| 1176 | Início da muralha e Cidadela do Cairo sob Saladino |
| 1179 | Filipe Augusto torna-se rei da França, inicia obra de pavimentação das ruas de Paris e construção de novas muralhas |
| 1192 | Muçulmanos, sob o rei Maomé, tomam o reino de Déli |
| 1204 | Cruzados conquistam Constantinopla |
| 1231 | Gêngis Khan toma Pequim |
| 1250 | Mamelucos tomam o poder no Egito |
| 1258 | Conclusão da Catedral de Notre-Dame em Paris |
| 1258 | Mongóis capturam Bagdá |
| 1267-1293 | Construção de Da Du, ou Grande Capital, no local de Pequim |
| 1279 | Mongóis conquistam definitivamente a China |
| 1291 | Fim das Cruzadas |
| 1299 | Mongóis destroem Damasco |
| 1300 | Ano da entrada no Inferno na *Divina comédia*, de Dante |
| 1303 | Mongóis derrotados em Marj al-Saffrar |
| 1325 | Fundação de Tenochtitlán |
| 1325 | Ibn Battuta começa suas viagens |
| 1337 | Início da Guerra dos Cem Anos entre Inglaterra e França |

| | |
|---|---|
| 1347 | Grande praga extermina metade da população de Veneza |
| 1348 | Grande epidemia de praga devasta o Cairo |
| 1368 | Queda dos mongóis e fundação da dinastia Ming |
| 1377 | Ibn Khaldun termina o *Muqaddimah* |
| 1394 | Seul estabelecida como capital da dinastia Yi |
| 1402-1424 | Período do imperador Yung Lo, auge da expansão territorial da dinastia Ming |
| 1421 | Giovanni di Médici eleito gonfaloneiro em Florença; primeiro de sua família a assumir o poder |
| 1433-1434 | Ming impõe restrições ao comércio exterior |
| 1453 | Constantinopla cai sob os turcos otomanos |
| 1453 | Fim da Guerra dos Cem Anos entre França e Inglaterra |
| 1486 | Publicação da *Divina comédia*, de Dante |
| 1492 | Colombo chega à América |
| 1492 | Conquista de Granada; judeus expulsos da Espanha |
| 1498 | Vasco da Gama chega a Calicute |
| 1499 | Franceses tomam Milão; derrocada das cidades--estado itálicas |
| 1506 | Assentamento da pedra fundadora da Basílica de São Pedro em Roma |
| 1509 | Frota portuguesa sob o comando de Almeida derrota armada muçulmana em Diu |
| 1510 | Portugueses tomam Goa |
| 1517 | Queda da dinastia mameluca; otomanos tomam o Cairo. |
| 1519-1521 | Conquista de Tenochtitlán |
| 1520-1566 | Reinado de Solimão |
| 1522 | Tripulação de Magalhães completa primeira circum--navegação do globo |
| 1533 | Ivã, o Terrível, toma o trono russo |
| 1534 | Portugueses tomam controle da ilha de Bombaim |
| 1536 | Inglaterra impõe rompimento com Roma |
| 1561 | Filipe II transfere corte de Lisboa para Madri |

| | |
|---|---|
| 1563 | Assentamento da pedra fundadora do Escorial |
| 1571 | Derrota da frota turca em Lepanto |
| 1572 | Início da Grande Revolta nos Países Baixos contra a Espanha |
| 1576 | Saque de Antuérpia |
| 1584 | Toyotomi Hideyoshi muda-se para o castelo de Osaka |
| 1588 | Derrota da armada espanhola |
| 1594 | Henrique IV da França converte-se ao catolicismo |
| 1600 | Batalha de Sekigahara termina em vitória de Tokugawa Ieyasu |
| 1609 | Províncias Unidas assinam tratado de paz com a Espanha |
| 1615 | Destruição do castelo de Osaka, última fortaleza dos Toyotomi |
| 1624 | Fundação de Nova Amsterdã |
| 1633 | Xóguns Tokugawa impõem política de "seclusão nacional" no Japão |
| 1644 | Fim da dinastia Ming |
| 1664 | Britânicos se apoderam de Nova Amsterdã; fundam Nova York |
| 1665 | Britânicos tomam controle de Bombaim |
| 1682 | Luís XIV transfere sua corte para Versalhes |
| 1689 | Início do reinado de Pedro, o Grande, na Rússia |
| 1690 | Fundação de Calcutá por Job Charnock, agente da Companhia Britânica das Índias Orientais |
| 1703 | Fundação de São Petersburgo |
| 1764 | Fundação de Saint Louis |
| 1769 | James Watt obtém patente sobre motor a vapor |
| 1772 | Calcutá torna-se capital da Índia Britânica |
| 1776 | Publicação de *A riqueza das nações*, de Adam Smith |
| 1781 | Fundação de Los Angeles |
| 1785 | Teerã torna-se capital da Pérsia |
| 1788 | Fundação de Cincinnati |
| 1789 | Revolução Francesa |

| | |
|---|---|
| 1797 | Napoleão destrói a República de Veneza |
| 1800 | Londres supera a marca de um milhão de habitantes |
| 1815 | Derrota de Napoleão |
| 1819 | Fundação de Cingapura por Sir Stamford Raffles |
| 1833 | Fundação de Chicago |
| 1835 | Aprovação do Ato das Corporações Municipais na Inglaterra |
| 1841 | Hong Kong cedida à Inglaterra |
| 1842 | Tratado de Nanquim abre portos chineses e dá Hong Kong à Inglaterra; abertura da primeira concessão britânica em Xangai |
| 1844 | Publicação de *A condição da classe trabalhadora na Inglaterra*, de Friedrich Engels |
| 1848 | Parlamento britânico aprova o primeiro Ato de Saúde Pública |
| 1850 | Início da rebelião de Taiping |
| 1851 | Britânicos ocupam Lagos |
| 1851 | Grande Exposição de Londres |
| 1853 | Comodoro Perry entra na baía de Tóquio |
| 1853 | Haussman designado prefeito de Paris por Luís Napoleão |
| 1854 | Inauguração de serviço ferroviário do Cairo a Alexandria |
| 1857 | Frederick Olmsted e Calvert Vaux vencem concurso para projetar o Central Park de Nova York |
| 1860 | Subúrbios adjacentes incorporados a Paris |
| 1861 | Britânicos assumem administração de Lagos para lutar contra o tráfico escravagista |
| 1861 | Czar Alexandre II liberta os servos |
| 1863 | Britânicos assumem controle alfandegário em Xangai |
| 1867 | Pullman Palace Car Company fundada em Chicago |
| 1867 | Cingapura torna-se colônia britânica |
| 1868 | Restauração Meiji no Japão |
| 1869 | Abertura do Canal de Suez |
| 1871 | Grande incêndio de Chicago |

| | |
|---|---|
| 1871 | Berlim proclamada capital do Império Germânico |
| 1872-1893 | Fundação da Chicago Public Library e da Universidade de Chicago, construção do Field Museum e do Art Institute of Chicago |
| 1876 | Abertura do Forest Park em Saint Louis |
| 1881 | Primeira aparição da palavra *downtown* [centro da cidade] no *Webster's Dictionary* |
| 1883 | Catedral de Cristo Salvador concluída em Moscou |
| 1888 | Publicação de *Looking Back* [Olhando para trás], de Edward Bellamy |
| 1895 | Karl Lueger eleito prefeito de Viena |
| 1898 | Consolidação dos cinco *boroughs* de Nova York |
| 1902 | Publicação das Anticipations of the Reaction of Mechanical and Scientific Progress upon Human Life and Thought [Prognósticos do reflexo do progresso mecânico e científico sobre a vida e o pensamento humanos], de H.G. Wells |
| 1902 | Conclusão do Flatiron Building em Nova York |
| 1903 | Construção da primeira "cidade-jardim" em Letchworth, Inglaterra |
| 1904 | Abertura da primeira parte do metrô de Nova York |
| 1905 | Primeira grande Revolução Russa |
| 1907 | Publicação de *The Better City* [A cidade melhor], de Dana Bartlett |
| 1908 | Los Angeles promulga primeiro decreto de zoneamento abrangente dos Estados Unidos |
| 1910 | Seul ocupada pelo Japão |
| 1913 | Concluído aqueduto de Los Angeles |
| 1917 | Derrubada do regime czarista em São Petersburgo |
| 1918 | Capital russa transferida para Moscou |
| 1923 | Grande terremoto de Kanto |
| 1930 | Publicação de *O mal-estar na civilização*, de Sigmund Freud |
| 1930 | Apresentação do Plano Olmsted para os parques de Los Angeles |

| | |
|---|---|
| 1932 | Começa a construção do metrô de Moscou |
| 1933 | Catedral de Cristo Salvador demolida em Moscou |
| 1935 | Le Corbusier publica *La Ville radieuse* [A cidade radiante] |
| 1936 | Olimpíada de Berlim |
| 1939 | Publicação de *Die neue Stadt* [A nova cidade] de Gottfried Feder |
| 1942 | Inauguração do primeiro conjunto habitacional em larga escala no Brooklyn, Nova York |
| 1943 | Plano Abercrombie anunciado para a Londres do pós-guerra |
| 1945 | Divisão de Berlim |
| 1946 | Lançado o filme *Tóquio em vinte anos* |
| 1947 | Partição da Índia deflagra migração urbana em massa |
| 1947 | Começa a construção de Levittown, Nova York |
| 1949 | Tomada comunista da China continental |
| 1950-1953 | Guerra da Coreia devasta Seul |
| 1951 | Aqueduto de Lerma concluído nas imediações da Cidade do México |
| 1953 | Revoltas de Berlim |
| 1960 | Inauguração de Brasília |
| 1960 | Nigéria conquista independência |
| 1961 | Frantz Fanon publica *The Wretched of the Earth* [Os condenados da Terra] |
| 1965 | Cingapura se torna independente |
| 1965 | Revoltas de Watts em Los Angeles |
| 1966 | Começa a Revolução Cultural, forçando moradores urbanos a deixarem cidades chinesas |
| 1968 | Revoltas em grandes cidades americanas |
| 1977 | Concluídas torres gêmeas do World Trade Center |
| 1979 | Revolução islâmica no Irã |
| 1979 | Quatro Modernizações começam revitalização das economias urbanas da China |
| 1988 | Olimpíada de Seul |
| 1990 | Reunificação de Berlim |

| | |
|---|---|
| 1990 | Começa a construção de Pudong, nas imediações de Xangai |
| 1991 | Leningrado renomeada São Petersburgo |
| 1991 | Concluída sede do Governo Metropolitano de Tóquio em Shinjuku, o edifício mais alto do Japão |
| 1992 | Revoltas de Los Angeles |
| 1993 | Início da construção de Santa Fé, perto da Cidade do México |
| 1995 | Bombaim muda seu nome para Mumbai |
| 2001 | Torres gêmeas de Nova York destruídas por terroristas |
| 2003 | Estima-se que a maioria da população mundial será urbana em 2007 |

PARTE UM

# ORIGENS: A ASCENSÃO DAS CIDADES EM UM CONTEXTO GLOBAL

CAPÍTULO UM

# Origens sagradas

Muito antes que as primeiras cidades fossem erguidas no México, na China ou na Europa, os padrões essenciais da vida urbana evoluíram lentamente no Oriente Médio. Diz-se que o *Homo sapiens* atingiu sua atual forma evolutiva física básica entre 25 mil e 40 mil anos atrás, e por volta de 8000 a.C. já estava espalhado praticamente por todo o planeta habitável, incluindo as Américas e a Austrália.[1]

Com o fim da última Era do Gelo, a pecuária e a agricultura disseminaram-se, e com elas surgiu um modo de vida mais sedentário. Pequenas vilas desenvolveram-se como centros de atividades artesanais e comércio. As mais avançadas, que podem ser chamadas de "protocidades", parecem ter se desenvolvido com mais rapidez em uma vasta região que se estende pelas estepes sírias, em Jericó, Irã, Egito e Turquia.[2]

## MESOPOTÂMIA

Esta região — estendendo-se da costa oeste da Palestina até o Vale do Nilo no Egito e os rios Tigre e Eufrates — constitui o chamado "Crescente Fértil". No período mais antigo da história registrada, quanto mais longe se está dessa região, observou o historiador e arqueólogo alemão Werner Keller, "mais cresce a escuridão, e mais mínguam os sinais de civilização e cultura. É como se as pessoas nos outros continentes fossem crianças aguardando seu despertar".[3]

A bacia aluvial entre os rios Tigre e Eufrates, no que hoje é o Iraque, revelou-se um ambiente ideal para um salto impetuoso rumo ao urbanismo. Ali, na área depois conhecida pelos gregos como Mesopotâmia, o deserto árido era interrompido por pântanos cobertos de juncos, com águas apinhadas de peixes e margens repletas de plantas e animais selvagens. Ali também brotavam cereais nativos, trigo e cevada, que podiam ser cultivados de forma confiável, recompensando o fazendeiro neolítico com os tão importantes excedentes dos quais dependiam os primórdios da civilização urbana.[4]

Os primeiros construtores de cidades também enfrentaram vários desafios críticos nesse ambiente fecundo.[5] Minerais, pedra e madeira para construção eram elementos escassos. A chuva era esporádica, e os rios não inundavam naturalmente, como no Egito, as grandes áreas de terra seca à sua volta. Como consequência, os colonizadores dessa região foram forçados a desenvolver complexos sistemas para irrigar a terra.[6]

Este enorme esforço exigia uma ordem moral e social que permitisse a intricada regulação da sociedade e uma relação mais dominante com a natureza, um grande passo em sentido oposto às relações familiares e de clãs que haviam condicionado a vida tradicional nas aldeias durante milênios. Essas primeiras cidades surgiram como postos de comando para o exercício dessas funções. Para os padrões modernos ou mesmo clássicos, essas aglomerações urbanas, das quais as mais antigas chegam a remontar a 5000 a.C., eram muito pequenas. Mesmo no terceiro milênio, a poderosa "metrópole" de Ur pode ter tido menos de 60 hectares e acomodado cerca de 24 mil pessoas.[7]

Os membros da classe sacerdotal surgiram como principais organizadores da nova ordem urbana. Cabia a eles articular os princípios divinos que situavam o homem acima da natureza, incutir sistemas de culto e regular as atividades de um grande contingente de pessoas, muitas vezes sem relação alguma, na execução de complexas tarefas comunitárias.

Talvez seja difícil imaginar, em nossa atual era secular, o grau em que a religião exerceu um papel central durante a maior parte da história urbana.[8] Assim como a Igreja Católica, ou os cleros budistas, muçulmanos, astecas e hindus posteriores, os eclesiásticos sumérios proporcionavam a esses antigos centros urbanos um senso crucial de ordem e continuidade. Os sacerdotes definiam os calendários que determinavam os horários de trabalho, culto e alimentação de toda a população.[9]

Dada a primazia da classe sacerdotal, não é surpresa que os templos em louvor aos deuses dominassem a "paisagem urbana" primitiva. Um dos mais antigos desses zigurates, o santuário em Ur dedicado a Nannar, a Deusa da Lua, assomava 20 metros acima da paisagem plana da Mesopotâmia.[10] O templo alto, sugere Mircea Eliade, constituía uma "montanha cósmica" ligada diretamente ao cosmos.[11]

O templo dominava aquilo que se poderia chamar de "centro da cidade" da civilização urbana primitiva suméria. Dentro das muralhas dessa área, o templo erguia-se lado a lado com o palácio dos governantes e as casas dos moradores mais distintos. Estas estruturas conferiam a todo o distrito um senso de proteção divina e segurança.[12]

A construção desses templos estimulava o crescimento comercial das primeiras cidades. Além dos escravos, operários comuns e artesãos treinados participavam da construção dessas primeiras grandes estruturas, e muitos permaneciam ali para suprir as necessidades da classe sacerdotal. Também foi lá que, por volta de 3500 a.C., surgiram os primeiros sistemas reconhecíveis de escrita, por motivos tanto religiosos quanto comerciais.[13]

Os sacerdotes exerciam um poderoso domínio sobre o mundo material. Controlavam, em nome dos deuses, grande parte da terra da comunidade. A "família divina" era encarregada da manutenção dos canais, além do armazenamento e da distribuição do importantíssimo excedente agrícola. A *Epopeia de Gilgamesh*, cujas origens remontam aos tempos sumérios, fala do "armazém sagrado" que é o "assento de Ishtar, a Deusa".[14]

O templo também serviu como primeiro "shopping center" urbano, oferecendo, num local aberto, uma vasta gama de produtos, que iam de óleos e gorduras a juncos, asfalto, tapetes e pedras. O templo possuía até mesmo fábricas que produziam vestimentas e utensílios.

Regimes e dinastias iam e vinham, mas só as mudanças catastróficas derrubavam as instituições religiosas. Os santuários de Ur, por exemplo, foram restaurados repetidas vezes por aqueles que conquistavam a cidade. A hierarquia de deuses ou os modos de culto podiam mudar com o tempo, porém a função central da religião perdurou durante milênios.[15]

Esse padrão também persistiu muito após o auge dos sumérios. Praticamente todas as sociedades sucessoras que surgiram da região — dos babilônios e assírios aos persas — viam suas cidades como lugares essencialmente sagrados, com laços estreitos com o divino. Babilônia, a maior das cidades mesopotâmicas, era chamada de Babi-ilani, ou "o Portão dos Deuses", lugar de onde se acreditava que as divindades haviam descido à terra.[16]

## EGITO

Não se sabe ao certo se a Mesopotâmia moldou diretamente a antiga civilização egípcia, mas esta última pode ter sido, como notou o historiador Grahame Clark, "fertilizada por sementes sumérias".[17] Como nas primeiras cidades mesopotâmicas, as primeiras conurbações egípcias dependiam economicamente do fundamental excedente agrícola. O camponês egípcio médio produzia, de acordo com algumas estimativas, três vezes mais comida do que precisava.[18]

Mas também havia muitas diferenças entre essas duas civilizações primordiais. No Egito, o controle jazia nas mãos do faraó, que alegava ser ele próprio um deus. Os servos civis, em vez de administrar a irrigação e a economia de excedentes em benefício dos deuses ou de um rei, faziam-no por um indivíduo que personificava ambos ao mesmo tempo.[19] A relação íntima entre a identidade cívica e o clero, tão crucial na evolução das cidades mesopotâmicas, não era nem de longe tão acentuada.

Por isso, entre outros motivos, o Egito antigo não nos serve bem como foco principal para entender as origens do urbanismo. A sociedade mesopotâmica girava em torno da vida urbana e de um conjunto permanente de estruturas religiosas. A vida egípcia era centrada na corte real.[20] Administradores, sacerdotes, artesãos, operários e seus escravos identificavam-se não com um lugar urbano, mas com o personagem do faraó. Se a dinastia se deslocava, como às vezes acontecia, o clero e o governo se deslocavam também.[21]

É claro que uma civilização tão grande e duradoura quanto o Egito produziu, ainda assim, algumas cidades significativas. Tebas, por exemplo, era louvada num hino do século XV a.C.: "Ela é chamada de cidade; todas as outras estão sob sua sombra, para através dela se ampliar."[22] No mundo anterior à ascensão de cidades como a Babilônia, as cidades egípcias tinham populações tão grandes quanto suas contrapartes mesopotâmicas, ou ainda maiores.[23]

E, no entanto, apesar disso, mesmo grandes cidades como Mênfis ou Tebas jamais adquiriram a identidade independente, o dinamismo econômico e a condição divina associados aos diversos centros urbanos sumérios. Por exemplo, os períodos prolongados de ordem universal do Egito — em acentuado contraste com a Mesopotâmia desregrada, fragmentada — não promoveram o desenvolvimento de cidades muradas e autônomas. A falta de comércio competitivo também retardou o desenvolvimento de uma economia de mercado. O Egito continuaria sendo uma civilização cuja maior realização, as Pirâmides, foi construída para abrigar os mortos, não para fornecer um ambiente para os vivos. "Tudo o mais no Egito parece ter encontrado uma forma durável", observou o historiador urbano Lewis Mumford, "exceto a cidade".[24]

## ÍNDIA E CHINA

O que o Egito de fato tinha em comum com a Mesopotâmia era o foco religioso de sua civilização. De modo semelhante, Harappa e Mohenjo-daro, construídas por volta de 2500 a.C. nas atuais províncias paquistanesas de Sind e Punjab, também abrigavam em seu centro obras monumentais de arquitetura religiosa. Assim como na Suméria, com a qual essas cidades mantinham uma relação de comércio,[25] os teocratas exerciam um papel dominante na administração da cidade. Boa parte do culto parece ter sido focado na Deusa-Mãe, também um elemento importante dos cultos de fertilidade do Oriente Médio.[26]

Essa orientação religiosa também se aplicava a cidades que tinham pouca ou nenhuma ligação direta com o Crescente Fértil. Na China, por volta de 1700 a.C., os governantes da dinastia Shang situavam templos no centro de seus espaços urbanos. Sacerdotes ou xamãs desempenhavam uma função crucial não apenas em assuntos divinos, mas também na administração.

Nos Shang também vemos o padrão do culto aos ancestrais que exerceria um papel importante[27] na evolução do duradouro e contínuo modelo chinês de civilização urbana.²⁸ A devoção e a prática religiosa eram cruciais para o recrutamento em massa da mão de obra camponesa necessária para construir muralhas e fundações de cidades. Como diz um antigo poema chinês:

> Eles deixaram seus prumos na vertical
> Eles bateram nas tábuas para conter [a terra]
> E ergueram o Templo [dos Ancestrais] no padrão cósmico.²⁹

As grandes cidades, ao longo da maior parte da história clássica chinesa, seriam dominadas pela adesão ao "padrão cósmico". Os templos dos deuses e ancestrais, junto com os palácios dos governantes, ficavam no centro da cidade. Propiciando essas divindades, os governantes esperavam regular tanto o universo natural quanto o humano.³⁰

## AS AMÉRICAS

A primazia do papel religioso foi talvez ainda mais marcante nas primeiras cidades das distantes Américas — lugares onde era improvável que houvesse contato com o centro urbano mesopotâmico ou com o chinês. Como suas contrapartes na Mesopotâmia e na China, as primeiras cidades construídas no México, no Peru e em outras civilizações antigas das Américas também situavam estruturas religiosas no seio de seus centros metropolitanos.³¹ Mais de um milênio antes da ascensão de Tenochtitlán, Teotihuacán, não muito longe da atual Cidade do México, abrigava mais de cem templos ao longo de sua avenida principal, a rua dos Mortos.

Também ao sul, entre os maias e no Peru, as primeiras cidades eram centradas em templos, cerimônias e preceitos religiosos. Nos planaltos do norte do Peru, os construtores chavín do começo do primeiro milênio a.C. ergueram imensas estruturas religiosas que representavam tanto um grande avanço cultural quanto uma fundação para a futura civilização urbana na costa oeste da América do Sul.³² Cerca de 2 mil anos depois, os incas também construíram templos no meio de suas cidades. A sociedade inca apoiava-se na noção de que seus governantes eram deuses e sua capital, Cuzco, constituía "o umbigo do mundo".³³

Historiadores, amadores ou não, tentaram explicar as semelhanças entre as origens religiosas das cidades antigas insistindo em alguma vaga transmissão de cultura através de vastas distâncias. Talvez uma abordagem mais proveitosa seria assumir, como observa o historiador americano T. R. Fehrenbach, a existência de uma "unidade psíquica" entre os primeiros construtores de cidade em todas as partes do mundo.[34]

CAPÍTULO DOIS

# Projeções de poder — a ascensão da cidade imperial

Sem a noção de local sagrado, é questionável se as cidades jamais poderiam ter se desenvolvido em qualquer parte do mundo. No entanto, para se expandir além das muralhas da cidade, os citadinos precisavam ser capazes de se assentar, viajar e comerciar em territórios além daqueles controlados por um senhor local, pelos deuses ou por seus servos.

Na Mesopotâmia, uma região que por muito tempo havia sido dominada por uma série de pequenas cidades-estado, a conquista militar de um único líder — e a transferência de todo o poder para uma única cidade — preparou o cenário para a próxima fase crucial da evolução urbana. A mais antiga destas capitais foi fundada por Sargão, que por volta de 2400 a.C. conquistou as diversas cidades-estado da Mesopotâmia.

## SARGÃO: O CRIADOR DA CIDADE IMPERIAL

Sargão e outros arquitetos da mais antiga cidade imperial tomaram o cuidado de construir sua legitimidade sobre as fundações e tradições dos locais sagrados anteriores. Embora os novos governantes fossem semitas e não sumérios, eles mantiveram a antiga língua para propósitos de religião, de poesia e de narrativas mitológicas. Na Mesopotâmia, a tradição de respeito dos novos conquistadores pela velha ordem persistiu até os impérios persa, alexandrino e romano.[1]

Enquanto se curvava ao passado sagrado, Sargão deu início a mudanças que reformariam para sempre a ordem urbana. Tirando o controle econômico das mãos do clero, ele permitiu que a terra agora passasse para a propriedade privada, e não apenas para os servos do deus local. O rei era o "empreendedor-chefe" encarregado de todos os importantes canais de irrigação, da construção de edifícios e do comércio.[2]

Numa atitude decisiva, Sargão rompeu com a tradição, recusando-se a adotar uma das cidades sumérias existentes como capital. Em vez disso, construiu um novo centro imperial em Ágade, perto do local que se tornaria a Babilônia. Diferente das cidades-estado originais, que eram fisicamente restritas, a nova capital de Sargão podia se valer de matérias-primas, produtos acabados e grandes números de escravos de um império que se estendeu, pelo menos por um breve período, até as praias do Mediterrâneo.[3]

A primeira capital imperial, no entanto, não durou muito. Após quatro gerações, o Império Sargônida foi vítima de invasões nômades do norte. Por fim, a venerável Ur acabou sendo restaurada por uma nova dinastia como cidade principal da região. Porém os novos governantes não voltaram ao velho sistema centrado nos templos, mas sim mantiveram muitos dos padrões de propriedade de terra e controle centralizado desenvolvidos por Sargão e seus sucessores.

## BABILÔNIA: O PRIMEIRO COLOSSO URBANO

Em 1900 a.C., o foco do poder mesopotâmico havia se deslocado para uma nova capital, a Babilônia.[4] Durante os 1.500 anos seguintes, ela figuraria entre as maiores cidades do mundo, a incubadora de uma cultura urbana numa escala jamais vista até aquele momento.[5]

Entre os babilônios, o sufocamento do comércio pela religião foi ainda mais abrandado, e a atividade comercial foi incentivada numa vasta gama de cidades.[6] Isso gerou a necessidade de um sistema de leis que fosse universalmente aplicável a uma grande variedade de povos de clãs separados e raças diferentes.

As leis mais famosas, promulgadas pelo rei babilônio Hamurabi, cobriam um amplo escopo de situações criminais e civis. Segundo o prólogo a suas leis, Hamurabi tinha sido ordenado pelo deus Marduk a "fazer a justiça aparecer na terra, a destruir os maus e os perversos de modo que o forte não possa oprimir o fraco, a erguer-se como o deus-Sol sobre os de cabeça preta [os humanos] para dar luz à terra..."[7]

No tempo de Heródoto, a Babilônia perdera seu posto de sede do império, mas conservara sua condição de lugar sagrado e centro de aprendizagem; no entanto, com uma população estimada de 250 mil habitantes, continuava sendo um colosso, a maior área urbana do mundo. Mesmo sob domínio estrangeiro, o grande legado da cidade inspirava tanto respeito quanto temor. Com sua vasta população e arquitetura estonteante, relatou o historiador grego, a cidade ainda superava "em esplendor qualquer outra do mundo".[8]

## SEGURANÇA E COLAPSO URBANO

A criação do império, iniciada por Sargão, permitiu o desenvolvimento de cidades ainda maiores. A promessa de segurança em um grande território, mesmo sob governantes tão austeros quanto os assírios, deflagrou uma expansão da vida urbana e do comércio. Isso ocorreu não apenas na capital Nínive, a maior cidade do mundo em 650 a.C.,[9] mas também em muitos povoamentos urbanos em todo o Império Assírio.[10]

Esse padrão repetiu-se em toda parte no mundo antigo. A civilização urbana Harappa, na Índia, dependia da capacidade das cidades de manter a ordem contra invasores. Uma vez que os invasores nômades conseguiram transpor as muralhas da cidade, essa antiga civilização urbana veio abaixo. Levaria muitos séculos até que grandes centros metropolitanos novamente se erguessem no subcontinente.[11]

De modo semelhante, as primeiras grandes cidades das Américas — dos olmecas e maias na América Central às civilizações pré-incas nos Andes — prosperaram como centros de impérios que forneciam a segurança imprescindível para o crescimento urbano em larga escala.[12] Sob um tal regime protetor, Teotihuacán, na região central do México, atingiu uma população entre 50 e 85 mil habitantes do século IV ao VI d.C. No entanto, uma invasão de povos menos civilizados do norte em 750 d.C. deixou deserta boa parte da cidade.[13]

## CHINA: A ORDEM URBANA DURADOURA

A China talvez forneça o exemplo mais duradouro do papel imperial na construção de cidades. Um urbanismo único e autóctone na China tivera início no segundo milênio a.C., porém as cidades continuavam sendo, em sua maioria, centros rituais relativamente pequenos, cercados por oficinas para artesãos que serviam à corte. A criação do império unificado sob os Zhou, por volta de 1110 a.C., deflagrou o primeiro desenvolvimento de grandes cidades muradas; na verdade, o ideograma de "muralha" e o de "cidade" eram o mesmo.[14]

A dinastia Zhou e seus sucessores, os Han e os Tang, criaram um padrão de controle centralizado que não tinha paralelos em sua duração e abrangência.[15] Durante mais de um milênio, as capitais Loyang, Chang'an e Kaifeng consistentemente figuraram entre as maiores do mundo. As mudanças de importância relativa dependiam em boa parte da localização das dinastias reinantes.[16] "É somente o soberano que estabelece a capital", afirma o clássico confuciano *Zhou Li*. Outras cidades, fossem grandes centros administrativos ou unidades locais do governo, os *hsien*, derivavam sua importância em boa parte de seu papel como centros administrativos para uma parte do império.[17]

Nos séculos seguintes, outros países vizinhos da Ásia adotaram o modelo chinês de urbanismo. Os primeiros grandes centros do Japão — Naniwa, Fujiwara e Nara — inspiraram-se conscientemente na cidade-império chinesa de Chang'an.[18] Em 794 d.C., os japoneses construíram uma nova capital, mais permanente, em Heian, ou Kyoto, que cresceu e se tornou o lar de mais de 100 mil habitantes, servindo durante mais de um milênio essencialmente como capital cerimonial, centrada na família do imperador.[19]

De modo similar, Seul, estabelecida como capital da dinastia Yi em 1394 d.C., serviu, nas palavras de dois historiadores coreanos, como "capital pastoral mandarim" durante cerca de quinhentos anos. Seguindo o modelo chinês clássico, a cidade foi projetada como centro administrativo, rodeada por muralhas e dominada pela burocracia real.

CAPÍTULO TRÊS

## As primeiras capitais comerciais

O desenvolvimento de cidades imperiais com controle sobre grandes áreas permitiu a rápida expansão do comércio em todas as áreas primitivas de crescimento urbano, da China ao Egito, à Mesopotâmia e posteriormente às Américas. Apesar disso, o papel geral dos mercadores e artesãos na sociedade urbana continuou acentuadamente circunscrito.

Hoje, a classe empreendedora é muitas vezes considerada a determinante essencial, se não dominante, de uma área vital urbana. Porém, no mundo antigo, mesmo quando mercadores e artesãos acumulavam riquezas consideráveis, o poder continuava concentrado nas mãos de sacerdotes, soldados e burocratas. Muitas vezes os mercadores serviam apenas como intermediários, implementando as iniciativas comerciais do estado ou do clero. No Egito, observa um historiador, o faraó continuava sendo "o único mercador atacadista".[1]

Na China, mercadores urbanos usavam sua riqueza para escalar as rígidas barreiras de classe, buscando meios para que eles próprios ou seus filhos entrassem para a classe governante ou a aristocracia. Mesmo o desenho da cidade chinesa refletia as prioridades da sociedade: o palácio do governante jazia no centro da metrópole, enquanto os mercados ficavam em locais periféricos, muito menos auspiciosos.[2]

### A ASCENSÃO DA FENÍCIA

A busca pelas origens da metrópole comercial — tão importante para o posterior desenvolvimento do urbanismo — nos leva para longe das grandes cidades-império e, em vez disso, para uma estreita faixa de terra entre as montanhas costeiras e o Mediterrâneo.

O clima na área que mais tarde seria conhecida como Fenícia era especialmente favorável ao assentamento humano. Como escreveria um poeta árabe, o lugar "carregava o inverno na cabeça e a primavera nos ombros, enquanto o verão dorme aos seus pés".[3] Antigas cidades portuárias como Ugarit, no norte da costa da Síria, desenvolveram-se como centros de comércio para impérios dos hititas e egípcios já nos séculos da metade do segundo milênio a.C.[4]

Num tempo em que quase todos os outros moradores de cidades temiam o mar aberto, os comerciantes fenícios percorriam uma vasta extensão do mundo conhecido. Seus navios pretos exploraram tudo o que havia desde a extrema costa oeste da África até a Sardenha, o Chipre, a Espanha e mesmo a Grã-Bretanha.[5] Embora as principais cidades fenícias, como Tiro ou Sídon, jamais tenham chegado a abrigar muito mais de 40 mil pessoas — uma fração do tamanho da Babilônia[6] —, elas possivelmente espalharam sua influência sobre um escopo mais vasto de lugares do que qualquer civilização até aquele momento.

Diferente dos grandes impérios, a civilização fenícia nunca fez uma expansão profunda rumo ao interior. Em vez disso, atendo-se à linha costeira, ela desenvolveu uma vida urbana baseada principalmente no comércio de bens, e às vezes serviços, com seus vizinhos mais poderosos.[7] A genialidade dos fenícios consistia em tornarem-se indispensáveis, preferivelmente por um lucro substancial.

## "CUJOS MERCADORES SÃO PRÍNCIPES"

Nos séculos IX e VIII a.C., cidades fenícias como Biblos (um porto crucial para o comércio de cedro libanês), Tiro e Sídon já haviam se tornado ricas e poderosas por seus próprios méritos. Ali, pela primeira vez, vemos o surgimento de uma classe mercadora influente, até mesmo dominante. Tiro, escreveu Isaías, era "a distribuidora de coroas, cujos mercadores são príncipes e cujos negociantes são os nobres da terra".[8]

As contribuições dos fenícios estenderam-se muito além de seu papel de comerciantes de bens. De um modo depois visto em cidades como

Veneza, Amsterdã e Osaka, eles também desenvolveram suas habilidades de artesãos e artífices. Os fenícios fabricavam vidros, joias, vestimentas e outros adornos que eram usados desde as regiões agrestes da Espanha até as cidades já antigas da Suméria. Homero, na *Ilíada*, fala de Páris vestindo Helena com "as túnicas brancas tecidas pelas mulheres sidônias".[9] Uma indústria especialmente importante surgiu de seu domínio da complexa fórmula para extrair tinta púrpura das glândulas de um caramujo marinho encontrado em suas praias. Foi esta tinta, *phonikes* ("vermelho" ou "púrpura" em grego), que deu origem ao nome da região.[10]

As cidades fenícias também exportavam seus conhecimentos. Os fenícios projetaram belos lugares urbanos, palácios e templos por todo o mundo antigo, incluindo o Templo de Salomão em Jerusalém.[11]

A maior contribuição cultural dos fenícios — o alfabeto — também nasceu das exigências do comércio. Os mercadores e artesãos fenícios aprenderam com os mesopotâmicos e egípcios o valor da escrita como meio de manter contas e assentar leis. A partir de aproximadamente 1100 a.C., esses citadinos práticos criaram um sistema que era mais simples e mais acessível que os antigos hieróglifos. Esse sistema de escrita tornou-se a base do alfabeto grego, e depois do latino.[12]

Como cabia a empreendedores talentosos, os fenícios apreciavam seu próprio valor. Apressavam-se em lembrar aos clientes que cumpriam suas ordens por lucro, não por coação. Quando o faraó mandou uma missão para obter madeira para um barco sagrado para o deus Amon, o rei de Biblos rudemente lembrou ao representante egípcio: "Também não sou servo daquele que te enviou."[13]

## AS RAÍZES DO DECLÍNIO FENÍCIO

Como as cidades-estado gregas que herdariam seu império comercial, ou as cidades italianas do Renascimento dois milênios depois, cada cidade fenícia cobiçava sua própria independência. As cidades eram governadas, acima de tudo, por interesses mercantis cuja preocupação primária era a expansão do comércio.

O paroquialismo cívico da elite mercantil fenícia funcionava como limitação para a construção de impérios. Quando seus comerciantes fundavam entrepostos permanentes longe de sua terra nativa, sua tendência era construir uma nova cidade independente.

Cartago, no norte da África, era a maior dessas colônias. Diz a tradição que Cartago foi fundada em 814 a.C. por nativos de Tiro. Conhecida como Quat-Hadasht, ou "Nova Cidade", ela serviu como base para a expansão do comércio fenício com as terras banhadas pelo Mediterrâneo ocidental. Aos poucos, a influência galopante do centro comercial foi sentida desde a costa atlântica da Espanha até a Cornuália muito ao norte e, segundo alguns registros, até a costa da Guiné.[14]

No século V a.C., a população de Cartago havia superado as de Tiro e Sídon juntas. Ela agora estava entre os estados poderosos do Mediterrâneo, com uma frota imponente e uma série de alianças com diversos poderes regionais, incluindo os etruscos na Itália. Outros entrepostos fenícios no oeste procuravam em Cartago liderança e proteção contra cidades-estado adversárias, principalmente as fundadas pelos gregos.[15]

Essa mudança de alianças, longe das cidades originais, solapou a própria Fenícia. Sem a ajuda de sua prole, as velhas cidades não podiam mais repelir ataques dos impérios assírio, babilônio e persa, cada vez mais agressivos. Por fim, as cidades perderam tanto sua independência quanto seu lugar como principais centros de comércio do antigo Mediterrâneo. A "idade áurea" da Fenícia estava chegando ao fim.[16]

Com o tempo, Cartago também sucumbiria às limitações inerentes a uma cidade puramente comercial no mundo antigo. Orgulhosos portadores de valores culturais e políticos fenícios, os cartagineses — cujo número atingiu um pico entre 150 e 400 mil[17] — exerciam um sistema de governo com o porte de uma cidade-estado, com cônsules eleitos, ou *sufetas*, um senado e uma assembleia geral. Esse formato constitucional geralmente era dominado pela aristocracia comercial. Escravos e criados faziam o trabalho sujo, soldados e marinheiros lutavam, sacerdotes aplacavam os deuses, porém os ricos governavam.[18]

Como aconteceu com seus predecessores fenícios, o caráter obstinadamente comercial de Cartago contribuiu para a sua queda. A cidade necessitava de qualquer senso mais amplo de missão ou razão para expansão além do lucro. Mesmo mantendo laços com outras colônias, os cartagineses não buscavam incorporá-las num império coerente. Continuaram sendo, acima de tudo, uma nação governada por interesses comerciais.[19]

No mundo antigo, uma metrópole projetada para fazer negócios não era páreo, em última instância, para uma cidade construída para conquistar. Uma ideologia baseada em lucro e estreito interesse próprio não podia fazer frente à visão imperial que dominaria a história urbana até o princípio da era moderna.

PARTE DOIS

# AS CIDADES CLÁSSICAS DA EUROPA

CAPÍTULO QUATRO

# A FAÇANHA GREGA

Durante o período mais remoto da história urbana, a Europa era um lugar estagnado, lar de povos primitivos envolvidos em conflitos violentos. A evidência mais antiga de cidades perto da Europa foi Creta, uma ilha próxima à Grécia continental. Ali, o navio de longos remos servia para trazer importantes bens de comércio, principalmente azeite e estanho, este último necessário para ferramentas e armas de bronze. Enriquecida por esse comércio e por ideias trazidas do Egito e da Mesopotâmia, uma cultura urbana distinta surgiu ali.[1]

## CRETA

Assim como muitas civilizações do Oriente Próximo, os cretenses cultuavam a Mãe Terra como divindade principal, mas suas cidades expressavam um novo tipo de espírito, que mais tarde ajudaria a definir a urbanidade clássica da Europa. A cidade mais importante da ilha, Knossos, abrigava tanto uma vibrante cultura comercial como uma arte altamente naturalista. Seguras em seu reduto insular, as casas leves e arejadas formavam um forte contraste com as residências escuras, mais sombrias, que eram comuns no Oriente Próximo.[2]

Creta despertou a Grécia continental para as possibilidades da civilização urbana. Os rudes aventureiros da Grécia arcaica agora desfrutavam do conforto e da afluência de uma cidade comercial bem-sucedida.[3] No século XVI a.C., o poder de Creta estava minguando, provavelmente em decorrência de desastres naturais e invasões de povos mais intrépidos e bélicos da Grécia continental.[4]

## MICENAS: PRECURSORA GREGA

Ampliando as realizações de Creta, os primeiros construtores de grandes cidades da Europa, os miceneus, demonstraram muitos dos padrões básicos que caracterizariam o urbanismo helênico durante o milênio seguinte. Bélicos e violentos, eles lutaram entre si e com povos estrangeiros por todo o Mediterrâneo oriental; o conflito mais célebre dessa época teve origem na guerra com Troia, como descrito na *Ilíada*, de Homero.

Seu espírito bélico também era um reflexo do ambiente do país. O interior rochoso da Grécia, com suas cadeias de montanhas e vales compactos, estimulava a fragmentação política e desincentivava a criação de cidades-império mais amplas. De um modo geral, o mar fornecia a única via conveniente de expansão. As primeiras cidades, como Atenas e Tebas, começaram a colonizar ilhas em volta, incluindo o Chipre, Melos e Rodes. O comércio os levava ainda mais longe, como sugere a lenda de Jasão e os Argonautas, rumo aos recessos longínquos da Europa, mesmo até a Jutlândia, na atual Dinamarca, onde se obtinha o precioso âmbar.[5]

## A PÓLIS CLÁSSICA

No século XII a.C., invasores nômades bárbaros e bélicos destruíram a maior parte dos grandes povoamentos gregos, incluindo a própria Micenas. O comércio ruiu, cidades foram abandonadas, e seguiu-se um período negro. Passaram-se quatro séculos até que o urbanismo grego voltasse a florescer. Fiel aos padrões do passado, a Grécia continuou sendo um arquipélago de pequenas cidades-estado, países minúsculos ancorados em volta de um centro urbano e as terras interiores que o cercavam. A concorrência entre as cidades, ou pólis, era intensa, expressa não apenas em guerras convencionais, mas também em disputas por mercados estrangeiros, trabalho especializado, nas artes, e até em competições atléticas. Como Platão mais tarde observaria: "Toda cidade está num estado natural de guerra com todas as outras, não proclamado por arautos, porém constante."[6]

Levados por esse espírito competitivo, os gregos criaram uma cultura intelectual altamente individualista, abrangendo arte, escultura e dramaturgia, que até hoje define muito do ideal urbano ocidental. Eles incubaram uma consciência agressivamente urbana que reverberaria nos moradores de cidades durante os séculos seguintes. Sócrates expressou esta nova sensibilidade quando comentou: "Os campos e as árvores não me ensinam nada, e as pessoas na cidade sim."[7]

Diferentes de filósofos em outras partes, focados na divindade e no mundo natural, os pensadores gregos refletiam sobre o papel dos cidadãos em garantir a saúde da *koinonia*, ou comunidade.[8] Os cidadãos, observou Aristóteles, eram como tripulantes no convés de um navio. Seu dever era assegurar "a preservação do navio em sua viagem..."[9] Em Atenas, isso levou a uma noção ainda mais radical: a de que, como afirmaria o legislador Sólon, os cidadãos deviam, por direito, ser "os mestres do estado".[10]

Esse ideal foi tornado exequível pelo tamanho relativamente pequeno das cidades gregas. No século V a.C., nenhuma cidade grega, exceto Atenas, abrigava mais de 150 mil habitantes. E apenas uma fração dos moradores de qualquer cidade eram cidadãos. Mesmo Atenas, a maior de todas, jamais teve mais de 45 mil cidadãos[11] numa população total de 275 mil.[12]

Diferentes dos fenícios, os gregos tradicionalmente tinham pouco apreço pelo comércio. Hermes, o deus dos ladrões, servia ao mesmo tempo como deus dos mercadores. Os artesãos, cujas obras ainda admiramos hoje, desfrutavam de uma posição um pouco melhor. Suas mentes, reclamou Platão, eram "tão estreitadas e moídas por suas vidas mecânicas quanto seus corpos são moídos pelas artes manuais".[13] A condição das mulheres também não era especialmente elevada. O idealismo romântico grego cultuava (quando muito) não o amor entre homem e mulher, mas a amizade e os relacionamentos homossexuais entre homens.[14]

A vida cotidiana em cidades como Atenas deve ter sido, mesmo para a maioria dos cidadãos, precária, suja e desconfortável. À sombra de grandes construções como o Partenon, as casas eram pequenas, as vielas eram estreitas e cheias de todo tipo de vermes. "A cidade é seca e mal-abastecida de água. As ruas não passam de velhos becos", escreveu um visitante chocado. "As casas [são] precárias, com umas poucas melhores entre elas." Não é surpresa que a pestilência fosse um medo constante. De tempos em tempos, as pestes assolavam a cidade, matando muito mais atenienses que o conflito armado; certa epidemia em 430-428 a.C., de acordo com Tucídides, varreu um quarto das forças armadas de Atenas.[15]

## A DIÁSPORA GREGA

Dadas as condições inóspitas de sua terra natal, era natural que os gregos buscassem uma vida melhor em outros lugares. Em contraste com as imediações da Babilônia ou mesmo as cidades-estado fenícias, o campo em volta das cidades-estado gregas geralmente era improdutivo; o interior da Grécia, depauperado pelo excesso de pastoreio, era cada vez menos capaz de sustentar a população crescente. Para obter novas fontes de alimento e matérias-primas, as cidades gregas instalaram colônias da costa oeste da Ásia Menor (atual Turquia) até a Sicília e o sul da Itália. Em 600 a.C., a influência grega atingira a costa gaulesa da Massalia, atual Marselha, e se estendia até o litoral da Catalunha.[16]

Houve um tempo em que os gregos menosprezavam os fenícios e sua mentalidade mercantil, mas a necessidade os obrigou a superá-los como comerciantes. A mudança foi sentida no seio das cidades gregas. A ágora, outrora simplesmente um ponto de encontro, no século V a.C. havia se transformado — para o desgosto de alguns filósofos e aristocratas — num grande mercado barulhento e cada vez mais complexo.[17] Heródoto nos conta que o grande rei persa Ciro descrevia a ágora grega típica como um "ponto de encontro no meio de sua cidade onde eles se reúnem, fazem juramentos e enganam uns aos outros".[18]

A expansão grega dependeu não tanto de astúcia comercial como de força bruta, especialmente poder naval.[19] Em certo momento, Atenas, sob o comando de Péricles, possuiu poderio militar suficiente para sugar riquezas estrangeiras que dariam início a enormes programas de construção e ainda subsidiariam as rendas de muitos dos cidadãos. "Devido à grandeza de nossa cidade", gabava-se Péricles, "os frutos de toda a terra afluem para nós".[20]

Nesse processo, os gregos promoveram uma rápida expansão da fronteira urbana, da atual Messina, na Sicília, até Marselha, Nice, Mônaco e Bizâncio, às margens do Bósforo, que mais tarde se tornaria a grande capital Constantinopla. As cidades-estado gregas forneciam um modelo para essas novas cidades, sendo que cada uma delas criava seus próprios ágora, teatro e templo.

Algumas colônias tornaram-se, elas próprias, grandes cidades. Siracusa, inicialmente uma colônia de Corinto, acabou se tornando muito maior e mais poderosa do que a pólis que a fundara. Sob o reinado de Dionísio I, ela surgiu como a maior cidade da Europa, controlando a maior parte da Sicília e partes do sul da Itália. Outra importante cidade nova, Rodes, fundada em 408 a.C., era um modelo de planejamento clássico, com largas avenidas, escoadouros e um porto bem-situado.[21]

## O CREPÚSCULO DAS CIDADES-ESTADO

Essas realizações, em última instância, não podiam proteger as cidades-estado gregas da ameaça representada por impérios maiores, bem organizados. Assim como as cidades fenícias, elas jamais desenvolveram uma ideologia ou estrutura governamental abrangente que permitisse uma confederação estável entre si. Menosprezando outras raças como naturalmente inferiores, os gregos demonstravam uma profunda dificuldade de se relacionarem com pessoas de culturas diferentes.

Por mais temíveis que fossem na guerra, essas cidades paroquiais não estavam em condições de repelir impérios que haviam desenvolvido sistemas de governo mais tolerantes e expansivos. O fundador do Império Persa, Ciro, o Grande, possuía uma visão marcadamente cosmopolita. Em vez de aniquilar ou escravizar seus adversários, Ciro concebeu um império multinacional onde as culturas estrangeiras deviam ser respeitadas e preservadas, embora sob a supervisão persa.

Essa política funcionou notavelmente bem, mesmo entre as cidades-estado conquistadas pelos persas. Muitos habitantes, em especial os mercadores ao longo da costa jônica, apreciaram a segurança e o maior acesso a mercados criados por uma aliança com um império mais vasto.[22] A expansão fracassou apenas quando a Pérsia tentou atacar a própria Grécia. Ameaçadas com a perda de sua tradicional independência, as cidades-estado gregas, sob a liderança de Atenas, expulsaram o inimigo asiático multinacional em 480 a.C. em Salamina, numa das batalhas decisivas da história da Europa.

Porém, mesmo uma vitória tão heroica não foi capaz de unir as belicosas cidades-estado. Pouco após derrotar os persas, elas voltaram a brigar entre si, às vezes instigadas pela diplomacia sutil e pelo ouro dos persas. Ao fim da Guerra do Peloponeso, no final do século V a.C., Atenas foi derrotada por uma coalizão de cidades, liderada por Esparta. Milhares de escravos e muitos metecos, residentes estrangeiros que eram essenciais a diversos setores do comércio, fugiram da cidade. Abalada pelo desastre, Atenas tornou-se cada vez mais repressora, executando ou exilando muitas de suas maiores mentes e perseguindo os metecos, cruciais para a economia. Embora a democracia tenha sido restaurada no final do século, a era da liderança das cidades-estado gregas no mundo antigo havia chegado ao fim.[23]

## ALEXANDRE E A CIDADE HELÊNICA

O golpe final não veio da Ásia ao leste, mas sim do rústico norte. Em 338 a.C., exércitos do obscuro reino setentrional da Macedônia, sob o rei Filipe, derrotaram a última resistência das cidades-estado.

Os gregos podiam se consolar com o fato de que Alexandre, o filho e sucessor de Filipe, era aluno de Aristóteles e um ávido admirador da cultura grega. Porém Alexandre não era, de modo algum, um seguidor acrítico das práticas gregas. Tendo visto os fracassos das cidades gregas, Alexandre promoveu uma visão imperial próxima à do persa Ciro. De um modo que incomodava tanto macedônios quanto gregos, Alexandre tentou criar não um império de povos conquistados, porém uma confederação de raças. Tendo derrotado os persas de uma vez por todas, ele rapidamente cooptou seus oficiais e integrou grande parte de sua infantaria em seu exército em expansão.

A visão de Alexandre de um império mundial cosmopolita representava uma ameaça letal para a independência das cidades-estado. Quando a antiga cidade de Tebas se rebelou contra os macedônios, estes conquistadores normalmente civilizados reduziram a cidade a cinzas e venderam os habitantes como escravos.[24] As cidades-estado gregas restantes, incluindo Atenas, nunca mais surgiram como entidades independentes poderosas.[25]

## ALEXANDRIA: A PRIMEIRA GRANDE COSMÓPOLE

Alexandria exportou a cultura urbana e comercial helênica para além de suas esferas de influência anteriores, mesmo para a própria Índia. Os impactos econômicos foram dramáticos. A ampla difusão de moedas cunhadas por Alexandre e seus sucessores provocou uma explosão no comércio transnacional,[26] sendo que antigas colônias gregas, como Rodes e Siracusa, estavam entre os principais beneficiados.[27]

O maior legado urbano de Alexandre, no entanto, consistia nas novas cidades que ele e seus sucessores fundaram. Antioquia, Selêucia e mais notavelmente Alexandria aplicaram princípios racionais de planejamento numa escala raramente vista em cidades gregas mais antigas. Construída a partir do zero, cada cidade foi projetada com uma ágora, um templo e prédios administrativos apropriados. Ali vemos o desenvolvimento sistemático e planejado de obras públicas em larga escala.[28]

Alexandria, no Egito, foi a maior dessas novas cidades. Construída em volta do local da pequena vila pesqueira de Racotis, Alexandria foi projetada como entreposto para o comércio entre a África, o Oriente Próximo e o mundo mediterrâneo. Sua construção refletia um plano consciente de ocupar a função de Tiro — a cidade fenícia que o próprio Alexandre havia destruído após um longo cerco — como centro de comércio do Mediterrâneo oriental.

Essa visão ambiciosa exigiu primeiro a construção de um enorme porto. Mais tarde, os Ptolomeus, a família grega macedônia que assumiu o Egito após a morte de Alexandre em 323 a.C., construíram um enorme farol na ilha de Faros para guiar os navios em segurança para dentro do porto. Alexandria foi agraciada com elegantes parques e continha edifícios — notavelmente o museu e a biblioteca — que também fizeram dela o centro intelectual do mundo mediterrâneo. Os aspectos mais práticos do planejamento urbano também não foram ignorados; as avenidas eram largas, as ruas eram mais limpas, e os sistemas de saneamento eram mais confiáveis. Boa parte da cidade foi construída com pedra como proteção contra o fogo, o que era inusitado para a época.[29]

Alexandria rapidamente realizou o propósito de seu fundador. Frotas sediadas na cidade comerciavam com clientes tão distantes quanto a Índia e o Chifre da África. Os burocratas ptolemaicos supervisionavam uma complexa economia de comando que realizava censos, registrava carregamentos e restringia importações para fomentar a indústria doméstica. O regime também elevou a produtividade da famosa agricultura fértil do Egito — cevada, trigo e papiro — a níveis sem precedentes.[30]

Essas cidades também representavam uma inovação crucial em termos de gênero. As mulheres ganharam novos direitos de propriedade. Algumas até conquistaram poder político, como demonstram as carreiras de várias rainhas, incluindo a famosa Cleópatra VII, que também seria a última regente grega do Egito. Em cidades helênicas, notavelmente Alexandria, e na parte do sul da Itália que era dominada pelos gregos, poetisas, arquitetas e até estudantes de filosofia alcançaram prestígio.

No novo meio urbano, grandes colônias de judeus, gregos, egípcios e babilônios coexistiam, embora nem sempre cordialmente. Alexandria era especialmente notável nesse sentido, tornando-se, nas palavras do historiador Michael Grant, "a primeira e maior cidade universal, a suprema mistura helênica de culturas".[31]

A atmosfera cosmopolita instigou um rápido desenvolvimento cultural e científico. As culturas egípcia, judaica, persa e babilônia, entre outras, beneficiaram-se do contato com os gregos; os gregos, por sua parte, adquiriram o conhecimento babilônio dos planetas, a literatura do Egito faraônico e — por meio da Septuaginta, a tradução para o grego da Bíblia hebraica — contato com os antigos textos mosaicos.

## DESINTEGRAÇÃO DA VISÃO DE ALEXANDRE

O grande experimento cosmopolita começou a se desintegrar pouco mais de um século após a morte de Alexandre. Cada vez mais, os regentes e colonos gregos, que compunham não mais de 10 por cento da população total dos novos reinos helênicos, recusavam-se a dividir o poder e o prestígio com as raças entre as quais haviam se instalado.

No século II, muitos egípcios e persas estavam agastados com sua crescente marginalização, o que às vezes tomava a forma de insurreição contra o governo grego.[32] Na Judeia, partidários religiosos locais revoltaram-se contra tentativas dos gregos seleucenses de impor o culto pagão à população, que era pequena, mas obstinada em seu pensamento independente. Em 168 a.C., os judeus conseguiram libertar-se do governo grego, restabelecendo seu próprio estado independente.[33]

Mesmo em Alexandria, os conflitos entre gregos, judeus e egípcios nativos se acirraram. A corrupção e a intriga palaciana minavam cada vez mais o avanço econômico e enfraqueciam a autoridade dos governantes. Menos de dois séculos após a conquista de Alexandre, suas possessões mesopotâmicas caíram nas mãos dos partos. As colônias gregas na Índia vieram abaixo ainda mais depressa, fora da órbita do mundo helênico.[34]

CAPÍTULO CINCO

# ROMA — A PRIMEIRA MEGALÓPOLE

Tito Petrônio, filho de romanos abastados e cortesão do imperador Nero, passava o tempo se embriagando nos becos da cidade, vagueando com as prostitutas e as damas aristocráticas libertinas com igual entusiasmo. Mais tarde forçado a cometer suicídio devido a sua suposta cumplicidade numa intriga palaciana, Petrônio deixou notáveis descrições e observações perspicazes sobre essa cidade e o império que a criara.[1]

Nessa época, Roma já atingira uma escala que só voltaria a ser vista nos tempos modernos — uma capital imensa e espalhada, um labirinto de mercados, tabernas, templos, cortiços abarrotados e mansões aristocráticas. Na Roma de Petrônio, transcendemos os limites da Antiguidade e nos aproximamos de Nova York, Tóquio, Londres, Los Angeles, Xangai ou Cidade do México dos nossos dias. Com uma população de mais de um milhão de habitantes, Roma era duas ou três vezes maior que as antigas cidades gigantes, tais como a Babilônia.[2] Como os monstros urbanos posteriores, notou Lewis Mumford, Roma sofria do que ele chamava de "elefantíase megalopolitana", uma total perda da escala humana.[3]

E, no entanto, para seu eterno crédito, os romanos criaram as estruturas legais, econômicas e de engenharia que permitiram que esse monstro funcionasse como centro nervoso do mundo durante quase meio milênio. Em seu auge, a maior das cidades-império dominava um território que se estendia da Britânia até a Mesopotâmia e chegou a abrigar 50 milhões de pessoas.[4]

## "OS VITORIOSOS ROMANOS"

Como os romanos haviam conseguido dar esse passo audacioso rumo ao futuro urbano? Em vários aspectos, eles fizeram isso fundindo os dois grandes alicerces das antigas cidades, a convicção religiosa e o poderio militar organizado. Os romanos eram inabaláveis em sua presunção de grandeza e incansáveis em sua busca de construir um império. Como observou Petrônio:

> O mundo inteiro estava nas mãos dos vitoriosos romanos.
> Eles possuíam a terra e os mares e o duplo campo
> de estrelas, e não estavam satisfeitos.[5]

O grande poder de Roma não jazia em seus dotes geográficos ou naturais. O Tibre, que atravessa a cidade, não é um grande rio comparável ao Tigre, ao Eufrates ou ao Nilo. É verdade que o centro da cidade gozava da proteção de suas sete colinas, e sua localização recuada fornecia abrigo contra uma invasão marítima. Mas certamente isso representava apenas uma barreira modesta para um conquistador determinado e experiente.

Roma desfrutava de algumas vantagens econômicas, porém não mais que muitas outras cidades. O clima ameno e o solo decente sustentavam uma pequena comunidade de pastores e fazendeiros. A cidade jazia perto do ponto mais fácil de atravessar o Tibre, fazendo da Roma primordial uma rota de comércio natural para os povos em volta, notavelmente os etruscos, na época portadores de uma cultura mais avançada. Os depósitos de sal revelaram-se um produto significativo para os romanos comerciarem.[6]

A fonte da grandeza romana jazia, em vez disso, em sua peculiar mitologia cívica e seu senso de missão divina. Dizia-se que a cidade havia sido fundada no ano 753 a.C. por dois irmãos, Rômulo e Remo, abandonados junto ao Tibre e criados por uma loba. Eram sanguinolentos desde o início, voltando-se violentamente um contra o outro. Marte, o deus da guerra e da agricultura, logo adquiriu um forte grupo de adeptos entre esses rudes aldeões.[7]

De início, apenas a robustez não foi suficiente para resistir aos etruscos, que tomaram controle do pequeno povoado nos séculos VII e VI a.C. e fundaram um reinado ali. De várias maneiras, os romanos beneficiaram-

-se dessa derrota, que os expôs a uma cultura mais sofisticada e os ligou tanto ao mundo grego quanto ao fenício.[8]

Uma vez libertos do domínio estrangeiro, os romanos rapidamente reformaram sua jovem cidade-estado, que no século V a.C. acomodava menos de 40 mil pessoas. Em 450 a.C., codificaram seu governo com a Lei das Doze Tábuas. Os códigos cobriam tudo, desde os dias de feira até a relação entre patronos e clientes, os direitos dos aristocratas e as proteções para os plebeus.

A lei romana foi projetada para moldar o comportamento do cidadão, preferivelmente por meio de autorregulação, em conformidade com noções profundas de virtude pessoal e cívica. Mesmo a própria palavra latina *religio*, sugerida pelo historiador F. E. Adcock, era usada para expressar a obrigação do cidadão para com a família, o dever cívico e os deuses.[9]

Os romanos eram profundamente apegados a seu lugar e demonstravam um forte senso de continuidade com o passado. O lar estava no centro de tudo; cada família mantinha um altar em honra tanto de seus antepassados quanto dos deuses.[10] O cerne histórico de Roma, notou Lívio, era "impregnado de religião. [...] Os deuses o habitam".[11]

A identificação com a tradição continuou acentuada ao longo da maior parte de sua longa história. As leis podiam ser emendadas, mas a ligação com o passado lhes conferia uma inestimável credibilidade. Algo grandioso, aos olhos deles, também significava algo antigo.[12] "Aqui está minha religião, aqui está minha raça, aqui estão os vestígios dos antepassados", escreveu o estadista romano Cícero no século anterior a Petrônio. "Não posso expressar o encanto que sinto aqui, e que penetra em minha mente e meus sentidos."[13]

O compromisso dos romanos com sua *res publica*, ou "coisa pública", sobreviveu mesmo após diversos desastres. Os exércitos romanos podiam ser derrotados — Roma foi até mesmo brevemente ocupada por invasores gauleses em 390 a.C. —, e a cidade podia sofrer numerosos incêndios, mas era sempre reconstruída em volta de seu local antigo. Esses apegos ajudaram os romanos a nutrir sua identidade independente numa época em que a cultura grega dominava muitas outras cidades itálicas.[14]

O que Cícero sentia em sua "mente" e seus "sentidos" — essa identificação peculiar com a ideia e o lugar de Roma — também impeliu a incansável expansão da cidade. Ao longo dos séculos III e II a.C., os romanos lutaram com os etruscos e gregos, e acabaram vencendo. Possivelmente, o triunfo mais importante aconteceu em 146 a.C., com a destruição de Cartago, a cidade-estado que representava a ameaça mais poderosa à hegemonia romana no mundo mediterrâneo.

## A FORMAÇÃO DA CIDADE IMPERIAL

No século II a.C., Roma já estava tomando os contornos de uma grande cidade-império. Novos arcos e templos foram erguidos, junto com enormes instalações portuárias, aquedutos e um Fórum em constante expansão no centro da cidade. Em volta das imponentes fachadas públicas, milhares de cortiços abarrotados, pequenos mercados e lojas cresciam para atender às necessidades da população sempre crescente.[15]

Ao longo dos cem anos seguintes, os êxitos do império solapariam as velhas instituições republicanas. Os recém-chegados, incluindo escravos, agora constituíam um terço da população. Os duradouros conflitos entre os ricos patrícios e os plebeus necessitados ficaram mais intensos. O líder popular Tibério Graco observou que os velhos soldados que voltavam para a Itália de guerras triunfantes viam-se sem terra, e forçados a viver "sem lar e sem casa... com suas esposas e seus filhos... carecendo de um altar familiar ou lote de sepultamento, eles lutam e morrem para que outros possam desfrutar de riqueza e luxo".[16]

Um século de instabilidade política e rebeliões, incluindo a famosa revolta dos escravos liderada por Espártaco, preparou o cenário para o império. Proclamado ditador em 49 a.C., Júlio César impôs ordem na república cada vez mais caótica. César também foi um inovador urbano, decidido a fazer de Roma uma capital apropriada para o império vastamente expandido. Decretou limites de altura para os onipresentes e frequentemente instáveis cortiços da cidade, impôs o uso de lajotas e espaço aberto entre prédios para evitar incêndios, e deu início a uma ambiciosa expansão do Fórum.

O assassinato de César em 44 a.C. impediu que ele levasse a cabo seus grandes projetos. Isto ficaria a encargo de seu sucessor, Augusto.[17] Durante o reinado de Augusto, Roma surgiu como uma cidade de suntuosos palácios, templos e outros prédios públicos. Como o próprio Augusto supostamente comentou: "Achei a cidade feita de tijolos e a deixei feita de mármore."[18]

## ROMA: A MEGALÓPOLE ARQUETÍPICA

O triunfo de Augusto em Áccio em 31 a.C. sobre os exércitos da última monarca ptolemaica, Cleópatra VII, e seu aliado Marco Antônio marcou o fim da era helênica. Os romanos já haviam subjugado praticamente todas as cidades-estado gregas, a maior parte do antigo Império Seleucense, e muito mais além disso. Durante os quatro séculos seguintes, a história do urbanismo no Ocidente seria escrita em grande parte pelos romanos e por aqueles que se submetiam a sua vontade.

Houve quem afirmasse que os romanos careciam do talento grego para a originalidade como filósofos, urbanistas ou arquitetos. Isso é injusto. É claro que os romanos se apoderaram do que encontraram no mundo helenizado e se basearam nisso. Mas também transformaram e reconstruíram cidades, tais como Cartago, e ajudaram a restaurar outras, incluindo a venerável Atenas.[19]

Roma levou as fronteiras da urbanidade a novos patamares, acima de tudo na própria Roma. A cidade empreendeu um programa sem precedentes de obras públicas — ruas, aquedutos, esgotos — que a tornou capaz de manter sua população sempre crescente. Os gregos, perguntou certo escritor romano, gabavam-se de sua arte "inútil", e o legado do Egito consistia em "pirâmides ociosas", porém o que eram essas coisas em comparação com os 14 aquedutos que traziam água a Roma?[20]

No entanto, por trás dessas conquistas escondia-se uma realidade deplorável. O mármore elegante podia cobrir os grandes prédios do novo Fórum Augusto e seu Templo de Marte, mas a maioria dos romanos vivia em cortiços precários. Havia 26 quarteirões de *insulae*, ou casas de apartamentos, para cada *domus* particular. Apesar da legislação dos césares, muitas casas de apartamentos ainda vacilavam, às vezes ruíam, e com grande frequência pegavam fogo.[21]

A vida cotidiana era muitas vezes caótica. As ruas raramente traçavam uma linha reta, mas sim curva, apinhada tanto de gente quanto de lixo. Durante o dia, a avalanche humana dominava; uma ordem de Júlio César restringiu o tráfego de carroças ao período noturno. Quando a noite caía, o barulho e o tumulto ficavam ainda piores. Como perguntou o satirista Juvenal:

> Que sono é possível numa moradia? O cruzamento dos carros nas ruas estreitas, sinuosas, os xingamentos dos carroceiros empacados tirariam o sono de uma foca ou do próprio imperador Cláudio.[22]

Apesar de suas máculas, no entanto, Roma representa algo de novo na história urbana. A própria necessidade de alimentar, vestir e trazer água à população da nova megalópole a obrigou a muitas inovações na organização econômica. O propósito do império, sugerido pelo sagaz Petrônio, era garantir os recursos para manter os números crescentes de domicílios da cidade, fosse qual fosse o custo em vidas humanas. "As Moiras estão voltadas para a guerra", observou o cortesão. "A busca por riqueza continua."[23]

A própria tarefa de absorver esses recursos criava desafios monumentais. A cidade era servida por três portos, trazendo os cereais que sustentavam sua população, os luxos exigidos pelos ricos, e os escravos que os serviam. Havia enormes depósitos e mercados altamente especializados para tudo, desde vegetais e porcos até vinho, gado e peixes. O comércio romano era tão forte que mesmo os libertos ambiciosos, como Trimalquião no *Satiricon* de Petrônio, podiam acumular a enorme riqueza que lhes permitia adquirir um considerável status social.

O varejo urbano numa escala moderna faz aqui sua primeira aparição consistente. Comerciantes de livros, pedras preciosas, móveis e roupas concentravam-se em bairros especializados. Havia tanto as *horrea*, que serviam como supermercados, quanto um vasto número de lojas menores, situadas principalmente nos andares térreos das *insulae*. Em seu nível mais sofisticado, Roma pressagiou o shopping center contemporâneo; o Mercatus Traini oferecia uma vasta gama de produtos em seus cinco andares de lojas.[24]

A economia de Roma foi amplamente descrita como parasitária, alimentando-se das riquezas das nações conquistadas. Peixes secos da Espanha, castanhas da Pérsia, vinho da Gália e, é claro, escravos de muitos países afluíam para dentro da cidade; o mundo recebia relativamente poucos produtos romanos em troca.[25] No entanto, se Roma sugou o comércio do mundo, sua genialidade para a administração do governo forneceu um nível de segurança sem precedentes — deflagrando uma nova idade áurea de urbanismo em vastas regiões do mundo povoado.

## "UMA CONFEDERAÇÃO DE CÉLULAS URBANAS"

York, Londres, Trier, Paris, Viena e Budapeste, cidades importantes do futuro da Europa, devem seu nascimento à engenhosidade urbana nascida às margens do Tibre.[26] A romanização, em muitos sentidos, era sinônimo de avanço da urbanização.

Uma segurança jamais vista permitiu esse desenvolvimento. "Os romanos", observou Edward Gibbon, "preservavam a paz estando constantemente preparados para a guerra".[27] Legiões situadas perto de áreas fronteiriças, muralhas e estradas protegiam as cidades, desde o árido Saara até as bordas da frígida Escócia. Muralhas e outras fortificações defensivas eram essenciais à sobrevivência das cidades em locais tão remotos. E no entanto esses lugares, tais como Trier na Alemanha e Verulamium (Saint Albans), eram mais do que postos militares. Nos séculos I e II d.C., até as cidades britânicas desfrutavam de malhas viárias, sistemas de escoamento sofisticados, casas de banhos e água encanada.

E o que era mais impressionante, esse florescimento da civilização urbana não foi apenas fruto de um édito imperial; ele tinha uma energia local. Uma concorrência vigorosa entre as diversas cidades instigou suntuosos novos projetos de construção, teatros e estádios. Roma concedia uma autonomia administrativa considerável às cidades individuais; o próprio império, observa o historiador Robert Lopez, funcionava como uma "confederação de células urbanas".[28]

A Europa não voltaria a ver tal proliferação de cidades seguras e populosas até um momento bem avançado do século XIX. Pessoas, produtos e ideias viajavam rapidamente pelo vasto arquipélago de "células urbanas", passando por rotas marítimas seguras e mais de 81 mil quilômetros de estradas pavimentadas que se estendiam de Jerusalém até Boulogne.[29] Jovens romanos abastados e com alta mobilidade achavam normal ir estudar em outras cidades como Atenas, Alexandria, Massalia (Marselha) ou Rodes.[30]

O comércio e a tecnologia também se espalharam até as fronteiras. Artesãos do Mediterrâneo traziam consigo as técnicas para a manufatura de vidro, cerâmica e utensílios agrários. No século III d.C., a Renânia havia surgido, pela primeira vez, como grande zona industrial. As fronteiras do comércio, por rotas tanto terrestres quanto marítimas, expandiram-se para os mercados anteriormente não explorados da Índia e até da China.[31]

Em seu auge, Roma transformou o ideal de um império mundial cosmopolita antes concebido por Ciro e Alexandre numa realidade viva. O próprio imperador Cláudio, segundo nos conta Tácito, observou que a extensão gradual da cidadania constituía uma das maiores vantagens de Roma sobre o estado ateniense, mais restritivo. "Os netos dos gauleses" que tinham lutado contra Júlio César, comenta Gibbon, agora "comandavam legiões, governavam províncias e eram admitidos no Senado".[32] No século III d.C., a cidadania romana foi disponibilizada para homens livres em todo o mundo conhecido; menos da metade do Senado agora vinha da Itália.[33]

Estrangeiros, começando com o hispânico Trajano em 98 d.C., subiam ao posto supremo de imperador. Ao longo dos séculos seguintes, os chefes de estado vieram de lugares tão variados quanto Gália, Síria, norte da África e Trácia. Todos esses diversos homens permaneceram e regeram a partir de Roma, a capital sagrada de todas as outras cidades. "Roma", declarou Aristides, um escritor grego do século II, "é uma cidadela que tem todos os povos da terra como aldeãos".[34]

Essa noção universalista foi talvez melhor expressa por Marco Aurélio, o imperador e filósofo, que assumiu o principado em 161 d.C., com a morte de Antônio Pio. Aurélio, como um romano clássico, considerava que Roma era sua "cidade e terra pátria". Mas, como imperador, via a missão de Roma num sentido mais amplo de "fazer o trabalho do homem" em toda a vastidão do mundo conhecido.[35]

CAPÍTULO SEIS

# O ECLIPSE DA CIDADE CLÁSSICA

No tempo de Marco Aurélio, o império de Roma já estava sob ataque. Uma das causas primárias era a cada vez maior dependência romana da escravidão. Embora sempre tivessem sido uma parte importante do mundo clássico, os escravos agora substituíam, cada vez mais, os artesãos e lojistas que haviam constituído um importante elemento intermediário da sociedade romana. Muitos desses, então, se tornaram devedores e dependentes do estado; por fim, um em cada três moradores da capital vivia com o auxílio do governo.[1]

No passado, a conquista fornecera oportunidades para romanos fora da terra natal. Agora o império, não mais capaz de adquirir novos territórios, estava na defensiva, lutando ferozmente, e a um grande custo, para proteger sua vasta rede de cidades. Com a quebra da segurança e da fácil comunicação, o comércio de longa distância decaiu. Ao longo dos séculos seguintes, a moeda romana, o denário, desvalorizou consistentemente.

O que talvez tenha sido ainda pior, romanos de todas as classes pareciam estar perdendo um senso de propósito moral. Cinismo e ideias escapistas contaminavam a cultura. Muitos membros das elites desprezavam abertamente a vida urbana conturbada de Roma, escolhendo em vez disso refugiar-se em suas mansões no campo rústico ou ao longo da baía de Nápoles. "Há na cidade", notou um observador da parte oriental do império no final dos anos 300 d.C., "um Senado de homens ricos. [...] Cada um deles está em condições de ter um posto elevado. Mas eles se põem à parte, preferindo desfrutar de sua propriedade para o lazer".[2]

As classes média e trabalhadora romanas cada vez mais se perdiam nos suntuosos entretenimentos promovidos pelo estado. Muitos romanos preenchiam suas horas de ócio com o espetáculo de animais exóticos, as exibições de gladiadores brutais e apresentações teatrais. "O povo romano", reclamou o moralista Salviano, "está morrendo e rindo".[3]

Uma série de epidemias, algumas contraídas de tropas que voltavam da Mesopotâmia, aumentou a sensação de pessimismo. Um surto especialmente grave no século III d.C., segundo os registros, vitimou 5 mil romanos por dia durante vários meses.[4]

## A CIDADE DO HOMEM VERSUS A CIDADE DE DEUS

Entre estes tormentos, alguns encontravam consolo na religião. Muitos se apegavam a cultos exóticos do Egito, da Mesopotâmia e de outros centros do mundo antigo. Uma nova religião importada do Oriente, o cristianismo, revelou-se mais duradoura que qualquer uma das outras. Com o tempo, ela dominaria o próprio império.

Para os pagãos contemporâneos restantes, e mais tarde para Gibbon, a influência crescente desses novos sistemas de crença feriu fatalmente a civilização urbana clássica. A queda do império, Gibbon escreveria acidamente, representava "o triunfo do barbarismo e da religião".[5] Nisto Gibbon está certo, mas só até um ponto. As novas ideias em si — mais especialmente o cristianismo — não destruíram Roma. Sem que houvesse primeiro um colapso dos velhos valores, a ascendência dos novos teria sido impensável.

Ironicamente, o rápido crescimento do cristianismo não poderia ter acontecido sem a vasta infraestrutura urbana do império. Paulo, o primeiro arquiteto da fé, era ele próprio um produto quintessencial do mundo urbano romano. Judeu helenizado e cidadão romano proveniente de Tarso, uma grande encruzilhada de comércio, Paulo percorreu as rotas marítimas e terrestres que ligavam várias cidades do império — Antioquia, Éfeso, Corinto, Damasco, Atenas e a própria Roma.[6]

O cristianismo se valeu de meios romanos para seus propósitos evangelizantes, porém a fé em si rejeitava muitos dos valores centrais da cidade-

-império. Tomando sua teologia em grande parte emprestada dos judeus, os cristãos refutavam a antiga noção de *religio*, baseada num lugar, em troca da fé num único deus transcendente. "Quando vos perseguirem numa cidade", Cristo é citado em Mateus, "fugi para outra. [...] Não acabareis de percorrer as cidades de Israel até que venha o Filho do Homem".*[7]

Tal noção conflitava diretamente com a cultura do paganismo clássico. O conceito de patriotismo cívico expresso com tanta paixão por Cícero significava pouco para os cristãos, cujo próprio Deus, enquanto estivera na terra, perambulara sem lar e morrera como um criminoso comum.[8] "Nada é mais estranho a nós que o estado", insistiu o escritor cristão Tertuliano.[9]

Os cristãos foram ainda mais alienados por longos períodos de perseguição romana. Roma era, como afirmou um escritor cristão, "uma cidade criada para a corrupção da raça humana, em nome de cujo reinado o mundo inteiro foi desmerecidamente subjugado". Cipriano, o bispo de Cartago no século III d.C., comemorou as pragas que assolaram Roma e outras cidades principais do império como retaliações justas para seus crimes e sua infidelidade.[10]

A mais famosa expressão dessa perspectiva antiurbana foi a de santo Agostinho em seu livro *A cidade de Deus*. Cartaginês como Cipriano, Agostinho retratou Roma como a "cidade terrena", ou *civitas terrena*, que "se vangloria de si mesma" e cuja própria perversidade merecia punição. Em vez de propor um programa para reformar a metrópole moribunda, Agostinho instava os romanos a buscar o ingresso em outro tipo de metrópole, "a cidade de Deus", onde "não há sabedoria humana, mas apenas divindade".[11]

## "TUDO É ABANDONO"

No século V d.C., quando Agostinho escreveu seu grande tratado, nem o rebanho de cristãos nem a Igreja, agora sediada em Roma, podiam ter evitado o colapso do império. As taxas de natalidade estavam caindo e as cidades esvaziando, especialmente as cidades mais expostas perto das fron-

---

* Bíblia de Jerusalém, Edições Paulinas, 1995. (N. do T.)

teiras.¹² A própria Roma estava cada vez mais isolada dos maiores centros de poder imperial.¹³ Mesmo na Itália, o foco comercial e político deslocou--se para outras cidades, notavelmente Ravena e Mediolanum (Milão).

Destituída de seu papel imperial, Roma viu sua população despencar. Novas construções pararam e velhas estruturas vieram abaixo. Em 410, a cidade foi saqueada pelos visigodos. A cidade manteve uma precária independência por mais algum tempo ainda, até ser tomada pelo rei germânico Odoacro em 476.

Degradações piores estavam por vir. Pistas de corrida transformaram--se em plantações de grãos; aquedutos foram abandonados; os banhos fecharam permanentemente. No século VII, Roma já fora reduzida a uma cidade de 30 mil habitantes. "Outrora o mundo inteiro se reunia aqui para subir ao alto", observou o papa Gregório, contemplando a devastação. "Agora reinam a solidão, a desolação e o luto."¹⁴

Após a queda de Roma, a vida urbana na Europa Ocidental começou lentamente a minguar. Durante séculos, desenvolveu-se ali o que um historiador chama de "simplificação" da cultura, um movimento para dentro, "uma época de estreitamento de horizontes, de fortalecimento de raízes locais e consolidação de velhas lealdades".¹⁵

A desurbanização não aconteceu de uma vez só e em toda parte. Redutos de vida urbana romana persistiram em algumas áreas durante séculos. Fizeram-se tentativas esporádicas de restaurar o império. Porém, no século VII d.C., os velhos laços de comércio entre as antigas cidades imperiais já estavam cortados. O grande porto de Marselha, prosperando por séculos após o colapso do império, caiu em desmazelo.

A Europa Ocidental e regiões próximas do norte da África involuíram, transformando-se num mosaico de feudos bárbaros em guerra. Praticamente todas as grandes cidades do Ocidente, de Cartago a Roma e Milão, tiveram intensos declínios populacionais.¹⁶ Na periferia do império, as perdas foram talvez ainda mais catastróficas e duradouras. Trier, uma fervilhante capital provinciana alemã com uma população de cerca de 60 mil habitantes no começo do século IV d.C., regrediu a um conjunto de vilas rurais amontoadas em volta de uma catedral. Ainda em 1300, após a restauração de muralhas e um avanço econômico, a cidade ainda abrigava menos de 8 mil pessoas.¹⁷

Na maior parte dos lugares, a civilização urbana mais antiga por pouco não evaporou. Menos de 5 por cento de todas as pessoas na Europa católica durante os séculos VII e VIII d.C. moravam em cidades de qualquer tamanho. Certo bispo francês, perambulando pelas vilas cada vez mais desertas de sua diocese, notou que "em toda parte acham-se igrejas cujos telhados caíram e cujas portas foram quebradas e arrancadas das dobradiças". Animais percorriam os corredores até os altares. A grama crescia pelas portas. "Tudo", notou o eclesiástico, "é abandono".[18]

## CONSTANTINOPLA: SOBREVIVENTE URBANA

Constantinopla, a antiga Bizâncio grega, agora era o último grande reduto do urbanismo clássico. Proclamada capital imperial por Constantino por volta de 326 d.C., a cidade erguia-se às duas margens do Bósforo, separando a Europa da Ásia. Segura atrás de suas muralhas e com seu magnífico porto, Constantinopla sobreviveu às investidas dos bárbaros. Em um único século, sua população expandiu-se de cerca de 50 mil habitantes para mais de 300 mil, superando facilmente a de cidades decadentes como Roma, Antioquia ou Alexandria.[19] Em seu auge, no século VI d.C., ela despontava como cidade dominante da Europa, beirando o meio milhão de habitantes, e controlava um enorme império que ia do Adriático à Mesopotâmia e do mar Negro ao Chifre da África.

Diferente de Roma, que cultivara cidades mais velhas e fundara novas, Constantinopla floresceu num tempo em que outras cidades da Europa e do Oriente Próximo estavam em declínio. "Oh, estar na cidade!" era um bordão ouvido muitas vezes por bizantinos quando obrigados, por necessidades de comércio ou governo, a viajar às cidades provincianas dispersas, desanimadas e muitas vezes despopuladas.[20]

Constantinopla se proclamava a nova Roma; no entanto, jamais atingiria a escala e a amplidão imperial de sua predecessora. Em seus *Chronographica*, um historiador do século XI, Michael Psellus, comparou Constantinopla a um "metal inferior" involuído a partir dos "veios dourados do passado".[21] Separada do Ocidente, a cidade viveu, nas palavras de Henri Pirenne, uma "orientalização progressiva". De fato, visitantes do Ocidente percebiam todos os indícios: poderosos eunucos de corte, elaborados rituais corteses, uma centralização cada vez mais despótica do poder.²²

E o que talvez era ainda pior, Constantinopla deu as costas às noções cosmopolitas do mundo clássico, especialmente em assuntos religiosos. O regime imperial cada vez mais perseguia judeus, "hereges" cristãos e pagãos. O historiador Procópio observou a respeito do imperador Justiniano: "Ele não pensava que a execução de homens fosse assassinato, a não ser que eles compartilhassem de suas próprias opiniões religiosas."²³

Muitos aliados em potencial, que talvez tivessem se juntado ao antigo império inclusivo, agora voltavam-se contra o regime. Alguns grupos, incluindo os judeus e até algumas seitas cristãs, ajudaram ativamente os persas e depois os muçulmanos a arrancar pedaços do império.

Outras forças também contribuíram para solapar a cidade e seu império minguante. Desastres naturais, como terremotos, seguidos pelas grandes pestes do final do século VI d.C., dizimaram de um terço a metade da população de Constantinopla, e inteiramente muitas das cidades menores.²⁴ Debilitado pela doença e pelas divergências internas, com sua população em declínio, o império estava mal preparado para combater a ascensão do islã nos séculos VII e VIII.

Apesar de seus muitos problemas, o império persistiu — sua maior virtude, notou o historiador Jacob Burckhardt, era sua "tenacidade" —, porém regrediu cada vez mais a um arquipélago de fortalezas armadas, relativamente pequenas e eternamente ameaçadas. As proezas defensivas bizantinas, a diplomacia, o puro suborno e a dissensão dentro do mundo muçulmano: tudo isso conspirou para manter Constantinopla a salvo da conquista final, até que a cidade caiu sob o ataque dos canhões turcos em 1453 d.C.²⁵

PARTE TRÊS

# A ÉPOCA ORIENTAL

CAPÍTULO SETE

# O ARQUIPÉLAGO ISLÂMICO

Em 1325, Abu Abdullah Muhammad ibn Battuta deixou Tânger, sua cidade nativa, e rumou para o leste para começar sua *hajj*, ou peregrinação sagrada a Meca. Mais tarde, tendo cumprido seu dever religioso na Arábia, continuou viajando por mais quase um quarto de século, pernoitando em entrepostos comerciais ao longo da costa leste da África, cruzando as cidades de caravanas da estepe da Ásia Central, e indo até as cidades douradas da Índia e da Rota da Seda.

Durante a maior parte da viagem, que cobriu milhares de quilômetros e inúmeras culturas, ibn Battuta sentiu-se em casa em quase toda parte. Encontrou muitas raças, línguas e culturas diferentes, mas a maior parte das cidades vivia dentro das fronteiras conhecidas de Dar al-Islam, a casa do islá, um mundo que seguia um único deus e as revelações de um único homem, o profeta Maomé.

Fazia quase um milênio desde que Roma e sua vasta rede urbana haviam sofrido seus últimos estertores de declínio. Constantinopla, a sucessora da Cidade Eterna, ainda sobrevivia atrás de suas muralhas, mas estava fatalmente enfraquecida e cercada de inimigos. Ela agora resistia como a única cidade europeia entre as vinte maiores do mundo; quase todas as outras faziam parte do mundo oriental, fosse na China ou dentro de Dar al-Islam.[1]

A primazia muçulmana havia contribuído muito para o enfraquecimento do urbanismo europeu. Tomando controle tanto do Mediterrâneo quanto das rotas de comércio para o Oriente, os muçulmanos tinham isolado o comércio europeu das fontes cruciais de riqueza e conhecimento.[2] "Os cristãos", observou o historiador árabe ibn Khaldun, "não podiam mais fazer boiar uma tábua no mar".[3] Artigos como o papiro desapareceram dos monastérios europeus; o vinho que por muito tempo foi comprado do Mediterrâneo agora tinha que ser produzido localmente. Apenas uns poucos artigos de luxo, geralmente vendidos por comerciantes sírios e judeus, apareciam nos mercados e nas cortes aristocráticas da Europa.[4]

Em contraste, tais produtos apinhavam os bazares das cidades muçulmanas, muitas vezes deslumbrantes, de Toledo e Córdoba na Espanha até Déli na distante Índia. Comerciantes e missionários muçulmanos agora estendiam sua influência às ilhas do Sudeste Asiático e fundavam colônias nas prósperas cidades costeiras da própria China.

## A VISÃO URBANA DE MAOMÉ

A civilização islâmica dependia de uma visão poderosa do propósito humano. Assim como a civilização clássica por ela suplantada, era em seu cerne uma fé profundamente urbana. A necessidade de reunir a comunidade de fiéis era um aspecto fundamental do islã. Maomé não queria que seu povo voltasse ao deserto e a seu sistema de valores baseado em clãs; o islã praticamente exigiu que as cidades servissem como "os lugares onde os homens rezam juntos".[5]

A história do início do islã é de moradores urbanos. Maomé era um mercador bem-sucedido de Meca, um centro comercial e religioso de longa data na árida península Arábica. Essa cidade havia sido, durante muito tempo, influenciada primeiro por governantes helênicos e depois por romanos; sua população variada incluía pagãos, judeus e, depois do segundo século, cristãos.[6]

Meca e as outras cidades comerciais do Hijaz, no canto noroeste da península, careciam das fortes raízes agrárias comuns a muitas cidades antigas. Seu clima seco, impiedoso — um topógrafo árabe do século X descreveu a cidade como atormentada por um "calor sufocante, um vento pestilento e nuvens de moscas"[7] —, deixava apenas o comércio como base para a economia.

A maior parte dos habitantes de Meca descendia dos beduínos, que percorriam o vasto território do Hijaz em busca de terra para pastoreio e água para seus rebanhos. Organizados em clãs, os beduínos complementavam sua renda escassa protegendo ou saqueando caravanas. Esses clãs frequentemente entravam em conflito, respeitando apenas lealdades básicas de família. Ibn Khaldun notou que tais laços fortes eram consequências naturais, dado o ambiente severo da vida beduína. "Apenas tribos unidas por um sentimento de grupo", ele observou, "conseguem viver no deserto".[8]

Nas primeiras décadas do novo milênio, alguns desses clãs instalaram-se em cidades como Meca e deram início a suas próprias caravanas, lucrando com o crescimento do comércio entre o Levante e o Iêmen. Meca cresceu lentamente até virar um povoado de 5 mil habitantes.

As velhas lealdades de clãs da cultura do deserto representavam uma ameaça nítida para essa comunidade urbana nascente. O povo de Meca carecia do etos comum e da força da lei aplicável a pessoas não aparentadas, que haviam mantido a coesão das cidades desde os tempos da Mesopotâmia.

Maomé, membro dos Qurayshi, um dos clãs mais poderosos de Meca, entendeu a necessidade de uma tal ordem, um propósito maior que substituiria o caos das rixas familiares inerentes à velha sociedade de clãs. Seu sistema de crença, o islã, era tanto um programa religioso quanto um apelo por ordem e justiça social.

As ideias de Maomé, reveladas no Corão, tratavam dos membros tradicionalmente mais fracos da sociedade. Ele exigia que as mulheres, que por muito tempo tinham sido sujeitas a toda espécie de abusos, fossem protegidas de maus-tratos. Os homens foram limitados a ter quatro esposas, diferente do passado, quando a riqueza era o único fator limitante, e intimados a tratá-las com o respeito cabível.

Os pobres também deviam ser protegidos. Dar esmolas tornou-se uma expressão necessária de fé. Entre os ricos, instruía o Corão, "há um direito reconhecido dos indigentes e destituídos".[9]

Talvez o aspecto de mais longo alcance da mensagem de Maomé fosse sua noção de um grande *ummah*, ou comunidade, unido por uma mesma fé. Esse conceito subvertia tanto o culto tradicional pagão quanto a antiga primazia das afiliações de clãs. Os líderes tradicionais dos clãs pareceram ter entendido isso. Em 622, forçaram o Profeta e um punhado de seguidores à fuga, ou *hégira*, para a cidade rival de Medina, mais de 300 quilômetros ao norte. Essa cidade, com sua grande colônia judaica, mostrou-se mais receptiva à mensagem monoteísta do Profeta.[10]

Engrossadas por novos convertidos, as forças de Maomé ocuparam Meca em 630. Em pouco tempo o *ummah* estava se espalhando rapidamente pela Arábia. Os árabes, antes um grupo de clãs em conflito, se tornaram um único povo altamente motivado. "Se lhes tivessem sido dadas todas as riquezas da terra", afirma o Corão, "assim não se poderia tê-los unido. Porém Deus os uniu".[11]

## A NATUREZA DA CIDADE ISLÂMICA

Após a morte de Maomé em 632, seus sucessores, os califas, estavam determinados a implementar a visão do Profeta. A época muçulmana representou um novo começo na história urbana. Espalhando-se pelo Oriente Próximo e pelo norte da África, e entrando na Espanha com notável energia entre os séculos VII e IX, o islã rompeu drasticamente com as duradouras tradições do urbanismo clássico, que, na visão de Sócrates, achava nas "pessoas da cidade" uma fonte primária de conhecimento.[12] O islã promovia uma cultura urbana sofisticada, porém não cultuava a cidade por si só; os assuntos religiosos, a integração da vida diária dos homens com um deus transcendente obscureciam as questões municipais.

A primazia da fé era evidente até mesmo no traçado das cidades islâmicas. Em vez da ênfase clássica em prédios e espaços públicos, as mesquitas agora erguiam-se no centro da vida urbana.[13]

Essa orientação religiosa e as concomitantes leis que regiam o dia a dia diferenciavam a conquista muçulmana das de outros invasores nômades que também apresavam a civilização clássica decadente. Quando os germanos, hunos e outros povos tomavam as grandes cidades de Roma, Pérsia e Bizâncio, geralmente deixavam pouco mais que ruínas e escravos. Os muçulmanos, em contrapartida, tentavam incorporar as cidades recém-adquiridas — Damasco, Jerusalém e Cartago — ao que acreditavam ser uma civilização urbana espiritualmente superior.

## DAMASCO: PARAÍSO NA TERRA

Em 661, o califado abandonou Medina como capital política e mudou-se para Damasco, uma cidade mais apta a suprir as necessidades administrativas, comunicativas e comerciais do império em expansão. Em contraste com Meca ou Medina, Damasco jazia numa região fértil, alimentada pelo rio Baradá, que corre a partir das montanhas do Líbano. Como escreveu o poeta árabe ibn Jubayr:

> Se o Paraíso for na terra, deve ser Damasco; se for no céu, Damasco pode equiparar-se a ele.[14]

Damasco ampliou a exposição dos árabes a outras culturas. Era uma grande cidade cosmopolita, lar de vários judeus e seitas cristãs. Sob o islã, esses "povos do livro" tiveram permissão de exercer suas crenças, muitas vezes com muito mais liberdade do que sob os antigos governantes bizantinos. O Corão sugeria que os *dhimmis* (pessoas protegidas) fossem feitos "tributários" ao novo regime e assim "tornados humildes", mas, tirando isso, seus direitos eram garantidos. Essa tolerância relativa levou os judeus e mesmo alguns cristãos a aceitar bem a conquista de suas cidades pelos muçulmanos, e até ajudar nela.[15]

A natureza cosmopolita da vida urbana islâmica também instigou o crescimento do comércio, a elevação das artes e das ciências.[16] Nas cidades recém-conquistadas, o *souk* árabe muitas vezes era uma melhoria da ágora greco-romana. Os governantes criaram elaborados distritos comerciais, com grandes construções protegidas do sol quente do deserto, com depósitos e hospedarias para mercadores vindos de fora. Os novos governantes construíram grandes bibliotecas, universidades e hospitais numa velocidade que não se via desde os tempos romanos.[17]

O novo espírito urbano ampliou-se para muito além das muralhas de Damasco. Basra no Iraque, Fez e Marrakesh no norte da África, Shiraz no Irã e Córdoba na Espanha, todas foram testemunhas da imaginação cívica da nova ordem.[18] Córdoba, escreveu uma freira germânica, era "a joia do mundo, jovem e requintada, orgulhosa de seu poder". Tão grande era a atração cultural que, em Córdoba, reclamou um estudioso cristão do século IX, poucos de seus irmãos sabiam escrever adequadamente em latim, mas vários podiam "se expressar em árabe com elegância e escrever melhores poemas nessa língua do que os próprios árabes".[19]

## BAGDÁ: "ENCRUZILHADA DO MUNDO"

Bagdá, a nova capital fundada pelo califado abássida no fim do século VIII, surgiu como a maior dessas primeiras cidades muçulmanas. Situada entre os rios Tigre e Eufrates, perto do local tanto da antiga Babilônia quanto de Ctesifonte, a velha capital do Império Persa Sassânida, a cidade foi descrita por um observador contemporâneo, Abu Yousuf Yaqub ibn Ishaq, como a "encruzilhada do mundo".

Projetada para ser uma grande capital, Bagdá foi construída com um plano circular: muralha, fosso e muralha interna cercando o palácio.[20] Sua população, pelo menos um quarto de milhão de habitantes, superava em muito as de Veneza, Paris e Milão, que então eram as principais cidades da Europa, e equiparava-se ao último grande reduto da civilização greco-romana, Constantinopla. No ano 900, ela era provavelmente a maior cidade do mundo.[21]

Nos séculos seguintes, o califado se fragmentaria e Bagdá perderia seu domínio exclusivo sobre o poder político. Mas, ainda assim, a cidade manteve uma notável produtividade intelectual. Bibliotecas e academias floresciam, favorecidas pela introdução do papel e pela circulação de livros, incluindo traduções de clássicos ocidentais e persas. Com o tempo, estudiosos árabes desenvolveram um papel mais fino, tornando os livros mais portáteis e fáceis de escrever.[22]

## A IDADE ÁUREA DO CAIRO

O estabelecimento de múltiplas capitais islâmicas ajudou a promover a criação de novos centros na Espanha, na Pérsia e principalmente no Egito. Fundada no século X, a cidade do Cairo expandiu-se, ao longo dos três séculos seguintes, de um centro administrativo cortês do califado para uma autêntica cidade cosmopolita. A cidade tornou-se, como observou a historiadora Janet Abu-Lughod, "uma metrópole habitada igualmente por senhores e massas".²³

Na época da chegada de ibn Battuta, a cidade estava sob o domínio dos mamelucos, um grupo de escravos guerreiros turcos que a haviam capturado um século antes. O Cairo, crescendo até quase cinco vezes sua área murada original, tornara-se um centro de aprendizagem sem igual, com faculdades, uma biblioteca contendo mais de 1,6 milhão de livros, e um grande hospital. Sua famosa Cidadela agora assomava sobre uma gigantesca cidade espraiada.²⁴

O Cairo controlava mercados transcontinentais como talvez nenhuma cidade houvesse feito desde os dias de Roma. A metrópole egípcia, escreveu ibn Battuta, servia como

> senhora de vastas províncias e terras frutíferas, ilimitada na profusão de seus povos, inigualável em sua beleza e seu esplendor, ela é a encruzilhada dos viajantes, o abrigo dos fracos e dos poderosos.²⁵

A Qasaba do Cairo, com suas centenas de lojas, seus andares superiores que abrigavam cerca de 360 apartamentos, e uma população permanente de cerca de 4 mil pessoas, formava o maior desses bazares. Um escritor egípcio contemporâneo notou a surpreendente "abundância e diversidade de produtos" e um burburinho ensurdecedor pontuado pelos "gritos de carregadores transportando mercadorias e entregando-as nas barcas do rio".²⁶

A Qasaba servia como um importante terminal para mercadores árabes que agora dominavam as grandes rotas de comércio que ligavam a África, a China e a Índia ao mundo mediterrâneo. Porcelana, tecidos, especiarias e escravos afluíam em portos como Alexandria e eram transportados até o Cairo. Muitos dos artigos de luxo mais cobiçados na Itália e no resto da Europa passavam por comerciantes — muçulmanos, judeus ou cristãos — que operavam com base na cidade às margens do Nilo.

De um modo visto sob o reinado de Sargão na antiga Mesopotâmia, e depois em Roma, essa vitalidade comercial dependia de um forte regime de segurança. Num tempo em que as viagens na Europa eram extremamente difíceis e perigosas, um visitante como ibn Battuta no Egito do século XIV podia viajar em segurança, através de um mundo extensamente urbanizado e interligado:

> Não há necessidade de um viajante no Nilo levar quaisquer provisões consigo, pois ele pode descer à margem sempre que desejar, para fazer abluções, orações, comprar provisões ou para qualquer outro propósito. Há uma série contínua de bazares desde a cidade de Alexandria até o Cairo.[27]

## DO NORTE DA ÁFRICA ÀS FRONTEIRAS DA CHINA

A ascensão do islã também criou as condições para a expansão de um arquipélago de grandes centros de comércio, dominados em boa parte por mercadores muçulmanos.[28] Nunca antes uma única fé, ou sistema urbano, tivera um domínio tão vasto. Dar al-Islam fornecia um mesmo conjunto de regras, modos de comportamento e normas culturais que se estendia a inúmeras cidades. Os regimes islâmicos, por exemplo, instituíram um escritório oficial, conhecido como um *wakil al-tujjar*, para fornecer representação legal e alojamento a mercadores estrangeiros.[29]

Essas instituições espalharam-se para muito além da região central tradicional do islã. No século XIII, mais de trinta estados comerciais islâmicos independentes, incluindo Mombasa e Mogadishu, já se erguiam ao longo da costa leste da África. O islã também floresceu em centros comerciais da África Ocidental, tais como Kano e Timbuktu, onde escravos e ouro atraíam mercadores de todo o Dar al-Islam. Ligada ao Cairo por rotas de comércio meridionais, no século XIV, Timbuktu se tornara uma cidade de 50 mil habitantes.[30]

Os persas controlavam as rotas de comércio ainda mais ricas para a Índia e a China.[31] Em cidades como Ispaã, Tabriz e Shiraz, o comércio transcontinental galopante, suplementado pela indústria local, criava bazares em constante expansão que, junto com a mesquita, serviam como pontos centrais de um renovado urbanismo iraniano.[32]

No século XIV, a influência cultural tanto persa quanto islâmica começou a exercer um impacto em grupos nômades como os turcos e os mongóis, cujas conquistas lhes deram controle sobre cidades da Ásia Central e da Índia. Esses centros muitas vezes tinham origens anteriores às conquistas islâmicas, porém a nova religião urbana deu início a novas variedades brilhantes de vida citadina.

## O RENASCIMENTO ISLÂMICO DA ÍNDIA

A Índia surgiria como um caso primário desse fenômeno. Grande centro de civilização urbana durante o Império Máuria entre os séculos IV e II a.C.,[33] a Índia acabaria caindo em declínio; com seus centros urbanos em boa parte atrofiados, estados competitivos, em guerra, assolaram uns aos outros, e o comércio de longa distância sofreu em decorrência disso.[34]

Igualmente crucial, o sistema de castas inspirado no hinduísmo enfraqueceu a evolução urbana da Índia, estigmatizando o comércio e cerceando a curiosidade sobre o mundo externo. Alberuni, um historiador árabe do século XI, observou:

> Os indianos acreditam que não há país além do seu, não há nação como a sua, não há rei como o seu, não há religião como a sua. [...] São por natureza mesquinhos ao comunicar aquilo que sabem, e tomam o maior cuidado possível para sonegá-lo de homens de outra casta dentre seu próprio povo, e ainda mais, é claro, de qualquer estrangeiro.[35]

Os triunfantes sultões muçulmanos, assim como seus antecessores árabes no Oriente Próximo e no norte da África, rapidamente revigoraram as cidades da Índia. Eles profissionalizaram a administração, melhoraram estradas, construíram hospedarias para viajantes e incentivaram os laços de comércio com o mundo exterior. Isso deu impulso não apenas a cidades comerciais movimentadas, como Cambay em Guzerate, mas também ao emergente centro administrativo de Déli, uma cidade conquistada no fim do século XII.

Quando ibn Battuta visitou Déli sob o reinado da dinastia muçulmana Tughluq, encontrou "uma cidade vasta e magnífica... a maior cidade da Índia, ou melhor, a maior de todas as cidades do islã no Oriente". A capital construíra um grande mercado e atraía estudiosos, cientistas, artistas e poetas de todo o mundo islâmico.³⁶

Embora a vasta maioria dos indianos no campo continuasse sendo hindu, os muçulmanos dominaram os centros urbanos em todo o subcontinente. Comerciantes muçulmanos, junto com alguns mercadores hindus, controlavam lucrativas rotas de comércio costeiras entre o golfo Pérsico e o Sudeste Asiático.³⁷

Grande parte das drogas, especiarias, dos artigos de luxo e dos escravos da Índia também seguiam o caminho até as cidades costeiras da China, onde tanto mercadores quanto missionários muçulmanos haviam firmado presença. No entanto, a China não estava destinada a tornar-se parte do mundo muçulmano. Em vez disso, representava um centro de civilização urbana marcadamente diverso, cujos esplendor e poder rivalizavam com o do Dar al-Islam.

CAPÍTULO OITO

# Cidades do Império do Meio

Um século antes de ibn Battuta, um grupo de mercadores venezianos cruzou a vastidão da Ásia Central até o Oriente. Como suas contrapartes do norte da África, os Polo descobriram que a maioria das cidades em toda essa ampla extensão seguia a fé de Maomé. Apenas em Lop, hoje situada na região autônoma de Xinjiang Uygur, a influência islâmica começava a minguar diante da influência mais distintamente chinesa.[1]

Inicialmente, a ascensão do islã representara um certo revés para as cidades da China. Sob a dinastia Han, que floresceu na época do Império Romano no Ocidente, e novamente sob a dinastia Tang no século VII, os mercadores chineses haviam controlado a lucrativa rota de comércio transcontinental até as fronteiras do Afeganistão. No entanto, quando confrontados pelas forças muçulmanas em 751, os chineses foram derrotados de forma decisiva.[2]

Na época em que os Polo chegaram à China, a perda da periferia distante mal era lembrada, muito menos lamentada. Diferente do islã, que buscava conquistar e converter o mundo, a China, como notou o historiador Bernard Lewis, carecia de um zelo missionário forte. A China podia tolerar a derrota na periferia distante, pois, como o grande "Império do Meio", ela continuava sendo, em larga medida, economicamente autossuficiente e culturalmente autônoma.[3]

A influência chinesa podia, por exemplo ou por conquista, estender-se à Coreia, ao Japão e ao Sudeste Asiático, mas sua cultura carecia de um conjunto de valores transcendentais que os não chineses pudessem adotar. Um indivíduo podia tornar-se muçulmano; não era tão fácil alguém tornar-se um verdadeiro chinês, mesmo se esse alguém ocupasse o trono do Império do Meio.

## TRADIÇÃO URBANA NUMA SOCIEDADE AGRÁRIA

Em forte contraste com a cultura muçulmana, que era centrada em cidades, as cidades da China surgiram dentro do contexto de uma civilização de base predominantemente agrária. Mesmo no século XVI, os imperadores Ming ainda continuavam a executar ritos de fertilidade altamente coreografados nas dependências do palácio.[4]

Essa sólida realidade agrária refletia-se até mesmo dentro das cidades. Hangzhou, Guangzhou, Zhangzhou e Pequim estavam possivelmente entre as maiores e mais bem planejadas cidades do mundo, no entanto, não difeririam tão radicalmente das regiões rurais à sua volta, muitas vezes apinhadas de gente.[5] As cidades da China, apesar de atingirem um grande tamanho, constituíam apenas uma versão "em maior densidade" da realidade agrária mais ampla.

As cidades chinesas simplesmente não exercem a influência sobre o interior que era comum na Europa Clássica ou no mundo islâmico. Mesmo nas cidades maiores, a maior parte dos bens era produzida primariamente para o consumo local; a maioria das necessidades rurais era satisfeita nas próprias aldeias. Mesmo tendo, de longe, a maior população do mundo, a China foi incapaz de atingir um nível comparável de urbanização, em termos da porcentagem de pessoas morando em cidades grandes; a China continuou não alcançando nem a metade da urbanização da Europa Ocidental, do Mediterrâneo ou, aliás, do Japão, desde o primeiro milênio até os dias de hoje.[6]

## "O CENTRO ASTRAL DA ORDEM UNIVERSAL"

As cidades mais importantes da China serviam principalmente como centros administrativos do império. Os centros desenvolvidos durante o período Zhou, no primeiro milênio a.C., definiram o padrão predominante, com a burocracia, as funções sacerdotais e o poderio militar exercendo os papéis de liderança. A produção artesanal e as atividades comerciais evoluíram para servir às elites governantes, mas geralmente desempenhavam um papel secundário.[7]

A política, não o comércio, definia os rumos das cidades chinesas.[8] As fortunas urbanas de Chang'an, Loyang, Kaifeng, Nanquim e Pequim tendiam a crescer e minguar de acordo com as preferências geográficas das dinastias. Questões como a necessidade de defesa avançada ou o acesso a estoques de alimento determinavam, em larga medida, quais cidades serviriam como capitais.[9]

Uma mudança de capital, e com ela o imenso peso do aparato governamental, em si já bastava para estimular uma economia de mercado galopante. O Mercado Oriental em Chang'an, sob a dinastia Tang no final do primeiro milênio d.C., ostentava "duzentas ruas e vielas, cada uma cercada dos quatro lados por armazéns cheios de artigos raros e curiosos do país inteiro". Como a ágora grega ou o Fórum romano, esses lugares tornaram-se cenários naturais para os serviços que ofereciam, incluindo os de impressores, artistas, açougueiros e vendedores de roupas.

A vida urbana era altamente regulada pela burocracia imperial. Os horários comerciais e os toques de recolher eram anunciados por batidas de tambores.[10] Quando chegava a hora de planejar uma nova capital ou restaurar uma antiga, dava-se grande prioridade ao cumprimento dos preceitos do *Zhou Li*, o antigo protocolo chinês que governava o modo de vida, a conduta pessoal e as relações entre as coisas. Cada grande capital, observa o historiador Heng Chye Kiang, era planejada segundo uma fórmula, cercada por muralhas, com sistemas rigorosos de malhas viárias, distritos comerciais e um distrito exclusivo, praticamente autossuficiente, inteiramente para o imperador, os ministros-chefe e outras pessoas ligadas à família imperial.[11]

A necessidade de separar a família imperial do mundo exterior dominava o processo de planejamento. A cidade imperial era isolada de suas cercanias por altas muralhas; não tanto vigiava as áreas em volta, o que seria comum na Europa ou no Oriente Próximo, como na verdade evitava que se olhasse para elas. As forças militares, necessárias à proteção da família imperial, muitas vezes constituíam uma grande parcela da população da cidade; um estudioso chinês estima que, após o ano 1000 d.C., um em cada cinco moradores em volta da capital Kaifeng, da dinastia Sung, estava associado às forças armadas e outras partes do aparato de segurança.[12]

Algumas dinastias construíram mais de uma capital para administrar seus domínios. A dinastia Sui instituiu três capitais e as ligou por estradas, canais e pavilhões imperiais de repouso. Sui Wen-ti, que fundou a dinastia em 581 d.C., deu início à construção do Grande Canal para garantir o fornecimento de comida para a capital tradicional Chang'an, cidade que logo cresceu a ponto de rivalizar em tamanho com qualquer contemporânea sua, inclusive Constantinopla.[13]

Para além das capitais jazia uma vasta rede de centros menores. No século III a.C., Shih Huang-ti, o primeiro imperador a unir a China, dividiu os estados chineses, antes independentes, em províncias, ou *zhou*, cada uma com seu próprio centro administrativo. Abaixo delas desenvolveu-se um vasto arquipélago de distritos administrativos menores, ou *hsien*. Esses centros não apenas cuidavam da segurança do império, mas também distribuíam comida em períodos de fome e zelavam pelos doentes e idosos.[14]

No entanto, o urbanismo chinês era principalmente centrado em suas grandes capitais. Essas não eram apenas cidades de poder terreno sob as tradições confucianas; também serviam como "o centro astral da ordem universal", o ponto central do Império do Meio.[15] Como centros de veneração, elas lembravam os lugares sagrados do islã, tais como Meca, Medina e Jerusalém, porém com uma ênfase muito distinta. Os lugares sagrados muçulmanos, depois do primeiro século de história islâmica, não eram mais sedes de poder político. Na China, o poder e a divindade deslocavam-se de mãos dadas; onde o imperador residia, lá era o lugar sagrado.

## "GRANDES NUVENS NO CÉU"

No fim do primeiro milênio d.C. e nos séculos seguintes, havia surgido na China outro tipo de metrópole, baseada essencialmente não no poder político, mas em valores mercantis. O primeiro florescimento de cidades comerciais deu-se sob a dinastia Tang, que governou a China do ano 618 ao 907 d.C. Afrouxando as restrições tradicionais sobre o comércio, mais especialmente o terrestre, os Tang ajudaram a criar uma nova classe, potencialmente poderosa, de proprietários urbanos. O ritmo do comércio acelerou sob a dinastia Sung, que tomou o poder em 960 e incentivou o crescimento comercial.

Pela primeira vez, a China surgiu como poder comercial transcontinental. Depois de expulsar os japoneses e outros piratas dos mares, os mercadores chineses passaram a ter um papel dominante sobre rotas de comércio que iam até a Índia. Os navegadores chineses eram os mais habilidosos do mundo, aprendendo o uso da bússola, e mapearam os mares até o cabo da Boa Esperança.

No século XII, a frota chinesa crescera para vinte esquadrões e mais de 52 mil homens. A influência econômica, cultural e política da China agora espalhava-se para uma vasta extensão da Ásia, incluindo a Coreia, o Japão e boa parte do Sudeste Asiático.[16] Algumas de suas embarcações podiam carregar mais de quinhentas pessoas e armazenar estoques de comida para um ano. Criavam-se porcos e produzia-se vinho em navios. "Os navios que singram os mares do sul", escreveu o viajante Chou Ch'u-fei, "são como casas. Quando suas velas estão estendidas, são como grandes nuvens no céu".[17]

O crescimento do comércio transoceânico estimulou muito o desenvolvimento de cidades cosmopolitas de orientação comercial. Guangzhou, que em 100 a.C. já era uma cidade próspera, no século VIII d.C. abrigava sua própria comunidade comercial muçulmana. Os Sung estabeleceram sua primeira alfândega ali em 971, e durante o século seguinte a cidade portuária gozou de um verdadeiro monopólio do comércio exterior. Em 1200, a população de Guangzhou atingira mais de 200 mil habitantes, situando a cidade entre as quatro ou cinco maiores do mundo.[18]

Marco Polo ficou maravilhado com a vasta quantidade e diversidade da economia urbana galopante. O viajante veneziano estimou que, para cada navio que chegava à Alexandria ou a qualquer porto italiano com especiarias, "cem" chegavam a Zhangzhou, que surgira como principal porto da China para o comércio com o sul da Ásia. Especiarias, drogas, pedras preciosas e artefatos do Oriente Próximo, da Índia e do Sudeste Asiático afluíam dos píeres até os armazéns das cidades chinesas. Esses, por sua vez, exportavam os produtos artesanais, a tecnologia e a seda da China.[19]

Isso representava um recomeço talvez auspicioso para a história urbana da China. Nos primeiros séculos do primeiro milênio, cidades emergentes como Guangzhou, Fuzhou e Zhangzhou ostentavam a mistura cosmopolita então vista em Alexandria, Cairo, Antioquia ou Veneza. Comerciantes árabes e judeus, vivendo sob proteção imperial em *fan-fang*, ou bairros de estrangeiros, eram especialmente ativos; uma ampla diversidade de ideias gerava um clima artístico, científico e criativo fértil.[20]

Essas cidades costeiras valiam-se também da forte rede interna de comércio nacional, mais notavelmente a capital Kaifeng, da dinastia Sung. As ruas além da Cidade Palaciana eram "densas como escamas de peixes", apinhadas de lojas, tavernas e bordéis lotados. Expressivas colônias de muçulmanos e judeus também se instalaram na capital. O relaxamento de algumas restrições tradicionais sobre o comércio, tais como os severos toques de recolher, incentivou o desenvolvimento de uma "cultura urbana" genuína, com prédios comerciais de dois ou três andares, uma literatura popular vigorosa e diversos tipos de entretenimento popular.[21]

A tomada da China pelos mongóis no começo do século XIII, muito lamentada pelos nacionalistas chineses, não obstante acelerou essas tendências. Com um vasto império sob seu domínio, os mongóis ampliaram a influência da China através da Ásia até os limites da Europa. Em cidades estrangeiras sob controle mongol, tais como Moscou, Novgorod e Tabriz, colônias chinesas expressivas agora surgiam pela primeira vez.

Os mongóis aterrorizavam imensamente seus inimigos, mas também instigavam o comércio, proporcionando um grau de segurança sem precedentes em vastas extensões do continente asiático. Sob o seu reinado, observou um comentador muçulmano, "um homem podia ter viajado da terra do sol nascente até a terra do sol poente com uma bandeja de ouro na cabeça sem sofrer a mínima violência de ninguém".[22]

O espírito mongol de tolerância religiosa também promoveu contatos comerciais e intelectuais cada vez mais amplos. Budismo, taoismo, cristianismo, islamismo e outros credos prosperavam em relativa harmonia. Mesquitas, hospitais e bazares, administrados por *qadis*, ou juízes muçulmanos, funcionavam em Guangzhou e Zhangzhou sob a lei civil e comercial islâmica. Muitos muçulmanos, e mesmo europeus como os Polo, ascenderam a serviço do imperador mongol.[23]

O crescimento do comércio e dos contatos entre culturas também foi responsável por boa parte da riqueza que se acumulou na casa do grande Khan. Embora longe das cidades comerciais costeiras, a grande capital e outras cidades importantes do interior consumiam vastas quantidades dos artigos de luxo da Índia, do Oriente Próximo e até da África. "Para essa cidade", escreveu Marco Polo sobre a capital de Kublai Khan, "tudo o que é raro e valioso de todas as partes do mundo encontra um caminho".[24]

CAPÍTULO NOVE

# Oportunidade perdida

Na época dos Polo e, mais tarde, na de ibn Battuta, teria sido razoável assumir que o futuro das cidades e da civilização estava no Oriente. Contudo, em 1600 o dinamismo urbano da China e do Dar al-Islam — tão evidente das docas e dos armazéns de Zhangzhou até a Qasaba do Cairo — estava começando a se dissipar.

## O PROBLEMA DA PROSPERIDADE

Por que as cidades do Dar al-Islam e da China desperdiçaram essa oportunidade? Parte do problema residia na própria prosperidade que tanto impressionava os visitantes europeus no Oriente. Vistas da perspectiva de um governante em Pequim, Déli, Istambul ou Cairo no século XVI, as cidades europeias teriam parecido insignificantes e retrógradas. A tecnologia, os medicamentos e todo tipo de utensílios chineses e muçulmanos eram, em sua maior parte, muito mais sofisticados que os produzidos na Europa. Os métodos agrícolas do Oriente, especialmente os da China, com seus sistemas altamente evoluídos de canais e irrigação, também eram mais produtivos que os do Ocidente.

As principais cidades da China e do Dar al-Islam parecem ter superado suas contrapartes europeias tanto em população quanto em esplendor arquitetônico. Os mogóis, descendentes dos mongóis que tomaram controle da Índia em 1526, reinavam sediados em uma capital, Déli, que um historiador islâmico descreveu como um "jardim do Éden que é populado". Istambul, a cidade islâmica assentada sobre as ruínas da Constantinopla vencida, possuía mais riquezas e abrigava mais pessoas que qualquer cidade da Europa.[1]

O esplendor das capitais orientais validava ainda mais algumas antigas atitudes de superioridade. Típicas eram as atitudes da corte imperial chinesa: eles acreditavam que, à medida que alguém se afastava da capital, passava dos domínios reais para o dos príncipes, depois para uma "zona de pacificação", seguida do reino de "bárbaros semicivilizados" e, por fim, para a região da "selvageria sem cultura". A Europa, no extremo limiar da periferia, mal parecia merecer atenção.[2]

A opinião da elite dentro do Dar al-Islam muitas vezes continha atitudes de igual desprezo em relação aos estrangeiros, especialmente os europeus. Um estudo sobre o comércio, escrito em Bagdá no século IX, mencionava Bizâncio, a Ásia Central, a Índia e a China como tendo itens de valor a oferecer; as cidades do norte e do oeste da Europa, em contraste, eram úteis apenas como fontes de minerais selecionados ou escravos. Notavelmente, essas atitudes não mudaram muito até um momento bem avançado do século XVIII, em que a superioridade militar e técnica da Europa já estava se tornando patente.[3]

## OS LIMITES DA AUTOCRACIA

A predominância do poder autocrático refreou ainda mais a evolução das cidades asiáticas e islâmicas. Mesmo cidades esplendorosas como Córdoba, na Espanha, ou Chang'an, na China, quase vieram abaixo quando a casa real foi derrubada.[4] A estrutura autocrática também tornava as cidades orientais especialmente vulneráveis ao que ibn Khaldun descreveu como a "vida útil" natural dos regimes. A maior parte dos regimes governamentais no mundo islâmico, argumentou ele, era proveniente de povos nômades viris que haviam capturado cidades para saquear suas riquezas. Na primeira geração, esses nômades — árabes arcaicos, tribos do Magrebe, turcos — muitas vezes demonstravam a grande energia e a imaginação necessárias à construção de grandes impérios e cidades.

Quanto mais saboreavam a vida de luxo em locais de residência fixa, observou o estudioso árabe, mais cedo esses governantes acabavam perdendo tanto seu espírito bélico quanto sua firmeza moral. Não se podia esperar que gerações de filhos mimados, distantes da vida equestre, sugeriu ele, conservassem as virtudes de seus antepassados mais rústicos.

Quando os novos invasores nômades entravam em cena, os resultados às vezes se mostravam catastróficos, mesmo para as cidades mais esplêndidas. Essa foi a sina de Bagdá em 1258, quando invasores mongóis derrotaram as forças do enfraquecido califado abássida. Eles não apenas executaram o último califa, junto com muitos de seus familiares, mas também massacraram uma grande parcela da população. Boa parte da cidade foi deixada em ruínas. Bagdá nunca mais foi "a encruzilhada do mundo".[5]

As ideias de ibn Khaldun, extraídas em grande parte de exemplos do mundo muçulmano, também poderiam se aplicar a dinastias chinesas. Em suas origens, as dinastias Sung, Yuan, Ming e Ch'in demonstravam, cada uma delas, uma considerável virtude bélica e capacidade para um governo eficaz. No entanto, com o tempo, os regimes tornaram-se cada vez mais fracos e corruptos. Legiões de burocratas privilegiados, aristocratas e soldados ociosos sugaram a riqueza do império. Isso inevitavelmente deixou as capitais dinásticas vulneráveis a novas invasões nômades.[6]

## A SUPRESSÃO DOS EMPREENDEDORES

Esse processo de enfraquecimento sucessivo não se dava apenas em sociedades asiáticas ou islâmicas. As classes aristocráticas na Europa muitas vezes também ficavam mais fracas após gerações no poder. No entanto, em contraste com o Oriente, as classes mercadoras e artesãs ascendentes urbanas representavam uma alternativa vital, capaz de revigorar a economia urbana e muitas vezes forçar mudanças de regime.

Não houve tal surto de poder da classe média no Japão, na Coreia, na China, na Índia ou no Egito.[7] Em todos esses lugares, os regimes autocráticos minavam o incentivo aos empreendedores por meio de tributação arbitrária, confiscos e favoritismo demonstrado em relação aos preferidos da corte.⁸ "Ataques à propriedade do povo", notou ibn Khaldun, "retiram o incentivo à aquisição e obtenção de propriedade".⁹

Comercial e politicamente, as capitais estavam dando as costas para o mundo. Sob a influência dos eruditos neoconfucianistas, a China restringiu suas audaciosas explorações, em detrimento das cidades costeiras.¹⁰ Tais decisões acabariam deixando o comércio marítimo nas mãos de comerciantes europeus sediados em cidades a milhares de quilômetros de distância.¹¹

## O RESSURGIMENTO DA EUROPA

Essas tendências debilitantes no Oriente desenvolveram-se justamente enquanto um novo espírito capitalista estava em ascensão nas cidades europeias, primeiro na Itália e depois na Grã-Bretanha e nos Países Baixos.¹² No fim do século XVI, algumas dessas cidades haviam se tornado tão ricas quanto as do Oriente — e o vento estava soprando a seu favor.

Os regimes chinês, indiano e muçulmano tinham pouco conhecimento dessas mudanças, e nem mesmo muito interesse nelas. Ricos e poderosos, na segurança de seus sistemas, os governantes das grandes cidades do norte da África, do Oriente Próximo, da Índia ou da China geralmente não se sentiam ameaçados quando os aventureiros do Ocidente surgiam em suas cidades costeiras. Afinal, eram apenas comerciantes de uma parte do mundo relativamente retrógrada, produzindo pouca coisa que tivesse valor fosse nos bazares ou nos palácios.

Mesmo os navios europeus, minúsculos e de mastros altos, não pareciam muito impressionantes. No entanto, em pouco tempo estes barquinhos começaram a aparecer com uma frequência alarmante, tornando-se cada vez mais velozes e capazes de viagens ainda maiores. No final do século XVII, mercadores portugueses, espanhóis e holandeses tinham gradualmente tomado controle do comércio com as terras ricas em especiarias do Sudeste Asiático, dominando também o lucrativo comércio de escravos, marfim e ouro da África.

Não mais fundamentais como entrepostos mercantis, cidades como o Cairo e Istambul começaram a enfraquecer comercialmente.¹³ Mesmo o café, que no começo era exportado do Oriente Próximo para o Ocidente, estava sendo transportado para bazares otomanos em navios holandeses carregados de grãos cultivados em suas colônias de Java.[14]

Os ocidentais até começaram a firmar uma presença poderosa no Oriente. Pequenos povoamentos comerciais nas periferias da China, da Índia e da África evoluíram lentamente, tornando-se grandes cidades com um comércio vibrante. Aos poucos, as grandes capitais interiores islâmicas e chinesas, ainda magníficas em aspecto, começaram a perder controle até mesmo de seu próprio comércio doméstico. O poder político e por fim a influência cultural também logo escorregariam de suas mãos. Uma era de civilização urbana estava chegando ao fim, e uma nova era, dominada por europeus e seus descendentes, estava prestes a começar.

PARTE QUATRO

# AS CIDADES OCIDENTAIS REAFIRMAM SUA PRIMAZIA

CAPÍTULO DEZ

# O RENASCIMENTO URBANO DA EUROPA

Nos anos que se seguiram ao colapso do Império Romano, a Europa possuía uma única força coesiva poderosa — a Igreja Católica. O clero cristão, cuja presença agora sustentava Roma em sua forma atrofiada, sempre tinha sido, no melhor dos casos, ambivalente em relação à antiga sociedade urbana clássica. No entanto, em meio ao colapso do império, foi a Igreja que alimentou os primeiros lampejos do renascimento urbano da Europa.

## AS RAÍZES SAGRADAS DO RENASCIMENTO

A Igreja contribuía em esferas tanto culturais quanto políticas. Os monges cristãos preservaram as línguas escritas, os textos antigos e as tradições de rigor intelectual essenciais à ressurreição urbana da Europa.[1] E, o que era igualmente importante, em muitas das últimas cidades sobreviventes, as estruturas diocesanas serviam como base de limites e privilégios urbanos; os bispos, fosse em Paris, Roma ou outros lugares da Itália, muitas vezes representavam a única forma de autoridade reconhecida.[2]

Um pleno ressurgimento da vida urbana exigia mais do que bênçãos eclesiásticas. Uma cidade, como sempre, precisa tanto de uma periferia segura quanto de uma economia vital. A igreja necessitava da força para repelir invasores, fossem eles vikings, pagãos ou islâmicos; sua própria teologia também era muitas vezes hesitante, se não explicitamente hostil, em relação aos valores comerciais de que depende uma economia urbana.

## A VOLTA DAS CIDADES-ESTADO

Incapazes de confiar totalmente na Igreja, e sem fortes impérios que pudessem garantir sua segurança, as assediadas comunidades urbanas da Europa foram obrigadas a contar com seus próprios recursos para sobreviver. Com cavaleiros saqueadores e quadrilhas à solta no campo, a primeira prioridade consistia em erguer um perímetro defensivo. Uma descrição de Verona, na Itália, no século VIII fala de uma cidade "protegida por grossas muralhas e cercada por 48 torres reluzentes". Nos anos anteriores à introdução dos canhões, fortes defesas urbanas podiam resistir mesmo aos invasores mais ferozes.

Assim teve início uma nova idade áurea para as cidades-estado independentes europeias. Mercadores e artesãos em lugares como o norte da Itália financiavam suas próprias forças armadas defensivas.[3] Num mundo onde as fronteiras imperiais eram vagas e muitas vezes irrelevantes, as cidades representavam o único espaço definido com confiança.[4]

Seguros atrás de suas muralhas, os mercadores e artesãos urbanos gozavam de uma independência inimaginável para as cidades do Oriente. Não havia imperador, califa ou sultão para cercear os direitos à propriedade privada ou os privilégios das guildas das classes comerciais.[5] No Ocidente, a cidade autônoma e o capitalismo nascente cresciam juntos. "O amor ao ganho", escreve Henri Pirenne, "estava aliado, neles, ao patriotismo local".[6]

A Itália surgiu como ponto focal para a renovação do urbanismo. Agraciada com uma infraestrutura urbana legada pelos romanos, a Itália nos primeiros anos do segundo milênio tornou-se a *terra di città*, ou "terra de cidades".[7]

A Primeira Cruzada, em 1095, expôs essas cidades itálicas ao modelo apresentado por suas contrapartes mais avançadas no mundo islâmico. Incapazes, em última instância, de dominar militarmente os muçulmanos, comerciantes de cidades como Veneza, Gênova e Pisa adquiriam especiarias, sedas e artefatos sofisticados de seus antigos inimigos.[8] Cidades do interior, como Florença e Pádua, participaram dessa expansão comercial não apenas fabricando tecidos, mas também financiando o comércio, tudo isso num tempo em que a agiotagem continuava sendo, em grande medida, inaceitável tanto entre muçulmanos quanto entre cristãos.[9]

O lento, porém constante, declínio de Constantinopla abriu novas oportunidades para as cidades-estado itálicas. Constantinopla continuaria sendo a maior cidade da cristandade durante séculos, mas o velho centro imperial agora necessitava de energia para proteger sua própria periferia.[10] Nos séculos XI e XII, a capital estava perdendo o controle do leste do Mediterrâneo, permitindo às cidades itálicas terem um controle cada vez maior sobre as tão importantes rotas de comércio para o Oriente.

A grandeza dessas cidades não jazia em seu porte — mesmo no século XIV, Florença, Veneza, Gênova, Milão ou Bolonha abrigavam menos de 100 mil pessoas. Em vez disso, os maiores trunfos das cidades do Renascimento eram seu poderoso espírito comercial, sua disposição para adotar a tradição urbana clássica e, decisivamente, a criatividade para aprimorá-la.

As cidades itálicas abraçaram as noções clássicas, por muito tempo abandonadas, de nacionalismo cívico. Elas se inspiravam em fontes como Marcus Vitruvius Pollio, um arquiteto romano da época de Augusto, cuja obra foi redescoberta no começo do século XV. Os construtores de cidades do Renascimento devoraram com entusiasmo as ideias de Pollio sobre a cidade concêntrica radial, com um centro ou fórum definido e áreas residenciais que se estendiam para fora rumo às muralhas da cidade.[11]

Não contentes em simplesmente copiar antigas tradições, os visionários urbanos do Renascimento, como Leon Battista Alberti, Antonio Averlino e Leonardo da Vinci, fizeram avanços na antiga arte romana da infraestrutura urbana, desenvolvendo novas técnicas para a construção de fortificações defensivas e canais. Orgulhosos de suas realizações, os centros urbanos itálicos — como suas contrapartes clássicas — competiam entre si na criação das paisagens urbanas mais impactantes.

## VENEZA: "PORTA-JOIAS DO MUNDO"

Nessa concorrência entre cidades, nenhuma superava Veneza. Com seus magníficos Grande Canal, Loggia e Rialto, a cidade tornou-se, como disse o historiador Jacob Burckhardt, "o porta-joias do mundo".[12]

De modo igualmente importante, Veneza também pressagiou o formato atual da cidade moderna, cuja grandeza deriva principalmente de seu poder econômico. Veneza pagava por sua opulência não com conquistas imperiais nem devido a seu posto de centro sagrado. Em vez disso, sua riqueza — como a da Fenícia — provinha quase inteiramente de sua habilidade comercial.

As origens da cidade certamente eram plebeias. Nenhuma figura religiosa ou imperial dominante abriu o caminho para a ascensão de Veneza. Seu próprio mito fundador tinha pouco de santos ou heróis; dizia-se que os primeiros venezianos foram refugiados romanos que se esconderam entre as ilhas pantanosas da área durante um ataque de bárbaros em 421.

A partir desse pequeno grupo de exilados, os venezianos desenvolveram sua própria cultura urbana, com cada freguesia insular servindo como um bairro. De frente para o mar, de costas para o rio Pó, os venezianos tornaram-se exímios pescadores, comerciantes e navegadores.

O impulso expansivo de Veneza dependeu inicialmente de laços fortes com Bizâncio. Ligações com a grande cidade davam a Veneza acesso exclusivo às riquezas do Levante numa época em que a maior parte dos europeus estava, em grande medida, isolada. Por fim, os venezianos se indispuseram contra as restrições do império sobre suas atividades, que estavam interferindo em seus lucros. Decididos a seguir seu próprio caminho, fundaram sua própria república independente por volta do ano 1000.

Essencialmente um oligopólio eleito, a república era administrada, em vários aspectos, como um empreendimento comercial, rapidamente tirando proveito do comércio em qualquer lugar onde pudessem ser auferidos lucros.[13] Os venezianos ganharam a reputação de egoístas, tanto nos negócios quanto na política. Comerciavam com os muçulmanos quando a maior parte da cristandade os enfrentava em violentos combates armados. Em 1204, eles se aproveitaram plenamente da captura de Bizâncio pelos cruzados para consolidar ainda mais seu domínio sobre o leste do Mediterrâneo.[14] Os navios venezianos acabaram controlando o comércio da Europa não apenas com os árabes, mas muitas vezes através de intermediários islâmicos e judeus, também com a Índia, o Sul da Ásia e a China.

Não contentes em ser apenas intermediários ou patrocinadores, os venezianos também desenvolveram uma elaborada base de produção, incrementando ainda mais a economia da cidade. Muito antes que a noção de "bairros industriais" especializados se difundisse em outras partes do

Ocidente, os venezianos dividiram seus bairros seguindo diretrizes funcionais distintas, com comunidades residenciais e industriais específicas para construção de navios, munições e vidraria. No século XIV, mais de 16 mil pessoas já trabalhavam nessas indústrias variadas, tornando Veneza não apenas a cidade comerciante e banqueira do Ocidente, mas também sua maior oficina.[15]

No começo do século XVI, essa combinação de comércio e indústria fizera com que Veneza se tornasse, de longe, a cidade mais rica da Europa.[16] Mais notável ainda era o caráter distintamente cosmopolita da cidade. Num tempo em que a maior parte da Europa estava turvada pela intolerância e violência contra estrangeiros, Veneza oferecia a eles um "refúgio relativamente seguro".[17] Mercadores da Alemanha, judeus e cristãos gregos do Levante e outros forasteiros apinhavam as ruas de Veneza, trazendo produtos, ideias e técnicas para a cidade.[18]

## FLORENÇA E O SURGIMENTO DA POLÍTICA URBANA MODERNA

As outras cidades itálicas concorriam com Veneza na disputa por dinheiro, talento e hegemonia industrial. Florença desafiou a supremacia veneziana em tudo, da atividade bancária ao comércio de tecidos. Os genoveses lutaram pelo controle do comércio mediterrâneo. Cidades menores como Prato concentraram-se em dominar nichos industriais específicos.[19]

As cidades-estado eram governadas de muitos modos, na maioria das vezes de forma despótica. Facções rivais entre as guildas, mercadores, aristocratas e clero disputavam o controle das cidades, derrubando umas às outras com frequência. Porém o rompimento com tradições imperiais e eclesiásticas era claro; novamente a cidade permanecia como o valor supremo, a base de todas as decisões políticas. As regulamentações, especialmente em relação ao comércio, eram criadas para o benefício econômico da cidade, ou de seus cidadãos mais poderosos, mesmo que violassem conceitos tradicionais do direito canônico.[20]

Nesse cenário muitas vezes conflituoso, surgia agora uma política urbana de um tipo distintamente moderno. Os Médici de Florença podem ser vistos como precursores dos líderes políticos urbanos modernos. Seu poder jazia, em boa parte, em sua capacidade de estender sua liberalidade às facções e à população em geral. Eles eram acentuadamente oportunistas: o principal objetivo dos Médici não era a propagação da fé ou mesmo a construção de um grande império, mas adquirir para si próprios e para sua cidade o maior nível possível de riqueza material.

Em todo o norte da Itália, os citadinos agora começavam a conhecer um nível de afluência que, segundo algumas estimativas modernas, superava o da Roma clássica.[21] Niccolò de Rossi, um nobre estudante de direito em Bolonha no século XIV, captou o espírito francamente materialista da época:

> Dinheiro faz o homem,
> Dinheiro faz o estúpido passar como brilhante,
> Dinheiro compra o acúmulo de pecados,
> Dinheiro aparece.[22]

## CIDADES IMPERIAIS SUPERAM AS CIDADES-ESTADO

Tal cinismo revelava o que estava se tornando uma fraqueza crítica das cidades-estado itálicas. Conforme ficavam mais afluentes, essas cidades aos poucos iam perdendo a coesão interna e o intenso espírito cívico que servira como alicerce para sua ascensão. Tendo rompido com a orientação eclesiástica de seu passado medieval, elas também começaram a perder seu senso clássico de virtude e coesão moral. A "cupidez cega", advertiu Dante no começo do século XIV, os levaria à ruína:

> A nova gente e os ganhos repentinos geraram em
> Ti, Florença, arrogância e excesso de modo que
> Tu choras por isso![23]

Na época de Dante, muitos florentinos, venezianos e genoveses proeminentes herdavam a maior parte de sua riqueza das gerações anteriores.

Em busca de retornos mais altos, e desdenhosos do trabalho, eles gastavam suas fortunas ou em suas propriedades pastorais ou em empreendimentos fora da cidade.[24] Conforme o capital afluía em outras áreas, artesãos antes confortáveis agora desciam a um proletariado cada vez mais destituído. A velha estrutura de guildas bambeou ainda mais conforme os industriais restantes comissionavam seu trabalho para camponeses não organizados no campo ou para outros países.[25]

Esses problemas internos enfraqueceram as cidades-estado justamente no momento em que elas enfrentavam o renascimento de novos centros imperiais que foram cada vez mais instigados por fortes sentimentos nacionalistas. No século XVII, essas cidades — Londres, Lisboa, Madri, Paris, Viena — desafiavam cada vez mais a supremacia das cidades-estado. Outras capitais mais modestas, como Berlim,[26] Copenhague e Varsóvia, também começaram a atingir um tamanho significativo.[27]

Como as cidades-estado sumérias, fenícias e gregas antes deles, os municípios independentes da Itália, principalmente conforme perdiam sua coesão moral, não podiam competir sozinhos contra centros urbanos que dispunham de recursos humanos e materiais mais vastos. Isso acabou sendo sua ruína. Apesar de toda a sua genialidade artística e comercial, os itálicos necessitavam da vontade coletiva que talvez tivesse permitido que eles repelissem os novos desafiantes.

No fim do Renascimento, a Itália abrigava ao todo 13 milhões de pessoas, uma população só menor que a da França, e mais de 50 por cento maior que a da Espanha. Porém faltava a seus governantes o interesse próprio esclarecido que era necessário para unirem-se contra adversários estrangeiros. Em vez disso, como Maquiavel notou no começo do século XVI, eles "apenas pensavam em fugir em vez de se defender".[28]

Com o tempo, as cidades-estado também necessitavam dos recursos humanos para proteger suas rotas de comércio, suas possessões ultramarinas e, por fim, sua própria independência. Já no século XIII, Veneza precisava confiar, em grande medida, em gregos e catalães para operar suas frotas.[29] As pestes que devastaram a Europa ao longo do Renascimento atingiram de modo especialmente duro as cidades itálicas, densamente populadas e dependentes do comércio; entre meados do século XIV e meados do XVII, as populações de Milão, Veneza, Florença e Gênova foram reduzidas quase pela metade.[30]

Essas cidades recuperavam-se menos depressa das epidemias do que outras que podiam se valer de um vasto interior agrário. Seus exércitos depauperados, compostos em boa parte por mercenários estrangeiros, não eram páreo para as forças superiores de poderes imperiais tais como a Espanha e a França. Lentamente, as cidades-estado foram engolidas por esses poderes. Veneza conseguiu manter sua independência, mas foi obrigada a ceder partes de seu disperso arquipélago de possessões no leste do Mediterrâneo.[31]

## A HEGEMONIA IBÉRICA

A posição das cidades-estado foi ainda mais desgastada por mudanças dramáticas no padrão do comércio mundial. Ardentes de paixão cristã após a bem-sucedida derrota dos mouros, Portugal e Espanha, nações emergentes, lançaram-se aos mares a partir do século XV, num frenesi quase messiânico. Elas inauguraram novos mercados atraentes, que acabariam por solapar as rotas de comércio dominadas havia muito pelos itálicos e por seus parceiros.

Portugal, um país minúsculo, retrógrado e empobrecido, com menos de um milhão de pessoas, desferiu o primeiro golpe esmagador. Navegadores portugueses começaram a avançar rumo ao oeste até os Açores na década de 1440, e logo estavam construindo colônias ao longo da costa leste da África. Com a chegada de Vasco da Gama a Calicute em 1498, a pequena nação abriu rotas contornando a África até a Ásia que ameaçavam o monopólio duradouro da Itália sobre o lucrativo comércio de especiarias.

Outro evento crucial se deu em 1509, uma década antes da conquista de Tenochtitlán, quando uma pequena frota portuguesa derrotou uma grande armada muçulmana em Diu, próximo a Guzerate, na Índia. Dali em diante, o controle do comércio mundial e o futuro das cidades saíram inexoravelmente das mãos dos árabes, chineses e outros povos, passando para as mãos dos portugueses e dos espanhóis.[32]

A conquista brutal do "Novo Mundo" pela Espanha e por Portugal, no fim do século XV e começo do XVI, abalou ainda mais a supremacia comercial da Itália. Cada vez mais, o caminho da riqueza para itálicos ambiciosos consistia em trabalhar para os monarcas ibéricos. Itálicos como

Cristóvão Colombo, Giovanni Caboto e Giovanni da Verrazano estavam entre os primeiros exploradores dos vastos domínios novos. Os continentes recém-descobertos acabariam sendo batizados em homenagem ao explorador Américo Vespúcio, que já representara os interesses financeiros dos Médici em Florença.

No século XVII, Lisboa, insignificante até duzentos anos antes, surgira como grande cidade, o principal porto e centro administrativo do império disperso de Portugal. Com uma população de mais de 100 mil habitantes, Lisboa agora tomava os contornos de uma grande capital imperial, influenciando acontecimentos numa escala global.[33]

Na Espanha, riquezas recém-adquiridas aceleraram o crescimento do porto de Sevilha, bem como das capitais Valladolid e, mais tarde, de Madri. Conquistas dentro da Europa, tanto na própria Itália quanto nos Países Baixos, somaram-se à riqueza da corte espanhola. Casas particulares e prédios públicos agora refletiam as enormes riquezas de seu império. O complexo de mosteiros Escorial, nas imediações de Madri, inaugurado em 1563, era suntuosamente decorado com os espólios do império, as preciosas madeiras das Américas, o aço trabalhado de Milão e as tapeçarias de Flandres.[34]

## PARIS: A CAPITAL MÁXIMA DA EUROPA

A mais duradoura dessas novas capitais evoluiu não na península, mas sim na França, o império continental europeu mais vasto, mais rico e mais coerente. As primeiras raízes de Paris remontavam ao velho povoado romano numa ilha do Sena. Em grande parte deserta nos primeiros séculos depois de Roma, a cidade sobreviveu como centro eclesiástico. No final do século X, a dinastia capetiana designou a cidade como seu centro administrativo.

Os reis capetianos, valendo-se de sua riqueza e seu crescente domínio, lançaram as fundações de uma grande capital. O rei Filipe Augusto, no século XII, pavimentou as ruas de Paris pela primeira vez, criou um novo mercado central em Les Halles, e construiu muralhas protetoras mais fortes ao redor da cidade. As obras da catedral de Notre-Dame tiveram início, embora só fossem concluídas no fim do século XIII. Até então, a população já crescera até cerca de 150 mil habitantes, a maior da Europa católica.[35]

Paris necessitava do dinamismo comercial de seus concorrentes itálicos, e mesmo de sua rival menor nacional, Lyon. Sua grande vantagem jazia em outros aspectos, no poder expansivo da monarquia, no florescimento de sua universidade e em sua importância como centro de pensamento espiritual.[36] Assim como as cidades imperiais da China contemporânea, Paris prosperou como uma cidade de burocratas, padres, estudantes e acadêmicos; sua classe mercadora cresceu não tanto por exportar produtos, mas sim por servir às elites agora aglomeradas ali.[37]

Longos conflitos dinásticos, seguidos de violentas guerras religiosas, retardaram o desenvolvimento da cidade até o fim do século XVI. Apenas a conversão do primeiro monarca Bourbon, Henrique IV, do protestantismo ao catolicismo em 1594 garantiu tanto a unidade do reino quanto o destino imperial da cidade. *"Paris vaut bien une messe"*, ele supostamente explicou: Paris bem vale uma missa.

Henrique IV estava decidido a fazer de Paris uma capital digna de um grande império. Limpou as ruas imundas, expandiu o Louvre e construiu diversas praças públicas seguindo o modelo itálico. Os nobres agora afluíam em massa à cidade. As burocracias cresceram, e artesãos migraram para atender às necessidades de uma população em expansão, que duplicou ao longo do século seguinte, atingindo cerca de meio milhão.[38]

Nos anos 1670, Paris estava inchando para além de suas antigas muralhas. Embora às vezes alarmados pelo crescimento desordenado da cidade, os governantes tentavam embelezar suas fachadas. Enquanto Luís XIV transferia sua própria residência para o subúrbio de Versalhes, seu ministro de Estado, Colbert, circundava a cidade com bulevares de três vias e dava início às obras do hospital militar Invalides, de numerosos arcos do triunfo e da Place des Victoires, uma praça circular com uma enorme estátua de Luís coberta em folha de ouro de 24 quilates.

Paris agora aspirava a se tornar a maior capital do mundo, a nova Roma. "Nada", sugeriu Colbert, "assinala a grandeza dos príncipes melhor que os edifícios que obrigam as pessoas a contemplá-los com assombro..." Infelizmente, esse esplendor também contribuiu para a falência do tesouro nacional e o empobrecimento do povo comum. Para evitar a fome e as revoltas na capital, cereais foram requisitados da região agrária ao redor. Não era surpresa que o resto do país muitas vezes visse Paris como a "Babilônia sanguessuga", engrandecendo-se às suas custas.[39]

No entanto, apesar de todo o ciúme e do ódio que Paris inspirou dentro da França, no século XVII a cidade se firmara como grande capital artística e cultural da Europa continental.[40] Ao longo dos três séculos seguintes, Paris seria considerada um modelo de centralização e esplendor urbano. Tradições de governo altamente centralizado — desde a monarquia até os tempos modernos — permitiram que oficiais franceses gastassem uma enorme porcentagem dos recursos da nação na capital.[41]

Napoleão I, o grande arquiteto da França moderna, deixou clara sua determinação de transformar Paris em "algo fabuloso, colossal e sem precedentes". Seus grandiosos planos, no entanto, foram deixados de lado por sua derrota em 1815 pelas forças aliadas. A verdadeira transformação da capital, em vez disso, aconteceu sob o governo de seu sobrinho, Luís Napoleão. Pouco após tomar o poder em 1851, Luís Napoleão declarou que Paris era "o coração da França. Vamos investir todos os nossos esforços em embelezar esta grande cidade".

Sob a administração de Georges-Eugène Haussmann, o prefeito ambicioso e muitas vezes inescrupuloso de Napoleão, Paris foi organizada ao longo de vastos bulevares suntuosamente decorados, com deslumbrantes *grands travaux* e parques bem projetados. Ideias distintamente francesas de construção civil, planejamento e arquitetura influenciariam urbanistas de Viena até Washington, D.C., Buenos Aires e Hanói.[42]

CAPÍTULO ONZE

# Cidades de Mamon

Apesar de todo o esplendor de Paris, e das outras capitais emergentes no resto da Europa, o elemento essencial do futuro urbano era outro. Proteger um lugar sagrado e o poder político continuou sendo crucial para o crescimento das cidades, porém, cada vez mais, as melhores perspectivas agora pertenciam àquelas cuja grandeza fundava-se não em Deus ou no poder do Estado, mas sim na incessante e bem-sucedida busca de riquezas.

## A ORDEM URBANA DA EUROPA EM EXPANSÃO

As novas rotas para a Ásia e as Américas eram apenas parte de um campo, em vasta expansão, de empreendimento econômico para as cidades. Novos mercados europeus também estavam se abrindo no que tinham sido os interiores mais remotos na época de Roma. A mancha urbana no continente agora expandia-se pela primeira vez em um milênio. Aldeias estavam virando vilas, e algumas vilas tornavam-se cidades, com suas próprias catedrais e seus mercados centrais. Centros urbanos surgiram desde a alta Renânia até Riga, Gdansk e as estepes da Rússia.[1]

Pela primeira vez desde o período clássico, o nível de urbanização da Europa ultrapassou o da Ásia e o do Oriente Próximo.[2] Entre 1500 e 1650, o número de cidades com mais de 10 mil habitantes quase duplicou para cerca de duzentas; a porcentagem geral de moradores urbanos cresceu de

7,4 para 10 por cento. O número de novas cidades com mais de 100 mil habitantes também aumentou dramaticamente. Mesmo Roma, que padecera por tanto tempo, gozou de um renascimento urbano, crescendo de 17 mil pessoas na década de 1370 para cerca de 124 mil em 1650.[3]

A questão principal agora era quais cidades estariam melhor posicionadas dentro da crescente rede urbana. Paris e as outras capitais reluzentes, embora fossem exemplos de forma urbana avançada e magnificência, continuavam essencialmente parasíticas, com uma forte dependência do interior. A história privilegiaria as cidades que se apoderassem das principais vias para um mundo cada vez mais amplo.

## O FRACASSO DOS IMPÉRIOS IBÉRICOS

Aparentemente, os beneficiários mais prováveis da economia europeia em expansão seriam as cidades com controle sobre os impérios ultramarinos mais vastos. Porém Lisboa, Sevilha e, mais tarde, Madri não conseguiram desenvolver o tino comercial que lhes permitiria colher plenamente o que haviam semeado com tanto ímpeto.[4]

A essência desse fracasso estava em alguns valores culturais. Homens como Hernán Cortés, o capitão de Bernal Díaz e conquistador de Tenochtitlán, eram mais cavaleiros medievais do que construtores de cidades e economias. Assim como outros conquistadores, Cortés ansiava acima de tudo por glória, Deus e metais preciosos.[5]

Uma intolerância religiosa ferrenha, mas em última instância debilitante, acompanhava essa altiva sensibilidade ibérica. Durante séculos, os judeus e os recém-convertidos, conhecidos como "cristãos-novos", haviam exercido papéis centrais na vida comercial e profissional das cidades europeias ascendentes, na Espanha mais que em qualquer outro lugar.[6]

Cientes da importância dos judeus para o seu comércio, algumas cidades, incluindo Sevilha, Barcelona e Valência, protestaram contra a Inquisição. O Estado espanhol cada vez mais absolutista, varrendo os últimos vestígios de poderes municipais, sobrepujou toda a resistência dos municípios. Seguindo a ordem de expulsão de 1492, mais de 180 mil judeus e cristãos-novos deixaram o país. A respeito desse fatídico ano, o historiador Barnet Litvinoff observou: "Com a viagem de Colombo, a Espanha ganhou um continente; com a expulsão dos judeus, ela perdeu um membro."[7]

O que restou da classe média comercial espanhola, operando num país onde a Igreja e a aristocracia controlavam boa parte do capital, geralmente precisava da habilidade comercial necessária para aproveitar totalmente as novas oportunidades que tinha diante de si.[8] A riqueza afluía para dentro da Espanha, principalmente através de Sevilha, apenas para ir parar nas mãos de intermediários e mercadores itálicos. Mesmo os produtos exportados para as colônias espanholas eram, em sua maior parte, produzidos em outros lugares. O ouro do império, hipotecado a estrangeiros para financiar incessantes guerras e comprar artigos de luxo para a aristocracia, tornou-se sua maldição.[9]

Faltas crônicas de comida, o escoamento de jovens enviados para morrer em guerras estrangeiras, uma vultosa dívida pública, a emigração e, por fim, uma epidemia no fim do século XVII reduziram drasticamente o tamanho das cidades espanholas. Tendo dobrado no século XVI, ultrapassando os 900 mil habitantes, a população total das cidades espanholas com mais de 10 mil caiu para um terço em 1650. No século XVII, Nápoles, a maior possessão espanhola na Itália e uma grande cidade portuária, superava facilmente qualquer cidade da Espanha tanto em indústria quanto em população.[10]

## A EMERGÊNCIA DO NORTE

Em contraste, as cidades do norte — Antuérpia, Amsterdã e finalmente Londres — tiraram grande proveito da rápida expansão do comércio mundial. Enquanto os centros urbanos da Espanha e de Portugal decaíam ao longo dos séculos XVII e XVIII, os dos Países Baixos quadruplicavam, e os da Inglaterra ficavam mais de seis vezes maiores.[11]

As armas decisivas dessa superioridade não foram as mesmas usadas por intrépidos exploradores ou guerreiros; em vez disso, foram as artes mais mundanas de banqueiros, mercadores e artesãos habilidosos.[12] Não foi a Espanha, com seus bravos soldados e destemidos missionários, que colheu os frutos comerciais do império, mas sim Antuérpia e outras cidades mercantis dos Países Baixos.¹³

Se o rei Carlos V de Habsburgo tivesse aceitado o princípio da tolerância, a Espanha, por meio do controle dessas cidades, talvez ainda tivesse dominado a ascendente economia urbana europeia. Em vez disso, o desejo do regime de impor o catolicismo transformou as produtivas cidades do norte, ferrenhamente protestantes, no que certo general espanhol chamou de "o cemitério da Europa".

A Grande Revolta de 1572, quando grandes partes dos Países Baixos ergueram-se contra a Espanha, representou o momento de viragem crucial. O comandante espanhol, o duque de Alba, lançou uma impiedosa campanha contra os protestantes. Embora o norte dos Países Baixos tenha resistido com êxito, o sul continuou sob controle católico.

A guerra de Alba surtiu efeitos desastrosos nas perspectivas comerciais da Espanha. As classes mercadoras, de maioria protestante, agora fugiam das áreas sob domínio espanhol. Antuérpia, saqueada por tropas espanholas em 1576, decaiu, enquanto boa parte de seu talento, seu dinheiro e seu tino comercial deslocava-se para as cidades recém-independentes do norte.¹⁴

## AMSTERDÃ: A PRIMEIRA GRANDE CIDADE COMERCIAL MODERNA

Ao fim da guerra com a Espanha, Amsterdã surgiu como a mais importante das recém-independentes cidades protestantes. Em contraste com a maioria das cidades europeias contemporâneas, Amsterdã não era dominada pela aristocracia ou pelo clero, mas sim por mercadores e comerciantes em busca de lucros. O holandês típico foi descrito por um escritor britânico do século XVII como "Nick Frog", o "filho da lama, que idolatra Mamon".*¹⁵

Amsterdã era pouco mais que uma vila de pescadores no século XIII, até que seus habitantes começaram a expandir metodicamente suas capacidades comerciais, ampliando o sistema de canais. Conforme a cida-

---

* Palavra de origem hebraica que designa a riqueza ou cobiça material, às vezes personificada como divindade. (N. do T.)

de crescia, lentamente fortalecia seu perímetro de segurança, protegia-se contra incêndios com o uso obrigatório de tijolos, e tomava medidas para melhorar o saneamento.[16]

Outros centros comerciais holandeses como Leiden e Roterdã também tomaram providências para aumentar sua capacidade de comerciar com o mundo. Com sua vasta frota de 1.800 embarcações marítimas, os empreendedores das grandes cidades holandesas logo pareciam estar metendo o nariz em toda parte. No Mediterrâneo, na África, na Ásia e nas recém-descobertas Américas, eles geralmente superavam seus rivais no jogo decisivo de comprar barato e vender caro.

Com metade de seu povo morando em pequenas e em grandes cidades no começo do século XVII, os Países Baixos haviam se tornado a sociedade mais urbanizada da Europa.[17] Amsterdã, a principal cidade da Holanda, era algo de novo e, no entanto, bastante familiar: uma densa cidade moderna, notável não tanto por suas estátuas de heróis e seus grandes bulevares, suas igrejas ou seus palácios, mas sim por suas vielas apinhadas de gente, seus portos movimentados e suas residências limpas e confortáveis. Tendo conquistado sua independência a um grande custo, os amsterdameses não procuravam aventuras militares para se tornarem a nova Roma. Queriam apenas praticar seu comércio com o mínimo de interferência.[18]

A fé calvinista dos amsterdameses também ajudou a promover uma cultura cívica centrada no comércio. Os pastores calvinistas revogaram as antigas leis católicas contra a usura, e acabaram com os velhos preconceitos contra o empreendimento capitalista. Na verdade, os holandeses viam seu sucesso material como mais uma prova da sanção divina. "Amsterdã", afirmava um popular compêndio de história da Holanda do século XVII, "ergueu-se pela mão de Deus até o pico da prosperidade e grandeza".[19]

Como a antiga Alexandria, o Cairo em seu auge, e Veneza no século XV, Amsterdã devia muito de seu êxito comercial à presença de uma vasta diversidade de pessoas. A cidade gozava de instituições católicas, huguenotes, judaicas, luteranas e menonitas em pleno funcionamento, assim como da dominante Igreja Reformada Holandesa; cerca de um quarto dos habitantes não pertencia ao consenso religioso oficialmente sancionado. "O milagre da tolerância era encontrado", observou o historiador francês Fernand Braudel, "onde quer que a comunidade mercantil se reunisse".[20]

A combinação de vitalidade comercial e uma população diversa criou um clima ideal para inovações audaciosas na arte, na tecnologia e na filosofia. Já na Espanha, queixou-se Rodrigo Manrique, filho do inquisidor geral, "não se pode possuir qualquer cultura sem levantar suspeitas de heresia, erro e judaísmo".[21] As cidades holandesas não só permitiam inovações e questionamentos abertos, como também os incentivavam em suas universidades, sociedades científicas e estabelecimentos editoriais.

Esse espírito progressista mostrou-se crucial para o êxito das cidades. No início, o comércio holandês era altamente dependente de artigos como vinho, madeira, açúcar e produtos químicos. No século XVII, porém, os holandeses empregaram técnicas inovadoras para avançar de forma mais decisiva rumo aos "mercados ricos" — tinturas, vernizes, cerâmica, linho, móveis finos e tapeçarias. Os empresários holandeses também exportavam serviços de engenharia, conhecimento industrial e tecnologia para uma vasta gama de países em toda a Europa, e mesmo para lugares distantes como o México.[22]

A classe média em expansão da Holanda mostrou-se essencial para seu desenvolvimento como grande centro de cultura. Os artistas holandeses dos séculos XVI e XVII muitas vezes eram filhos de artesãos especializados — tapeceiros, cortadores de peles, ourives e similares. Esses artistas recebiam grande apoio das elites mercantis e industriais locais. A arte tornou-se um meio de adquirir não apenas fama, mas também dinheiro. Rembrandt, como pintor de retratos em voga, ganhava muito mais que um professor universitário.[23]

## LONDRES

A democratização da cultura era evidente em outras cidades europeias. Avanços tecnológicos haviam tornado os livros cada vez mais acessíveis às massas; nos anos 1530, na França, até mesmo um trabalhador podia comprar uma cópia do Novo Testamento. Velhas barreiras estavam sendo rompidas; judeus, como Spinoza, e mulheres agora podiam participar do diálogo intelectual e cultural. A autora francesa Louise Labé exortou as mulheres: "A honra que o renome nos dará será inteiramente nossa, e não nos será furtada pela habilidade do ladrão... ou pela passagem do tempo".[24]

Em nenhum lugar esse novo espírito era mais evidente do que em Londres. Durante o período elisabetano no fim do século XVI, Londres transformou-se num brilhante mostruário de tudo, desde a dramaturgia até intensos debates científicos e teológicos. Por muito tempo proibido ou assustador, o conhecimento agora era visto como valor supremo.[25]

Londres logo começou a superar Amsterdã tanto em realizações intelectuais quanto em vigor comercial. No final do século XVII, os holandeses estavam claramente perdendo sua outrora inimitável ousadia e tenacidade. Os capitalistas holandeses — como os de Veneza antes deles — agora frequentemente preferiam tornar-se *rentiers*, investidores em terras e ações, em vez de iniciar novos empreendimentos.

Interessadas acima de tudo em ganhos financeiros de curto prazo — cujo maior exemplo é a famosa "tulipomania" de 1636-1637 —, as elites holandesas necessitavam da firmeza moral necessária para defender algumas de suas principais possessões ultramarinas, sendo que a mais preocupante era a Nova Neerlândia, uma colônia recente. Um dos primeiros exploradores identificou corretamente o povoado da colônia em Nova Amsterdã como "um grande píer natural pronto para receber o comércio do mundo". Cercada por rios e baías que se abriam para o mar, a minúscula colônia de pouco mais de mil habitantes representava uma oportunidade quase inigualável para a expansão dos empreendimentos holandeses.

Porém, diante da necessidade de repelir invasões das colônias inglesas em volta, os interesses comerciais da Holanda estagnaram com o gasto dos fundos necessários para defender a pequena colônia. O que mais importava para eles era manter a posse do Suriname, isolado, fácil de defender, e também rico em commodities como o açúcar. Em 1664, quase sem oferecer resistência, eles entregaram a Nova Neerlândia aos britânicos, que rapidamente rebatizaram a capital de Nova York.[26]

## A CAPITAL CAPITALISTA DO MUNDO

Pouco mais de uma década depois de Nova Amsterdã ter se tornado Nova York, Londres estava pronta para assumir o papel de capital capitalista do mundo.[27] Essa transição talvez tenha se mostrado inevitável a longo prazo.

Como as cidades-estado itálicas antes delas, as cidades holandesas eram circunscritas por uma falta de recursos e pessoas. Em contraste, Londres podia se valer da população muito maior da Inglaterra para obter colonos, soldados e marinheiros. A Inglaterra também possuía matérias-primas cruciais como carvão, ferro e estanho. Mesmo sob a administração mais esclarecida, esses fatores provavelmente teriam forçado as cidades holandesas a aceitar uma posição secundária, abaixo de Londres.[28]

A emergência de Londres baseou-se em sua capacidade de unir as vantagens de uma grande capital às habilidades comerciais dos centros mercantis holandeses ou das cidades-estado itálicas. A partir do século XIV, Londres atraíra uma parcela ainda maior dos jovens ambiciosos do país, de todas as classes. Enquanto centros mais antigos como Winchester e Lincoln decaíam, a população e a economia de Londres expandiam-se rapidamente.

Como nos Países Baixos, o triunfo do protestantismo acelerou o crescimento comercial de Londres. A venda de terras da Igreja realizada por Henrique VIII, cerca de um sexto do reino, enriqueceu tanto o Estado quanto as classes detentoras de posses, incluindo os mercadores e artesãos. Os novos-ricos emergentes das classes média e trabalhadora — alguns aspirando a ascender à aristocracia — constituíam um componente essencial do que o historiador F.R.H. Du Boulay chamaria de "uma era de ambição".[29]

A geografia fizera dos ingleses um povo navegador. Agora, o desejo irrefreável de "melhorar" sua posição levava britânicos individuais ao comércio de longa distância.[30] O ímpeto imperial bem-sucedido da Inglaterra acabou lhe dando controle de possessões desde a costa da China até as regiões selvagens da América do Norte. Possivelmente, o mais importante foi a conquista gradual da Índia e de seu vasto comércio. Em 1601, a renda inglesa era menos de um décimo da renda da Índia mogol; em duzentos anos, a relação se invertera totalmente a favor da Inglaterra.[31]

Esse espírito empreendedor refletia um grande surto na ambição e determinação nacional. "O Tâmisa ilimitado", previu Alexander Pope em 1712, "correrá para toda a humanidade".[32] No século XVI, a própria Londres cresceu de 60 mil para quase 225 mil pessoas. Reconstruída numa escala grandiosa após o grande incêndio de 1666, ela logo se tornaria a maior cidade da Europa.³³ Em 1790, a população de Londres crescera até quase 900 mil pessoas, mais de quatro vezes a de Amsterdã.³⁴

Vendo uma vasta nova esfera de oportunidades, mercadores e banqueiros italianos, holandeses e alemães gravitavam cada vez mais para a capital britânica.³⁵ Dos 17 principais bancos mercantis sediados em Londres que sobreviveram até o século XX, 15 tiveram origem em diversos imigrantes, muitos deles nesse período inicial. A cidade também se beneficiou da migração de empreendedores e trabalhadores especializados em busca de liberdade religiosa, provenientes de lugares como Flandres, Alemanha e França.³⁶

A ascensão de Londres não só foi em maior grau, mas também de uma natureza marcadamente diversa da ascensão de rivais imperiais como Paris, Madri, Viena ou São Petersburgo. Como Londres, essas grandes capitais ostentavam suntuosas catedrais, palácios e parques, expressões de sua grandeza nacional. Porém, somente Londres criou as instituições econômicas vitais que eram imprescindíveis para o controle e a administração de uma economia mundial sempre em expansão. Ela também adquiriu o importante senso de propósito moral que vem sustentando grandes cidades desde os tempos mais remotos. Assim como a Roma imperial em seu auge, Londres preparou-se tanto para liderar o mundo quanto para melhorá-lo.³⁷

PARTE CINCO

# A C̲I̲D̲A̲D̲E̲ I̲N̲D̲U̲S̲T̲R̲I̲A̲L̲

CAPÍTULO DOZE

# A REVOLUÇÃO URBANA ANGLO-AMERICANA

A hegemonia comercial e imperial de Londres lançou as bases da mudança decisiva na evolução das cidades que se seguiu, mudança esta impulsionada por uma revolução na tecnologia industrial. Embora a indústria tivesse sido um importante componente da vida urbana desde os tempos da Mesopotâmia, no fim do século XVIII a Inglaterra seria pioneira na criação de um novo tipo de cidade, atrelada principalmente à produção de bens em massa.

Diversos fatores naturais favoreceram a emergência industrial precoce da Inglaterra, tais como a proximidade do Atlântico, os convenientes rios como fonte de energia elétrica e meio de transporte, e mais tarde os vastos recursos de carvão. Mais importante ainda, a Inglaterra possuía um clima social e político ideal para o crescimento de empreendimentos industriais. Unificada durante grande parte de sua história, ela não sofria nem da fragmentação generalizada do poder que afligia a Itália, nem das revoltas tumultuosas da França. A transição da Inglaterra para um novo paradigma econômico também se beneficiou da eliminação tanto da hierarquia católica quanto de suas vastas propriedades, que romperam a "cooperativa cristã estratificada" da Idade Média.[1]

Isso criou um cenário ideal para os primeiros inovadores que se ergueram da antiga classe artesã, homens como Richard Arkwright, que desenvolveu a *"spinning jenny"* — a máquina de fiar — em 1768. A aristocracia continuou poderosa na Inglaterra, porém os detentores de propriedade, fosse qual fosse sua ascendência, desfrutavam de uma latitude maior para montar empreendimentos do que na maioria dos outros países da Europa, e ainda menos no Oriente, que era mais restrito.

Por fim, o advento da Inglaterra como império dominante do mundo franqueou vastas fontes de matérias-primas e novos mercados fora da Europa. "O raiar da era da produção capitalista", nas palavras de Karl Marx, coincidiu com a consolidação do império. O capital de empreendimentos imperiais — algodão, tabaco, escravos — forneceu boa parte do financiamento necessário para que a ilha desse um salto de cabeça e rompesse as fronteiras do mundo industrial.[2]

## LANCASHIRE: A ORIGEM DA REVOLUÇÃO

Com suas instituições especializadas empregando dezenas de milhares de funcionários de escritório, administrando o comércio do mundo em títulos de ações bem como em commodities como carvão e lã, Londres claramente ocupava o posto de comando da economia britânica.[3] Mas a transformação mais radical — e a maior fonte da riqueza da Inglaterra — aconteceu em lugares distantes da grande metrópole.

O epicentro dessa nova revolução urbana situava-se em Lancashire. Tendo sido por muito tempo uma das regiões mais pobres da Inglaterra,[4] no começo do século XIX Lancashire surgiu como a área econômica mais dinâmica do mundo. A população de sua principal cidade, Manchester, disparou de 94 mil para mais de 270 mil durante os primeiros trinta anos do século, e até o final dele duplicaria novamente.

Algumas cidades menores tiveram um crescimento ainda mais veloz. Em 1810, Bradford, centro de produção de lã penteada, era uma cidadezinha obscura com 16 mil habitantes. Conforme a capacidade das fábricas da cidade aumentou em mais de 600 por cento na primeira metade do século XIX, a população explodiu para mais de 103 mil, o mais rápido crescimento presenciado em qualquer cidade da Europa contemporânea.[5]

Diferente de Londres, que continuava sendo tanto um tradicional centro de comércio quanto uma capital imperial, essas cidades representavam algo inteiramente novo: centros urbanos cuja proeminência baseava-se acima de tudo na produção em massa de bens manufaturados. Essa evolução marcaria o começo de uma revolução urbana que transformaria cidades no mundo inteiro.

O rápido crescimento dessas cidades industriais acelerou em muito a taxa inédita de urbanização da Inglaterra. Entre 1750 e 1800, embora representasse pouco mais de 8 por cento da população da Europa, a Inglaterra era responsável por cerca de 70 por cento de todo o crescimento urbano. Em meados do século XIX, tornou-se o primeiro país em que a maioria do povo vivia em grandes cidades; em 1881, os citadinos representavam dois terços da população.[6]

## "COM DENTES TIRÂNICOS"

A Revolução Industrial transformou profundamente o ambiente urbano, muitas vezes de modos hediondos. Os visitantes comentavam o cheiro persistente dos curtumes, das cervejarias, das tinturarias e das usinas de gás. As condições de vida, em especial para os pobres, frequentemente eram abomináveis.[7] Friedrich Engels escreveu em seu relato sobre um bairro operário de Manchester:

> Em toda parte veem-se montes de lixo, detritos e sujeira. [...] Anda-se ao longo de um caminho muito rústico à margem do rio, entre postes e varais de roupas, para se chegar a um grupo caótico de pequenas cabines térreas de um único cômodo. A maioria delas tem chão de terra, e o trabalho, a vida e o sono acontecem todos no mesmo recinto.[8]

Essa miséria criava problemas fatais de saúde. A taxa de mortalidade em Manchester no começo do século XIX era de um em 25, quase três vezes maior que a das aldeias rurais em volta. As mortes por doenças, desnutrição e excesso de trabalho tornaram-se tão comuns que as fábricas só podiam manter-se operantes recebendo um abastecimento contínuo de operários do campo distante e da empobrecida Irlanda.[9] A pobreza extrema no que agora era facilmente o maior poder econômico do mundo, notou Alexis de Tocqueville, parecia mais difundida do que em lugares retrógrados como a Espanha ou Portugal.[10]

O tratamento dado às crianças pequenas era especialmente chocante. Segundo a tradição, as crianças antes trabalhavam junto com os pais em casa, numa pequena oficina, ou no campo; agora elas muitas vezes trabalhavam por conta própria, operando máquinas em vastas e impessoais usinas industriais. Um proprietário de escravos das Índias Ocidentais, numa visita a Bradford, achou impossível que "qualquer ser humano seja tão cruel a ponto de exigir que uma criança de nove anos trabalhe 12 horas e meia por dia".

Em parte, esse tratamento "cruel" pode ter resultado da falta de contato íntimo entre proprietários e trabalhadores. O capitalista que controlava uma pequena fábrica talvez tivesse alguma familiaridade casual com seus operários e os filhos destes. Já os grandes capitalistas, donos das fábricas maiores, muitas vezes moravam longe, em Londres ou em suas propriedades rurais.[11]

Em contraste com os criadores das cidades clássicas ou renascentistas, tais beneficiários da nova ordem inicialmente menosprezavam as cidades que haviam criado. Eram lugares para ganhar dinheiro, não para passar o tempo de lazer. "Não há passeios ou caminhadas agradáveis", reclamou um médico proeminente de Bradford, "tudo é tumulto, pressa e confusão".[12]

Essa nova sociedade industrial podia estar criando uma riqueza sem precedentes, porém às custas de todos os valores humanos básicos. Parecia haver pouco lugar para a compaixão ou para Deus na fábrica; a cidade industrial parecia, em grande medida, necessitar de um lugar sagrado ou de qualquer moralidade social instigante além do que Marx chamou de "a lógica do dinheiro". Nos anos 1850, a observância religiosa, outrora quase universal, caíra para menos de 50 por cento, e menos de um terço em cidades como Manchester.[13] William Blake expressou sua inquietação com o impacto dessa era mecanicista:

> Lavado pelas rodas-d'água de Newton, o negro tecido
> Em dobras pesadas cobre cada nação, obras cruéis
> De muitas rodas vejo, roda sem roda, com dentes tirânicos
> Movendo uma a outra por coação: não como as do Éden.[14]

## "HERÓI DA ERA"

Nos anos 1850, os indícios da nova ordem eram evidentes em todas as cidades britânicas: assombrosas pontes ferroviárias, vastos sistemas de túneis, fábricas que se alastravam. Gradualmente, algumas pessoas começaram a sentir que algo de monumental estava em curso. Havia na Inglaterra, observou o geralmente comedido Tocqueville, a "cada passo [...] algo para fazer saltar o coração do turista".[15]

Onde Blake enxergava apenas a roda sem alma com "dentes tirânicos", alguns agora viam a fábrica como prenúncio de um futuro glorioso e próspero. Sir George Head, viajando em Leeds em 1835, descreveu uma fábrica de tecido mecanizada como "um templo dedicado pelo homem, grato por sua estupenda força interior em movimento, Àquele que construiu o universo". O "herói da era", observou ele, não era o cavaleiro ou o aristocrata, mas sim o "mecânico esforçado, enegrecido pela fumaça, porém radiante à luz da inteligência".[16]

Na metade do século, esse otimismo se disseminara, visto que até os britânicos comuns agora começavam a desfrutar dos benefícios da mecanização. Os salários, impulsionados pelo crescimento dos sindicatos, estavam subindo. Consumidores da classe operária, que antes mal podiam ter esperanças de comprar, agora se viam em posse de artigos como meias de seda ou utensílios de jantar. Alguns, principalmente nos ofícios especializados, ascenderam à classe média; filhos da classe industrialista estavam entrando nas universidades de elite. Tendo se tornado grandes lordes sem os títulos apropriados, alguns agora adquiriam o status de nobres, por casamento ou por influência.[17]

Movimentos de reforma social — liderados geralmente pelo clero e por uma classe profissional ascendente — estavam sendo organizados para abordar os defeitos mais óbvios do sistema industrial. Reformas legislativas, tais como o Ato das Corporações Municipais em 1835 e o primeiro Ato de Saúde Pública do Parlamento em 1848, trouxeram uma administração mais eficaz às caóticas cidades em expansão. Os reformadores criaram parques, banhos e lavanderias públicas para os pobres. Novas medidas de saneamento e avanços da medicina reduziram de modo significativo as taxas urbanas de mortalidade. A criminalidade, outrora galopante, caiu drasticamente.[18]

Na virada do século, escreveu Thomas Baines de Liverpool, cidades como Manchester, Liverpool, Leeds e Bradford — apesar de toda a sua inquestionável feiura, de seus céus poluídos e seus terríveis cortiços — não podiam ser menosprezadas como lugares incultos que vomitavam produtos. Elas agora constituíam, como Tiro ou Florença no passado, "viveiros de inteligência" cujas invenções estavam mudando para melhor o destino da humanidade.[19] A riqueza permitiu que essas cidades, antes sombrias, erguessem magníficos prédios públicos novos — prefeituras, bibliotecas e hospitais —, que nas palavras de certo escritor de Bradford rivalizavam com "os distantes e célebres palácios de Veneza".[20]

## URBANIZANDO O "JARDIM DO MUNDO"

Na primeira metade do século XIX, nenhum país europeu chegava perto de equiparar-se ao poder industrial da Inglaterra. Paris, a maior cidade do continente, continuava sendo principalmente uma cidade de pequenos empreendimentos. Depois de 1850, a política consciente de Napoleão III e do barão Georges-Eugène Haussmann, temerosos de agitações proletárias, na verdade desincentivava o crescimento industrial em larga escala na capital.[21]

O novo foco do crescimento industrial jazia, em vez disso, nos territórios ainda relativamente subdesenvolvidos da América do Norte — um lugar que alguns europeus romanceavam como o "jardim do mundo". Ali, a pequena cidade industrial não apenas criou raízes, mas o fez numa escala que superou a da própria Inglaterra.[22]

O industrialismo traria muitas mudanças aos Estados Unidos, acabando por transformar uma paisagem primordialmente rural num cenário de grandes cidades. Ainda em 1850, os Estados Unidos tinham apenas seis cidades "grandes" com mais de 100 mil habitantes, constituindo pouco mais de 5 por cento da população. Esta realidade mudaria drasticamente nos cinquenta anos seguintes. Em 1900, havia 38 cidades desse tamanho, e elas agora abrigavam cerca de um quinto dos norte-americanos.[23]

O crescimento espetacular das cidades americanas foi impulsionado por diversos fatores — a imigração, investimentos da Europa, o crescimento geral da base consumidora americana e, acima de tudo, o rápido desenvolvimento das indústrias de produção, especialmente as de produção em massa. O país mostrara-se singularmente propício à evolução veloz do empreendimento capitalista. A voz de Adam Smith "vinha soando nos ouvidos do mundo havia sessenta anos", escreveu certo observador em 1838, "mas é só nos Estados Unidos que ele é ouvido, respeitado e seguido".[24]

## O SURGIMENTO DA ERA INDUSTRIAL EM NOVA YORK NO SÉCULO XIX

Um grande número de imigrantes britânicos e outros europeus buscava uma nova vida nessa economia capitalista em plena expansão, principalmente na grande cidade portuária de Nova York.[25] Em 1860, a população nova-iorquina superara um milhão, 42 por cento de origem estrangeira.[26]

Alguns desses imigrantes viviam em condições miseráveis em comparação com as da Inglaterra. As doenças assolavam os abarrotados setores operários de Manhattan: entre 1810 e 1870, a taxa de mortalidade infantil em Nova York *duplicou*.[27] As distinções de classe, definidas mais por riqueza que por pedigree, persistiam também no novo país. "A uns poucos minutos de salões soberbamente mobiliados em estilo Luís XIV", observou a escritora Lydia Child, encontravam-se "apartamentos sombrios e desolados", habitados por "crianças tiritantes".[28]

No entanto, o que mais impressionava muitos observadores em Nova York era sua extraordinária mobilidade social. Um trabalhador manual numa fábrica americana mesmo assim possuía uma chance muito melhor, e seus filhos uma chance melhor ainda, de ascender à classe média ou mesmo alta do que seu equivalente europeu.[29] Artesãos e mecânicos humildes, muitos deles imigrantes, eram proeminentes entre os proprietários dos mais de 4 mil estabelecimentos industriais da ilha de Manhattan, que na época pode muito bem ter sido o lugar com a industrialização mais rápida do mundo.[30]

## CIDADES DO INTERIOR

Mudanças igualmente drásticas ocorreram na fronteira ocidental, para onde um enorme número de americanos estava migrando. Novas cidades pareciam surgir da noite para o dia, em lugares até agora apenas esparsamente habitados por povos nativos. Uma das primeiras foi Cincinnati, situada numa curva do rio Ohio, que cresceu de um minúsculo povoado fronteiriço de pouco mais de 750 moradores em 1800 para uma cidade movimentada com mais de 100 mil pessoas quarenta anos depois.

Cincinnati e outras cidades do centro-oeste mostraram-se idealmente propícias para o crescimento industrial. O imenso excedente agrícola da região criava uma oportunidade para a produção em massa de produtos animais numa escala até agora inimaginável. Logo apelidada de "Porkopolis", Cincinatti ostentava vastos matadouros que vertiam "rios de sangue" em Deer Creek e dali para o rio Ohio.

Outras cidades presenciaram um semelhante crescimento acelerado.[31] Saint Louis, lar de umas poucas centenas de pessoas intrépidas no começo do século XIX, era ao final do século uma metrópole madura com meio milhão de habitantes. Detroit, um assentamento rústico com pouco mais de 20 mil moradores em 1850, cinquenta anos depois disparou para mais de 200 mil. O crescimento explosivo de Chicago superou todo o resto. O que em 1835 era um povoado com pouco mais de 350 pessoas expandiu-se para uma cidade de 100 mil na época da eleição de Abraham Lincoln em 1860, e abrigava mais de um milhão de habitantes quarenta anos depois.

Essas cidades do centro-oeste diferiam em muitos aspectos dos velhos centros costeiros. Diferente de Nova York ou Boston, com seus milhares de pequenos estabelecimentos industriais e prósperos distritos mercantis, a metrópole do interior era mais frequentemente dominada por fábricas gigantes, às vezes com milhares de operários, fabricando bens duráveis como aço, ferramentas de agricultura e veículos.[32] Os Estados Unidos estavam se tornando o líder mundial em manufatura pesada — e seu coração batia nas cidades do centro-oeste.[33]

A disputa por hegemonia entre essas cidades era feroz, e muitas vezes inescrupulosa. Chicago, após o pânico de 1837, escreveu um especulador, "ecoava com os gemidos de homens arruinados e os soluços de mulheres defraudadas que confiaram tudo a especuladores gananciosos". Sem se deixar abalar, as elites da cidade mostraram-se infatigáveis em suas ambições, fazendo *lobby* junto a Washington e Wall Street em busca de uma posição dominante no comércio entre leste e oeste, que crescia em disparada. Os empresários de Saint Louis, observou o *Chicago Tribune* em 1868, "gastavam as calças sentados, esperando que os negócios viessem a eles", enquanto os de Chicago "gastavam os sapatos correndo atrás dos negócios".[34]

## O DESAFIO DO "PROGRESSO"

Assim como na Inglaterra, o primeiro período de rápida industrialização dos EUA deixou em seu rastro uma paisagem urbana desoladora e árida. Após dois anos em Cincinnati, a escritora britânica Frances Trollope escreveu que "cada abelha da colmeia está ativamente empenhada na procura do mel... nem a arte, a ciência, o aprendizado ou o prazer podem seduzi-los para longe de sua busca". Chicago, comentou um visitante sueco em 1850, era "uma das cidades mais feias e infelizes" dos Estados Unidos.[35]

A existência de uma pobreza opressiva era ainda mais perturbadora que o ambiente degradado. Dois jornalistas escrevendo no fim da década de 1870, em termos que lembram a imagem de Manchester pintada por Engels uma geração antes, descreveram um cortiço de Saint Louis:

> Alguns dos maiores e piores prédios residenciais [...] são construídos em terrenos dos fundos e, em vez de ficarem de frente para a rua, têm vista para becos sujos que sempre exalam um odor fétido. Eles são dilapidados, encardidos e desagradáveis além dos nossos poderes de descrição.[36]

Uma desigualdade tão óbvia, ainda por cima num país supostamente igualitário, despertava um intenso conflito de classes. Nos anos 1870, operários de Saint Louis marcharam pelas ruas cantando "A Marselhesa" e falando em revolução. A cidade, advertiu o cônsul britânico, estava "praticamente nas mãos da turba". Chicago, Detroit, Cleveland e outras cidades menores do Centro-Oeste presenciaram distúrbios semelhantes, muitas vezes violentos.[37]

Como na Inglaterra, alguns cidadãos proeminentes questionavam os valores essencialmente utilitários associados à era industrial. Alguns, como Josiah Strong, um pastor protestante de Ohio, até objetava à fé americana no "progresso". Em vez de aceitar a mudança econômica, Strong a repudiava, acreditando que a expansão industrial estava impelindo a nação rumo à "ruína final do materialismo".

Outros, como Jane Addams de Chicago, acreditavam que apenas uma intervenção em massa poderia enfrentar a criminalidade galopante, o conflito de classes cada vez mais profundo, e as crescentes evidências de desvio moral, do alcoolismo à prostituição, comuns entre os trabalhadores pobres. Diversas cidades americanas logo seguiram seu exemplo, fornecendo oportunidades de recreação e educação em áreas de cortiços.

As exortações reformistas também atingiram o mundo político, transformando governos muitas vezes corruptos em cidades como Milwaukee, Cleveland, Toledo e Detroit.[38] Cidades de todas as regiões dos Estados Unidos começaram a modernizar suas administrações. Em 1853, por exemplo, Nova York seguiu o exemplo de Londres da geração anterior, introduzindo policiais uniformizados. Em muitas cidades, serviços como a proteção contra incêndios e o transporte foram organizados de forma sistemática pela primeira vez.[39]

A atenção voltava-se agora para a melhoria do ambiente urbano, em nenhum lugar mais do que em Chicago, a grande metrópole do Centro-Oeste. Reconstruída após o incêndio devastador de 1871, a cidade embarcou num ambicioso programa de melhoria civil, construindo, ao longo das três décadas seguintes, um grande sistema de bibliotecas, um novo lar para o Arts Institute, o Field Columbian Museum e uma grande expansão da Universidade de Chicago.[40]

Os reformadores também começaram a organizar esforços para preservar parte do ambiente natural para seus cidadãos cada vez mais atormentados, enclausurados na cidade. Nos anos 1870, Saint Louis adquiriu o que mais tarde se tornaria o Tower Grove e o Forest Park. Semelhantes esforços ambiciosos foram feitos em Chicago, na Filadélfia, em Boston e Nova York.[41] "Um grande propósito" do Central Park de Nova York, observou Frederick Law Olmsted, um líder nesse movimento, era "proporcionar às centenas de milhares de trabalhadores cansados [...] uma amostra da obra de Deus".[42]

## NOVA YORK: A MÁXIMA CIDADE VERTICAL

Devido ao incrível poder industrial de sua nação, as cidades americanas agora despontavam como a linha de frente da civilização urbana no mundo. Em lugar algum isso era mais evidente do que em Nova York, que em 1900 gozava de uma hegemonia econômica e cultural sem precedentes na história dos Estados Unidos. Duas vezes mais populosa que sua rival Chicago, a segunda maior cidade, Nova York controlava bem mais de 60 por cento de todas as transações bancárias do país inteiro. Seu porto era responsável por mais de 40 por cento de todo o comércio que entrava e saía dos Estados Unidos.[43]

Localizada numa ilha de granito no meio de um grande porto natural, Manhattan era peculiarmente propícia para a construção de "uma cidade vertical". Os estreitos limites da ilha tinham alavancado os preços do uso do espaço.[44] Crescentes demandas de espaço pelos diversos setores da economia da cidade — indústria leve, comércio, finanças e outros serviços — exerceram uma pressão irrefreável por concentração.

A indústria ainda empregava muitos nova-iorquinos, porém os aumentos mais dramáticos na força de trabalho agora se davam entre os funcionários de escritório, assim como cresceu um exército de funcionárias mulheres. A inauguração do sistema metroviário em 1904 permitiu que um número cada vez maior de pessoas se deslocasse diariamente entre bairros residenciais em outras partes da ilha e os bairros de escritórios no centro e nas regiões intermediárias da cidade.

A anexação do Brooklyn e de outras áreas adjacentes a Nova York em 1898 forneceu a Manhattan um vasto interior, de onde a cidade podia colher ainda mais funcionários para suas ruas congestionadas. Correndo sob o East River, os metrôs de Nova York traziam cada vez mais moradores suburbanos para trabalhar no centro, incitando a construção de mais escritórios. Nova York, segundo o famoso comentário do escritor O. Henry, seria "um ótimo lugar se eles chegassem a terminá-la".[45]

O aumento disparado da demanda exigia estruturas que acomodassem centenas e até milhares de funcionários de escritório. O primeiro arranha-céu foi erguido em 1895 e rapidamente seguido de outros.[46] A maior revolução veio com a construção do Flatiron Building em 1902, conhecido por muitos como a "Loucura de Burnham" — referência a seu projetista, um arquiteto de Chicago chamado Daniel H. Burnham —, pois alguns pensavam que o prédio desabaria com seu próprio peso. Dentro de uma década, um edifício ainda maior, o Woolworth Building, com sessenta andares, foi erguido no sul de Manhattan.[47]

## "COMO UMA BRUXA NO PORTÃO DO PAÍS"

Como acontecera com cidades mercantis do passado, tais como Atenas, Alexandria, Cairo e Londres, o crescimento comercial de Nova York também engendrou um florescimento da vida cultural.[48] Tornando-se cada vez mais o centro global do marketing, da publicidade e do entretenimento de massa, Nova York enviava para o mundo inteiro melodias, imagens e ideias para todos os níveis de gosto cultural. Certo escritor britânico da virada do século reclamou que "nossas piadas estão sendo feitas por máquinas nos escritórios dos editores de Nova York, enquanto os bebês [britânicos] são alimentados com comida americana, e seus mortos enterrados em caixões americanos".[49]

A cultura de Nova York também transcendia os padrões europeus. Refletindo uma sociedade cada vez mais poliglota, Nova York era o berço de uma vasta diversidade de humor étnico, jazz e todas as formas de arte moderna. "Nova York", observou James Weldon Johnson, poeta do Renascimento do Harlem, "é a coisa mais fatalmente fascinante dos Estados Unidos. Está sentada como uma bruxa no portão do país".[50]

Os próprios nova-iorquinos muitas vezes viam sua urbe como precursora de um novo tipo de cidade.[51] Suas torres de vidro e suas ruas escuras pareciam refletir uma nova e ousada expressão da metrópole moderna. O romancista John Dos Passos esboçou o cenário no meio da década de 1920:

> Correm trens vaga-lumes no crepúsculo cruzando os vultos enevoados de pontes teias de aranha, elevadores sobem e caem em seus poços, luzes do porto piscam.[52]

## A AMÉRICA VAI ÀS ALTURAS

Também em boa parte do resto do mundo, essas imagens tornaram-se sinônimo do urbanismo em si. George M. Cohan talvez tenha comentado que "depois que você deixa Nova York, qualquer cidade é Bridgeport", porém outras cidades americanas — não apenas Chicago — tentavam imitar a paisagem urbana nova-iorquina.[53] Em menos de um ano após a conclusão do Woolworth Building, Seattle construíra os 42 andares da Smith Tower, trazendo o gigantismo arquitetônico para o Pacífico. Chicago, Detroit, Cleveland e Saint Louis, todas se apressaram em erguer novos monumentos a sua vitalidade comercial.[54]

Mesmo cidades menores correram para afirmar sua posição. Num tempo em que nem Londres, a maior cidade do mundo, nem Berlim ou Paris ostentavam um único prédio muito alto, torres com estrutura de aço estavam sendo erguidas em lugares tão obscuros quanto Bangor, no Maine; Tulsa, em Oklahoma; e Galveston, no Texas. Cidades mais ligadas à tradição, como Filadélfia, Boston e Washington, impuseram limites de altura, mas na maioria dos lugares a única restrição era a exuberância do mercado imobiliário local. Uma "verdadeira metrópole", argumentou *The Denver Post*, precisava de tais estruturas para afirmar seu status.[55]

Mesmo assim, o centro do novo mundo urbano situava-se em Nova York. Seu crescente domínio da mídia, o comércio e as finanças internacionais a haviam tornado a insuperável capital dos negócios dos Estados Unidos e, cada vez mais, do mundo. O jornalista A. H. Raskin comentou que "numa única tarde, num único arranha-céu de Manhattan", tomavam-se decisões que determinariam quais filmes entrariam em cartaz na África do Sul, se as crianças de uma cidadezinha mineradora do Novo México teriam ou não uma escola, ou quanto os cafeicultures brasileiros receberiam por sua colheita.[56]

Os gigantescos edifícios das grandes cidades americanas erguiam a fachada de aço e concreto da cidadezinha industrial até o céu. Em termos físicos, e pelo assombro que inspiravam, eles representavam a resposta da cidade comercial às grandes catedrais da Europa, às elegantes mesquitas do mundo islâmico e aos complexos imperiais do leste da Ásia.[57]

No entanto, essas torres de concreto e aço não podiam proporcionar o senso de lugar sagrado que tanto havia dado forma ao passado urbano.

Estruturas essencialmente destinadas à realização de negócios, elas não ousavam dizer muito sobre uma ordem moral duradoura ou justiça social. Construídas acima de tudo para o lucro de interesses privados, elas não podiam proteger a cidade do ataque daqueles que agora buscavam impor outras visões, radicalmente divergentes, do futuro urbano.

CAPÍTULO TREZE

# O MAL-ESTAR NA INDUSTRIALIZAÇÃO

Após desembarcar de seu navio em Kobe no outono de 1922, G. C. Allen subiu num trem para a cidade japonesa de Nagoya. Durante as primeiras horas, o estudioso britânico de 22 anos viajou por uma paisagem exótica e completamente desconhecida de campos de arroz escalonados, plantações de chá, e encostas de colinas cobertas de florestas e névoa.

Aos poucos, conforme o trem seguia para o seu destino, o cenário foi ficando cada vez mais familiar. De repente, Allen viu uma cidade "submersa por uma enorme onda de fábricas, altos prédios de escritórios, ruas elevadas de concreto, e novos trilhos e pontes para trens de alta velocidade". Era quase como se ele tivesse se transportado de volta para Birmingham, a grande metrópole industrial.[1]

Em Nagoya, assim como na Inglaterra, a industrialização da paisagem urbana havia transformado a cidade que existira antes. "A beleza e a miséria andavam ombro a ombro", observou Allen, muitas vezes no mesmo quarteirão. Escondido entre as fábricas e os trólebus rangentes, podia-se achar um minúsculo riacho em movimento ou um caprichoso jardim cravado entre as "ruas indistintas e sem brilho".[2]

## AS IMPLICAÇÕES GLOBAIS DO INDUSTRIALISMO

Conforme o crescimento industrial se espalhou pelo mundo, ele introduziu uma nova era de rápida urbanização numa escala sem precedentes. No fim do século XIX, grandes centros urbanos estavam surgindo em todos os continentes, na América do Sul, na África, na Austrália e, de modo mais impactante, na Ásia. Mais de 5 por cento da população mundial agora vivia em cidades de mais de 100 mil habitantes, quase três vezes a porcentagem de um século antes.[3]

Em boa parte do mundo, esse crescimento era impulsionado pela expansão de serviços administrativos, comércio e exportação de matérias-primas. A expansão industrial continuava limitada pelas políticas mercantis dos poderes coloniais e pelo subdesenvolvimento dos sistemas de transporte e outras infraestruturas modernas. Em grande parte da Ásia continental e da África, o custo excessivamente baixo da mão de obra e a falta de uma grande base consumidora também desincentivavam o uso local de máquinas, em benefício de uma indústria rural mais dispersa e primitiva.[4]

Um progresso muito mais dramático se deu em outras regiões. No começo do século XX, três países importantes — Japão, Alemanha e Rússia — ostentavam grandes cidades industriais em expansão. Tóquio, Osaka, Berlim e São Petersburgo agora estavam em competição direta com Nova York, Manchester e Londres, não apenas localmente, porém muitas vezes numa escala global.

Como Allen notou em seu trajeto para Nagoya, essas cidades tinham a mesma aparência externa — os trilhos de trem entrecruzados, as fábricas cuspindo fumaça, os prédios de escritórios — dos centros industriais anglo-americanos. No entanto, elas reagiriam ao industrialismo de modos marcadamente diversos das cidades da Inglaterra ou dos Estados Unidos, buscando criar caminhos alternativos para a formação de cidades modernas.

Essa busca por outra abordagem surgiu do fato de que esses três países se industrializaram sem as tradições democráticas que haviam ajudado os Estados Unidos ou a Inglaterra a se ajustar ao choque da nova condição urbana. Essas sociedades — fazendo uma rápida transição à cidade industrial sob sistemas políticos essencialmente medievais — necessitam das estruturas legais e atitudes sociais necessárias para lidar com o que Sigmund Freud, em sua obra decisiva *O mal-estar na civilização*, descreveu como a "frustração cultural" com a vida no grande mundo da metrópole moderna, muitas vezes impessoal.[5]

## A INDUSTRIALIZAÇÃO REPENTINA DO JAPÃO

Freud escreveu essas palavras em Viena, apenas quatro anos antes de a cidade sucumbir ao nacional-socialismo. Ele teria reconhecido também no Japão os familiares sintomas de uma "frustração cultural". A transição do Japão para a era industrial foi ainda mais difícil, tanto por sua natureza repentina quanto por sua enorme rapidez. Após a derrubada dos Tokugawa em 1868, o Japão embarcou de cabeça na modernização. Os arquitetos da Restauração Meiji trabalharam sem descanso para alcançar os poderes industriais dominantes, dando prioridade tanto ao investimento em infraestrutura quanto à importação de tecnologia ocidental.

Antes da era Meiji, o desenvolvimento urbano do Japão fora retardado pela decisão do *bakufu* Tokugawa de proibir quase todo o contato com estrangeiros.[6] No entanto, quando as canhoneiras do comodoro William Perry romperam esse isolamento em 1853, as cidades japonesas — agraciadas com uma população altamente alfabetizada, um mercado nacional desenvolvido, artesãos talentosos e uma forte tradição empresarial — estavam em melhor posição do que qualquer outra fora da Europa para enfrentar os desafios da era industrial.[7]

Como na Inglaterra e nos Estados Unidos, a ascensão da economia industrial trouxe consigo um rápido aumento da população urbana. Duplicando nos primeiros cinquenta anos após a revolução Meiji, o número de habitantes de cidades já representava quase um quarto da população japonesa nos anos 1920. Osaka, com uma vasta gama de fábricas menores, agora era apelidada de "Manchester do Oriente"; sua população aumentou em mais de cinco vezes entre 1875 e os anos 1920. Nagoya também se transformou de uma velha cidade-castelo num grande centro industrial, incluindo a base do que se tornaria uma das corporações mais dominantes do mundo, a Toyota Motors. Pequenas cidades industriais da província, como Kawasaki, Fukuoka e Sapporo, cresceram ainda mais depressa.[8]

Tóquio despontou como a primeira entre todas as cidades japonesas. Substituindo Kyoto como residência do imperador, a cidade ganhou "legitimidade instantânea" como capital tanto espiritual quanto secular da nação.[9] Várias das maiores instituições comerciais agora achavam vantajoso situar suas sedes ali, em vez de em centros comerciais tradicionais como Osaka ou uma das muitas cidades industriais em ascensão.[10]

Mesmo após ser devastada no terremoto de Kanto em 1923, que matou 100 mil pessoas e deixou milhões desabrigados, Tóquio continuou a consolidar sua posição dominante. Na década de 1930, a cidade ostentava um imponente centro completo, com edifícios altos, lojas de departamento e um sofisticado trânsito de massa.[11] Pela primeira vez desde a industrialização, a Ásia possuía uma cidade que podia ser comparada com Nova York ou Londres. E, por um tempo, podia até sonhar em superá-las.

## "O MONSTRO DE FERRO"

Entre esses sinais de progresso, o industrialismo também causou uma devastação social, moral e ambiental disseminada. Mesmo no fim do século XIX, observou um escritor, "grous de crista vermelha ainda podiam ser vistos voando alto nos céus" acima de Tóquio. Raposas e texugos viviam em abundância, e as águas do rio Sumida ainda podiam ser usadas para preparar chá.[12] No entanto, na década de 1920, os moradores das cidades japonesas sofriam com uma poluição generalizada, uma feiura desanimadora e a devastação de um esplêndido ambiente natural que era fundamental para suas crenças religiosas tradicionais e sua cultura milenar. Osaka, que com seus canais já fora conhecida como "a cidade da água", tornara-se uma "cidade da fumaça", com os canais agora fétidos e cheios de substâncias químicas nocivas.[13]

As novas tecnologias certamente também criaram muitos prodígios. Ex-camponeses iam de trem ou de bonde para fábricas operadas por energia elétrica. Artistas de origem humilde ou samurais pobres transpunham velhas barreiras de classe, tornando-se os novos líderes da economia industrial ascendente do Japão. Informações outrora restritas a acadêmicos e oficiais do governo agora se disponibilizavam amplamente por uma educação universal, livros publicados em massa, jornais e, por fim, o rádio.

No entanto, ainda persistia a sensação geral de que as ideias tradicionais e os modos mais nobres de vida agora estavam sob o ataque de forças estrangeiras impessoais e perigosas. Mapas publicados nos anos 1860 ainda se referiam ao interesse mitológico e histórico dos lugares; os mapas ferroviários da nova era evitavam qualquer poesia, concentrando-se em vez disso em medições precisas.

O escritor Natsume Soseki, escrevendo em 1916, protestou contra o "modo violento" como o "monstro de ferro" invadia o campo e ameaçava o senso de individualidade das pessoas.[14] O "monstro de ferro" parecia estar devorando os antigos símbolos centrais da vida urbana tradicional japonesa e suas cores vivas — muralhas, templos, grandes mercados centrais — e substituindo-os por fábricas barulhentas e tristes prédios de escritório feitos de concreto.[15]

## RECONSTRUINDO AS CIDADES JAPONESAS

A grave recessão econômica do fim da década de 1920 e começo da de 1930 levou muitos japoneses a questionarem a validade dos modelos ocidentais. Cada vez mais, os líderes do Japão pensavam em conciliar as exigências de sua crescente sociedade urbana industrial com uma sensibilidade profundamente tradicionalista, muitas vezes agressivamente xenofóbica. Em vez de aceitar o conflito e a anomia associados às cidades industriais dos Estados Unidos e da Europa, alguns japoneses buscavam meios de construir uma sociedade urbana centrada na noção mais conhecida e menos conflituosa das "redes familiares estendidas" — o que a socióloga Setsuko Hani chama de "a ideia ou consciência da casa".[16]

Afirmar a hierarquia da "casa" surtiu o efeito de reforçar a autoridade de pais, donos de empresa, líderes militares e políticos e, em última instância, do imperador. Muitos líderes governamentais e intelectuais agora consideravam que as noções do Ocidente sobre a tolerância a divergências e a gradual transição democrática eram inapropriadas para o Japão. Em vez disso, eles buscavam meios de, nas palavras do Instituto de Cultura Espiritual do Ministério da Educação, "aperfeiçoar e unificar a nação com uma mente única".[17]

Impor essa unanimidade moral numa sociedade cada vez mais sofisticada e organizada exigia um alto grau de regulamentação e repressão. Associações operárias foram cooptadas ou eliminadas.[18] As autoridades também deram início a uma cruzada cultural contra influências ocidentais — atacando tudo, desde a moda ocidental e o jazz até filmes de Hollywood e a emancipação feminina. Tóquio, Osaka e outras grandes cidades japonesas, onde as influências ocidentais eram bastante difundidas, agora seriam expurgadas de padrões culturais provenientes de Nova York, Los Angeles e Londres.[19]

Além dessas reformas morais, os urbanistas japoneses sonhavam com meios de remodelar a vida urbana que fossem mais congruentes com estilos de vida tradicionais. Valendo-se das riquezas de um império em crescimento, alguns se dedicaram à criação de novos centros urbanos ideais na Manchúria, na Coreia e em outras partes da emergente "esfera de coprosperidade" japonesa.

Mais perto da capital, eles trabalhavam em planos, especialmente ao redor de Tóquio e Nagoya, de substituir imensos blocos de apartamentos por cinturões verdes e asseadas comunidades-satélite. Uzo Nishiyama, um dos urbanistas mais influentes, baseou sua visão urbana na tradicional estrutura de bairros, os *machi*. Trabalho e moradia seriam integrados o quanto fosse possível, promovendo um modo de vida mais próximo do da vila tradicional. A sensibilidade tradicionalista de Nishiyama também o levou a se opor à construção de prédios altos, cada vez mais emblemáticos das cidades americanas, favorecendo em vez disso o desenvolvimento do que ele chamava de "esferas de vida", bairros descentralizados e autônomos.

## O EXPERIMENTO NAZISTA

Nishiyama e outros urbanistas japoneses tiraram parte de sua inspiração de ideias neotradicionalistas desenvolvidas pelo teórico nacional-socialista Gottfried Feder. Em seu livro *Die neue Stadt* [A nova cidade], Feder advogava fortemente a criação de zonas urbanas descentralizadas, rodeadas por áreas agrícolas.[20] Feder também sofria da mesma inquietação de Nishiyama, e de outros japoneses, com o impacto negativo da sociedade cosmopolita anglo-americana no que ele considerava serem valores tradicionais.[21]

Como no Japão, a Revolução Industrial chegou tarde na Alemanha, mas também com consequências repentinas e perturbadoras. Em nenhum lugar isso foi mais evidente do que em Berlim, a capital do recém-unificado Estado alemão. Após séculos sendo uma "cidade de caserna" prussiana, convencional e não muito impressionante, a Berlim do fim do século XIX de repente se tornara uma vasta metrópole de mais de 1,5 milhão de habitantes. A cidade era cercada por grandes usinas industriais onde, como notou um observador, "cada chaminé cuspia grandes chuvas de faíscas e tranças grossas de fumaça, como se fosse a cidade de fogo de Vulcano".

Considerada por muitos a cidade mais moderna da Europa, a capital da Alemanha recém-unificada também era conhecida como "América em miniatura" ou "Chicago às margens do Spree".[22] Essa rápida evolução trouxe consigo os conhecidos problemas das cidades industriais — moradia em cortiços, criminalidade e um preocupante aumento da ilegalidade. Em 1900, Berlim era tanto a cidade mais populosa da Europa quanto um dos maiores centros de agitação socialista radical.[23]

A próspera indústria de Berlim atraiu alemães das províncias rurais, assim como imigrantes do interior pobre da Polônia. Muitos desses novos moradores às vezes ficavam inspirados, às vezes escandalizados, com uma cidade onde "a economia do dinheiro" suplantava os valores tradicionais. O sociólogo Georg Simmel, nascido em Berlim, observou:

> Cada vez que se atravessa a rua, com o ritmo e a multiplicidade da vida econômica, ocupacional e social, a cidade grande estabelece um profundo contraste com a vida da cidade pequena e do campo, em relação aos fundamentos sensoriais da vida psíquica.[24]

Assim como no Japão, essa agressão à "vida psíquica" dos alemães engendrou um aumento acentuado da xenofobia. Os judeus, por muito tempo objeto de ódio, medo e ressentimento por parte dos europeus, carregaram a maior parte do fardo desse crescente modelo xenofóbico.[25] Em

1895 os cidadãos de Viena, a sofisticada capital cultural do mundo germanófono, elegeram um antissemita declarado, Karl Lueger, como prefeito.

A bem-sucedida exploração do antissemitismo realizada pelo prefeito impressionou um jovem provinciano, Adolf Hitler, que na época era um artista batalhando na capital austríaca. Décadas depois, o *Führer* nacional-socialista chamaria Lueger de "o prefeito mais poderoso de todos os tempos".[26] Assim como Lueger, Hitler e os nacional-socialistas, incluindo seu assessor Gottfried Feder, identificavam os judeus — tanto por seu tino capitalista quanto por seu destaque entre os líderes dos agitadores socialistas — como a principal ameaça econômica e moral à classe média urbana alemã.[27]

Como os japoneses, os nazistas travaram uma guerra cultural mais ampla contra o que eles viam como arte, música e cultura estrangeira. Eles fizeram campanha contra estilos de roupa, jazz "degenerado" e literatura anglo-americanos, na época muito populares nas cidades alemãs. Tal decadência era identificada mais especialmente com Berlim — um lugar a que Joseph Goebbels, o chefe de partido local, se referia com desprezo como "aquele poço de iniquidade".[28]

Uma vez no poder, Hitler descartou boa parte do programa de Feder de desconcentração das áreas urbanas e enviou seu velho mentor para uma semiaposentadoria respeitável. Em vez de voltar ao passado das vilas, os nazistas agora buscavam moldar suas cidades segundo sua própria "forma alternativa de modernidade".[29] Hitler insistia em que Berlim fosse "alçada a um alto nível de cultura, de modo a poder competir com todas as capitais do mundo".

Após as Olimpíadas de 1936, brilhantemente encenadas, o arquiteto-chefe de Hitler, Albert Speer, desenvolveu elaborados planos de transformar Berlim em Germania, uma imensa metrópole que serviria como equivalente moderna da antiga Roma ou Babilônia. A cidade seria agraciada com enormes bulevares e centros de cerimônias, incluindo um auditório em formato de cúpula capaz de abrigar 125 mil pessoas e uma praça Adolf Hitler, que acomodaria uma multidão de um milhão de pessoas.

Mesmo assim, nem todas as ideias de Feder foram descartadas. Em seus planos para os recém-ocupados territórios do leste, os nazistas vislumbravam um arquipélago de centros industriais compactos de dominação alemã, cercados por povoamentos agrários e vilas tradicionalistas.[30] Esses planos grandiosos, como os dos imperialistas japoneses, vieram abaixo com a devastadora derrota na Segunda Guerra Mundial. Completamente arruinadas, as cidades japonesas e alemãs, pelo menos no Ocidente, iriam reerguer-se, mas apenas sob a tutela norte-americana.

## RÚSSIA: A TERCEIRA ALTERNATIVA

A urbanização da Rússia demorou mais que a de outros países, inclusive o Japão e a Alemanha. O czar Pedro, que assumiu a coroa em 1689, fizera longas viagens pela Europa, visitando grandes cidades como Londres e Amsterdã. Ele queria que a capital de seu império fosse moderna e voltada para fora. Acreditava que apenas quando tivesse alcançado suas rivais europeias a Rússia poderia "mostrar o traseiro" para o Ocidente.[31]

A nova capital de Pedro, São Petersburgo, fundada em 1703, foi concebida para combinar a energia comercial da capital holandesa com a gloriosa arquitetura da Itália e de Versalhes. Deveria ser tudo o que Moscou — "asiática, antiocidental, pesada, vulgar, opressiva e provinciana" — não era.[32]

Como nova sede do poder político, São Petersburgo expandiu-se rapidamente, alcançando uma população de 200 mil pessoas na época da morte da czarina Catarina, em 1796, e meio milhão na metade do século XIX.[33] Seu desenvolvimento como centro industrial, no entanto, foi lento. A Rússia, assim como a América do Norte, estava naturalmente bem posicionada para o crescimento industrial, dispondo de enormes recursos bem como de uma vasta rede fluvial interna. Essas vantagens físicas eram em grande medida neutralizadas por uma ordem social excessivamente retrógrada; ainda em 1861, boa parte da população, incluindo muitos que moravam temporariamente na capital, consistia em servos legalmente ligados a suas vilas agrárias.[34]

Mesmo depois da emancipação, as cidades russas sofriam com a ausência da grande classe independente detentora de propriedades que era tão essencial ao crescimento urbano na Inglaterra ou nos Estados Unidos.

A maior parte dos recursos econômicos continuava nas mãos do Estado, da aristocracia e, cada vez mais, de investidores estrangeiros. A classe média consistia principalmente em pequenos comerciantes e oficiais, acadêmicos e outros profissionais a serviço do regime.[35]

Essa estrutura de classes altamente inflexível e um sistema político autoritário serviam para aumentar o abismo entre a população urbana e a elite governante. Com poucas esperanças de uma reforma gradual ou participação no progresso de seu país, as classes média e operária tornaram-se cada vez mais radicais.[36]

## O CAMINHO PARA A REVOLUÇÃO

As classes média e operária russas tinham bons motivos para sua indignação. Enquanto a Rússia começava a se industrializar, suas instituições municipais e sua infraestrutura física básica permaneciam no passado feudal. A antiga capital, Moscou, continuava sendo um agrupamento acidental de casas térreas, muitas vezes precariamente construídas e sem saneamento básico. A cidade também necessitava de uma força policial profissional e cuidados médicos adequados.

O abismo entre essas realidades e a vida luxuosa das classes governantes era mais evidente em São Petersburgo, onde, como observou o dramaturgo Nikolai Vassílievitch Gógol, "tudo é ilusão, tudo é sonho, tudo não é o que parece". A poucos metros da elegância italianizada do Palácio de Inverno, operários viviam em cortiços fétidos e malventilados, na cidade mais assolada por doenças de toda a Europa contemporânea.

A estrutura de São Petersburgo era dominada por grandes estabelecimentos industriais, o que acabou facilitando a organização em massa dos trabalhadores. Após fracassarem em suas exigências de mais comida e melhores condições de trabalho, esses operários organizaram-se em "sovietes", ou comitês autônomos, e voltaram-se contra o regime em si.[37] Em outubro de 1917, os operários das fábricas de São Petersburgo, uma pequena minoria urbana num país essencialmente agrário, ajudaram a levar ao poder um novo regime que criaria a terceira, e mais duradoura, alternativa à cidade industrial anglo-americana.

## O SISTEMA SOVIÉTICO

O triunfante regime bolchevique revelou-se talvez mais autocrático que o do czar. Sua rejeição ao materialismo ocidental era ainda mais ampla que a dos japoneses ou dos nazistas. "Tudo foi anulado", lembrou o romancista Aleksei Tolstói. "Postos militares, honras, pensões, dragonas de oficiais, a 13ª letra do alfabeto, Deus, a propriedade privada, e mesmo o direito de alguém viver como queria."[38]

Os comunistas adotaram o sonho do czar Pedro de criar uma Rússia altamente urbanizada. Mesmo em 1917, observou certo historiador, as cidades russas eram pouco mais que "ilhas num mar de camponeses"; apenas 15 por cento da população vivia em centros urbanos. Com a consolidação de seu poder, os comunistas estavam decididos a reverter a história, tornando essas "ilhas" cada vez maiores e mais poderosas.[39]

Como capital escolhida da revolução soviética, Moscou recuperou sua posição de privilégio. Manter contente a população de Moscou agora era uma preocupação política central dos líderes bolcheviques. "Salvar os trabalhadores de Moscou da fome", observou Lênin, "é salvar a revolução". Tomou-se comida, muitas vezes à força, dos fazendeiros para alimentar o que era considerado a nova classe governante, o proletariado urbano.[40]

A população de Moscou caiu drasticamente durante a guerra civil que assolou o país entre 1917 e 1921, porém voltou a se expandir rapidamente em meados dos anos 1920, superando os 2 milhões de pessoas no final da década. Com a reimposição da ordem, a taxa de mortalidade baixou e a de natalidade disparou. Procurando trabalho no novo centro de poder, dezenas de milhares de pessoas ambiciosas, muitas vezes famintas, migravam cada ano para a cidade.[41]

São Petersburgo, cidade mais cosmopolita, rebatizada de Leningrado após a morte do fundador da União Soviética em 1924, não ia tão bem. Muito antes de suas contrapartes no Japão ou na Alemanha, os comunistas lançaram um ataque devastador contra a cultura urbana ocidental. Qualquer pessoa que sequer recebesse cartas do exterior, um grupo concentrado principalmente na antiga capital, podia ser levada para um dos *gulagui* em constante expansão. Os grandes expurgos dos anos 1930 aniquilaram boa parte da elite intelectual e artística da cidade, incluindo cerca de cinquenta curadores do Hermitage.⁴²

## "AFIANDO NOSSOS MACHADOS"

Os soviéticos tinham um respeito igualmente pequeno pelo papel do lugar sagrado ou do passado na evolução das cidades. Num curto período, Níjni Novgorod tornou-se Górki, Tsarítsin foi rebatizada de Stalingrado; Ecaterimburgo, onde o czar Nicolau II e sua família foram executados, tornou-se Sverdlovsk, em homenagem a outro líder soviético. Na elegante cidade recentemente rebatizada de Leningrado, a paisagem urbana foi dominada por enormes novos blocos residenciais, prédios de escritórios e espaços comerciais projetados num estilo que certo escritor chamou de "pesadamente neoclássico".⁴³

Moscou passou por uma transição ainda mais drástica. Josef Stálin, um provinciano da distante Geórgia, demonstrou ainda menos apreciação pelos valores urbanos do que Hitler, que passara seus anos de formação em Viena e Munique, ou que os nacionalistas japoneses, que ainda reverenciavam aspectos do passado urbano do país. Para o horror de boa parte da comunidade arquitetônica, o ditador soviético ordenou a construção de um novo Palácio dos Sovietes — um monumento ao que Stálin chamava de "ideia da criatividade da democracia soviética e seus muitos milhões" — no local da deslumbrante Catedral do Salvador, uma estrutura construída com as moedas dos fiéis da Rússia.

Nikita Khrushchev, que acabaria sucedendo a Stálin como líder da "democracia soviética", também partilhava dessa sensibilidade não tão delicada. "Ao reconstruir Moscou", ele disse em 1937, "não devemos ter medo de arrancar uma árvore, uma igrejinha ou uma ou outra catedral".⁴⁴ Khrushchev continuou destruindo boa parte da cidade antiga, inclusive seu Arco do Triunfo, suas velhas torres e suas muralhas. Quando seus próprios arquitetos imploraram que ele poupasse monumentos históricos, ele respondeu que suas equipes de construção continuariam "afiando nossos machados".⁴⁵

O ímpeto comunista de expandir a capacidade industrial — nos anos 1930, os soviéticos haviam ultrapassado a indústria czarista por uma vasta margem — engendrou um ambicioso surto de construção de cidades menores. Magnitogorsk, erguendo-se adjacente a uma gigantesca fábrica de ferro e aço na estepe, tipificava a nova cidade soviética: sem mesquitas, igrejas ou mercados livres, uma população de trabalhadores forçados, comandados por legiões de zelosos Jovens Comunistas. Como as vítimas do início da industrialização capitalista da Inglaterra, os trabalhadores forçados do Estado socialista enfrentavam condições precárias, sujeitos a epidemias de tifo, febre tifoide e outras doenças contagiosas.[46]

Em um aspecto, as políticas urbanas soviéticas de fato tiveram êxito: transformaram totalmente um país de predominância rural num país em grande parte urbano. Na década de 1930, cidades como Moscou e Leningrado estavam entre as maiores da Europa; outras cidades menores, especialmente cidades de fábricas como Sverdlovsk, Górki, Stalingrado e Tcheliabinsk, expandiram-se com mais rapidez. Entre 1939 e 1959, a população urbana da União Soviética cresceu em 30 milhões de pessoas, enquanto o componente rural caiu em 20 milhões. Em 1960, 50 por cento dos cidadãos soviéticos moravam em cidades.[47] Também houve algumas façanhas notáveis, tais como o metrô de Moscou e grandes novos sistemas de eletrificação.

## O LEGADO URBANO DO COMUNISMO

Depois da Segunda Guerra Mundial, as condições urbanas da União Soviética melhoraram aos poucos. A comida tornou-se mais abundante, e o antigo problema de falta de moradia tornou-se menos agudo. Mesmo assim, como lugares para viver, as cidades comunistas continuavam cinzentas e tristonhas; a atividade comercial espontânea era restrita às ocasionais feiras de fazendeiros ou às maquinações escondidas de uma crescente economia subterrânea. A vida social era centrada menos nas ruas ou nos espaços públicos do que entre amigos apinhados em apartamentos pequenos, mas geralmente bem cuidados.

Mais revelador — principalmente dado o sistema "materialista" de valores do regime — é o fato de que os soviéticos não conseguiram criar um padrão urbano de vida nem remotamente comparável aos do Ocidente. As declarações pretensiosas de Khrushchev, ainda em 1970, de que a União Soviética iria "suplantar" os Estados Unidos em qualidade de vida devem ter parecido incongruentes, se não dolorosamente cômicas, para moradores urbanos cujo nível de conforto ficava muito atrás não apenas dos países do Ocidente, mas também de alguns países asiáticos emergentes.[48]

Conforme o regime comunista se arrastava rumo a seu desfecho inglório no fim dos anos 1980, as condições pioravam. O vasto complexo de altos prédios de apartamentos em volta de Moscou e outras grandes cidades ficou cada vez mais dilapidado. Dois terços do abastecimento de água da Rússia europeia, região pesadamente urbanizada, não mais satisfaziam os padrões mínimos; o nível de poluição atmosférica na maioria das grandes cidades soviéticas era muitas vezes pior que o de qualquer cidade ocidental.[49]

Nascido para remediar os defeitos da cidade industrial, o urbanismo comunista fracassou em praticamente todos os aspectos no cumprimento de sua promessa, e isso acima de tudo na esfera moral. O comunismo, uma vez observou Nikolai Berdiaev, buscou desenvolver um "novo homem" de aspirações mais elevadas, porém sua filosofia materialista acabou transformando seu sujeito em um "ser plano bidimensional". Destituindo as cidades e os indivíduos de seu caráter sagrado e muitas vezes de sua história, o experimento soviético deixou atrás de si um legado urbano sombrio e miserável.[50]

PARTE SEIS

# A Metrópole Moderna

CAPÍTULO CATORZE

# A BUSCA POR UMA "CIDADE MELHOR"

Como tantos que vieram a Los Angeles nos últimos dias do século XIX, Dana Bartlett sentiu a emergência de "uma grande cidade [...] formando-se junto ao mar do sol poente".[1] Los Angeles, na época um povoado com menos de 100 mil habitantes, estava vibrando com novas construções, conforme os empreiteiros lutavam para acompanhar o ritmo dos recém-chegados que afluíam do leste.

Os líderes comerciais do que outrora tinha sido um sonolento *pueblo* mexicano vislumbraram uma metrópole, nas palavras do magnata ferroviário Henry Huntington, "destinada a tornar-se a cidade mais importante deste país, se não do mundo".[2] Bartlett, um pastor protestante, compartilhava com entusiasmo da fé na expansão, mas também ansiava por algo mais — a promessa de uma forma urbana saudável e bela.

## A PROMESSA DE LOS ANGELES

Antes de chegar a Los Angeles, Bartlett havia ministrado em Saint Louis, onde cortiços abarrotados e fábricas ruidosas pareciam ferir tanto as almas quanto a paisagem. Com seu clima ameno e seu cenário espetacular, suas vistas limpas, terrenos amplos e economia levemente industrializada, Los Angeles, esperava Bartlett, podia se tornar "um lugar de inspiração para uma vida mais nobre".[3]

Em seu livro *The Better City* [A cidade melhor], escrito em 1907, Bartlett esboçou a visão de uma "Bela Cidade" planejada que ofereceria a seus habitantes acesso fácil a praias, campinas e montanhas. Aproveitando a paisagem vasta e desimpedida, as fábricas seriam "transferidas" para a periferia, e as moradias para a classe operária seriam espalhadas para evitar o abarrotamento. Em vez de ficarem confinados a cortiços sufocantes, os trabalhadores viveriam em casas asseadas de uma única família.[4]

Muitos membros das elites políticas e culturais de Los Angeles apoiaram essa noção mais ampla de urbanismo. A forma da cidade não se desenvolveu por acaso; ela foi planejada para ser um paraíso intencional. Em 1908, por exemplo, Los Angeles criou o primeiro decreto de zoneamento abrangente da nação, incentivando o desenvolvimento de subcentros, casas de uma única família, e dispersando o desenvolvimento industrial.[5]

A vasta rede ferroviária criada por Huntington, a Pacific Electric Railway, definira o padrão para a geografia expansiva da cidade. Mais tarde, o uso crescente do automóvel acelerou ainda mais a dispersão de Los Angeles. Já nos anos 1920, um morador dessa cidade tinha quatro vezes mais chances de possuir um carro do que o americano médio, e dez vezes mais do que um morador de Chicago. Ao mesmo tempo, em contraste com a maioria das cidades americanas contemporâneas, o centro histórico de Los Angeles já estava se tornando menos importante como foco econômico e social da região.[6]

As motivações costumeiras — a busca por ganância e poder — foram responsáveis por esse fenômeno. Mas muitos dos burocratas e empreiteiros da região também acreditavam que estavam criando um tipo superior e mais saudável de ambiente urbano. Em 1923, o diretor de planejamento urbano declarou com orgulho que Los Angeles havia evitado "os erros que aconteceram no crescimento de áreas metropolitanas do leste". Segundo ele, essa impetuosa nova metrópole do oeste iria mostrar "como a coisa deveria ser feita".[7]

A imprensa local, ávida de novos moradores e leitores, promovia essas ideias. A cidade projetara seus terrenos e suas vias de trânsito, gabava-se o editor do *Los Angeles Express*, "antecipando as demandas". A predominância de casas de uma única família, com seus quintais, transformaria a cidade no "símbolo mundial de tudo o que era belo, saudável e inspirador". Los Angeles, continuava ele, "vai preservar as flores, os pomares e gramados, o ar fresco revigorante do mar, o sol que brilha e o espaço para se mexer".[8]

Nos anos 1930, grandes elementos dessa visão haviam se tornado realidade. As casas de uma única família representavam 93 por cento das construções residenciais da cidade, quase o dobro do índice de Chicago. Essas casas espalhavam-se por uma área que fazia de Los Angeles a maior cidade do mundo em termos de quilômetros quadrados.[9]

A cidade mostrou um êxito muito menor em atingir os ideais defendidos por Bartlett e seus contemporâneos. Deixando de lado um detalhado plano de espaço aberto de 1930, conhecido como Olmsted-Bartholomew Plan, Los Angeles, apesar de toda a sua vastidão, infelizmente incluía só uma pequena quantidade de área de parques. Cada vez mais, a cidade não apenas necessitava das grandes áreas públicas de cidades mais antigas, mas também estava perdendo depressa a atmosfera de cidade pequena divulgada tão pesadamente pelos que a promoviam.[10]

Los Angeles, no entanto, não podia ser considerada um fracasso. Alastrando-se do mar até os desertos e descendo o litoral até a borda de San Diego, ela proporcionara para seus muitos milhões de habitantes uma "cidade melhor", vivida não em grandes espaços públicos, porém em bairros individuais, casas e quintais particulares. No fim do século XX, o número de moradores cresceu com um grande número de imigrantes, principalmente da América Latina e da Ásia. Como as gerações anteriores, eles começaram a comprar casas, abrir negócios e construir vidas novas na região.[11]

O mais importante é que Los Angeles demonstrou ao mundo um novo modelo de crescimento urbano — disperso, multicentrado e com grande importância dos subúrbios. Para as cidades modernas, fossem em outros lugares dos EUA, na velha Europa ou emergentes na Ásia, Los Angeles agora representava a forma predominante de urbanidade ou, como disse um observador, o original colocado na máquina de Xerox.

## UMA BREVE HISTÓRIA DOS SUBÚRBIOS

A ascendência do modelo suburbano em Los Angeles sugeria um rompimento radical com a evolução das cidades. Ao longo de toda a história, cidades vangloriaram-se de suas paisagens altíssimas e da vivacidade de seus espaços públicos. As estruturas públicas mais sagradas e impactantes inevitavelmente erguiam-se no centro ou ao redor dele. As cidades antigas mais dinâmicas — Tiro, Cartago e Roma — reagiram ao crescimento disparado da população expandindo-se para cima e apinhando cada vez mais moradores no espaço central.

O começo da Revolução Industrial acelerou em muito o índice de crescimento urbano, exercendo uma pressão sem precedentes na geografia das cidades. Em 1800, as cidades europeias haviam se tornado ao menos duas vezes mais densas que suas predecessoras medievais; algumas cidades americanas, notavelmente Nova York, eram ainda mais abarrotadas.[12] Outrora um refúgio seguro, o centro da cidade também se tornara cada vez mais tomado pelo crime.[13]

Mesmo assim, no começo da era industrial, ainda não era nada evidente que o futuro estava na periferia. No início, foram os pobres que lideraram o movimento rumo à periferia urbana, na prática trocando trajetos mais longos por aluguéis mais baixos. "Mesmo a palavra *subúrbio*", observou o historiador Kenneth Jackson, "sugeria maneiras inferiores, estreiteza de visão e miséria física".[14] Os subúrbios muitas vezes continuavam sendo o abrigo de todo tipo de gente indesejável, os rejeitados da cidade.[15]

## "CINQUENTA CEBOLAS NUMA CORDA"

Uma solução para administrar o crescimento das cidades seria reorganizar e revitalizar o espaço urbano central, como ocorreu no meio do século XIX em Paris sob a liderança de Napoleão III e seu prefeito, o barão Haussmann. A Inglaterra, o país mais urbanizado do mundo, escolheu uma direção drasticamente diferente, uma que acabaria encontrando sua expressão mais completa na distante Los Angeles.

Para começar, os problemas de Londres eram de uma ordem diferente dos de Paris; em 1910, ela era a maior cidade do mundo, com o triplo da população da capital francesa.[16] Mesmo para londrinos afluentes do século XIX, a cidade parecia estar sufocando com seu próprio crescimento. Bairros agradáveis como Bloomsbury, Belgravia e Regent's Park cada vez mais pareciam ilhas isoladas de urbanização graciosa entre um mar de cortiços industriais cinzentos, densos, cambaleantes e feios.[17]

Em sua busca por uma "cidade melhor", as autoridades de Londres não podiam mobilizar enormes recursos, como Paris, para recriar o centro de sua capital. Em vez disso, os britânicos simplesmente permitiram o que vinha acontecendo naturalmente, uma expansão gradual e inexorável do espaço urbano.[18] Esse fenômeno começou com os moradores mais afluentes, porém, conforme o século XIX avançou, as classes média e operária, cada vez mais prósperas, aderiram ao êxodo para o campo. Se um bom apartamento no meio da cidade era o sonho do parisiense emergente, a aspiração fixa do londrino era uma *cottage*, isolada ou geminada, em algum lugar na periferia da cidade. Londres, comentou certo observador em 1843, "rodeia a si mesma, subúrbio colado a subúrbio, como cinquenta cebolas numa corda".[19]

Outras grandes cidades britânicas evoluíram de maneira semelhante. Nos grandes centros industriais de Lancashire e das Midlands, todos, desde grandes industrialistas até funcionários de escritório, procuravam mudar-se para longe das fábricas barulhentas e dos distritos comerciais congestionados. "O citadino", notou um observador de Manchester e Liverpool nos anos 1860, "faz tudo o que pode para deixar de ser um citadino, e tenta encaixar uma casa de campo e um pouco do campo num canto da cidade".[20]

## UMA NOVA VISÃO URBANA

Muitos britânicos viam esse padrão de dispersão como a solução lógica para os antigos males urbanos do país. H. G. Wells previu que os avanços na tecnologia de comunicação e transporte, mais especialmente as linhas férreas entre os subúrbios e o centro, eliminariam a necessidade de concentrar pessoas e negócios na região central. Em vez de "amontoar" pessoas nos centros das cidades, Wells antecipou as "possibilidades centrífugas" de uma população em dispersão. Ele previu que em algum momento todo o sul da Inglaterra se tornaria território londrino, enquanto a vasta paisagem entre Albany e Washington forneceria a base geográfica para Nova York e a Filadélfia.[21]

Essa visão foi amplamente apoiada por aqueles que, como Dana Bartlett, ficavam horrorizados com os efeitos nocivos do urbanismo industrial. Com a derrubada do capitalismo, Friedrich Engels previu o fim da grande metrópole e a dispersão do proletariado industrial no interior. Dispersando-se, os moradores de cidades iriam "libertar a população rural do isolamento e estupor", enquanto finalmente solucionavam a persistente crise de moradia da classe operária.[22]

A suburbanização também tinha apelo para pensadores mais conservadores. Preparando terreno para reformadores do futuro, Thomas Carlyle acreditava que o crescimento da cidade industrial havia solapado os laços tradicionais entre trabalhadores e suas famílias, comunidades e igrejas. Transferir as classes trabalhadora e média para "vilas" nas regiões adjacentes a grandes cidades poderia fazer com que se "voltasse no tempo" para um ambiente mais saudável e íntimo. Ele esperava que, na cidade pequena ou vila, as mulheres e crianças poderiam ser protegidas das influências prejudiciais da cidade, com suas casas indecentes, tavernas e seus jardins públicos.[23]

O urbanista britânico Ebenezer Howard surgiu como talvez o defensor mais influente da dispersão das massas urbanas. Horrorizado com a desordem, a doença e a criminalidade da metrópole industrial contemporânea, ele defendeu a criação de "cidades-jardim" na periferia suburbana. Essas cidades autossuficientes, com uma população de cerca de 30 mil pessoas, teriam sua própria base empregatícia e bairros de *cottages* agradáveis, cercados por áreas rurais. "*Devemos casar* a cidade e o campo", pregava Howard, "e dessa feliz união brotará uma nova esperança, uma nova vida, uma nova civilização".

Decidido a transformar suas teorias em realidade, Howard foi a força motriz por trás de duas das primeiras cidades planejadas da Inglaterra, Letchworth em 1903 e Welwyn em 1920. Seu modelo de desenvolvimento da "cidade-jardim" logo influenciou urbanistas do mundo todo, nos Estados Unidos, na Alemanha, na Austrália, no Japão e em outros lugares.[24]

## "UMA CASA DE SEIS QUARTOS COM UM QUINTAL GRANDE"

Mesmo antes que as primeiras "cidades-jardim" estivessem sendo criadas na Inglaterra, os Estados Unidos também adotaram a ideia da desconcentração urbana. Nos anos 1870, famílias proeminentes da Filadélfia já estavam fugindo das ruas abarrotadas da velha cidade de William Penn rumo ao *west side* mais verde e a Germantown ao norte. O subsequente desenvolvimento de ferrovias suburbanas levou boa parte dos negócios e estabelecimentos profissionais da cidade para longe da área central da Rittenhouse Square até residências em Chestnut Hill e outras comunidades da Main Line.[25]

O deslocamento para os subúrbios foi especialmente intenso no extremo oeste e em todo o centro-oeste industrial. A terra geralmente era menos cara e a cultura urbana muito menos desenvolvida. Os motivos para se mudar para a periferia pareciam óbvios para a classe trabalhadora, como para certo açougueiro de Chicago que nos anos 1920 trocou "uma casa de quatro dormitórios no segundo andar de um prédio de apartamentos" por "uma casa de seis quartos com um quintal grande" em Meadowdale nos subúrbios do extremo oeste.[26]

Conforme os registros de automóveis dispararam nos anos 1920, a suburbanização em todo o resto do país também ganhou velocidade, com os subúrbios crescendo duas vezes mais rápido que as cidades. As cidades, observou a *National Geographic* em 1923, estavam "se esparramando".[27] A Grande Depressão desacelerou temporariamente a migração para fora, mas não o anseio entre os americanos.[28] No ponto mais baixo da adversidade nacional em 1931, o presidente Herbert Hoover comentou:

> Possuir uma casa própria é a esperança e ambição de quase todo indivíduo deste país, more ele num hotel, apartamento ou cortiço. [...] As baladas imortais *Home Sweet Home, My Old Kentucky Home* e a *Little Gray Home in the West* não falavam sobre cortiços ou apartamentos.[29]

CAPÍTULO QUINZE

# O TRIUNFO DOS SUBÚRBIOS

Após a Segunda Guerra Mundial, o ritmo da suburbanização nos Estados Unidos acelerou outra vez, consistindo em notáveis 84 por cento do aumento populacional do país durante a década de 1950. Em boa parte graças à aprovação da legislação que ajudava veteranos de guerra, a posse da casa própria tornou-se um aspecto integrante da vida da classe média, e mesmo da operária. No meio dos anos 1980, os Estados Unidos ostentavam um índice de moradia própria, cerca de dois terços de todas as famílias, que era o dobro do de países prósperos como a Alemanha, a Suíça, a Grã-Bretanha e a Noruega. Quase três quartos dos membros da AFL-CIO\* e a grande maioria das famílias nucleares intactas possuía moradia própria.[1]

Outrora uma nação de fazendas e cidades, os Estados Unidos estavam se transformando num país predominantemente suburbano. Não mais confinados a velhas cidadezinhas ou "subúrbios de bonde" próximos do centro, os subcitadinos passaram cada vez mais a morar em novos projetos residenciais espaçosos como Levittown, erguida nas planícies de Long Island no fim dos anos 1940 e começo dos 1950.[2] Robert Moses, o poderoso urbanista de Nova York que ajudou a conceber o sistema viário que tornou projetos como Levittown viáveis, entendia o enorme apelo dessas novas comunidades:

---

\* American Federation of Labor and Congress of Industrial Organizations: grande federação de sindicatos de trabalhadores que representa a vasta maioria dos trabalhadores sindicalizados nos Estados Unidos. (N. do T.)

As idênticas caixinhas suburbanas de pessoas comuns, que diferem apenas em cor e distribuição interna, representam uma medida de sucesso jamais conhecida por centenas de milhões de pessoas em outros continentes. Pequenos lotes refletem não apenas a ganância dos empreiteiros, mas também a precaução de proprietários que não querem muita grama para cortar e neve para retirar — detalhes íntimos demais para os historiadores.[3]

Os subúrbios, observou o historiador Jon C. Teaford, ofereciam uma interminável procissão de gramados e garagens, mas também "uma mistura de escapismo e realidade".[4] Eles forneciam um almejado alívio tanto dos bairros urbanos abarrotados quanto dos velhos laços étnicos. Ali era possível fazer novos amigos e vínculos sem se preocupar com antigas convenções sociais. E com seus amplos quintais, novas escolas e parques, observou o romancista Ralph G. Martin, os subúrbios pareciam oferecer "um paraíso para as crianças".[5]

## O "SONO DE MORTE"

Os subúrbios, preferência clara de milhões, conquistaram poucos admiradores entre os sofisticados críticos sociais e acadêmicos urbanos da época. As novas comunidades periféricas eram criticadas por tudo, desde macularem a paisagem até serem desertos culturais. Ao longo da última metade do século XX, os subúrbios foram considerados responsáveis por transformar os Estados Unidos em "uma coleção atópica de subdivisões", por "fragmentar" a identidade da nação e mesmo por ajudar a alargar as cinturas dos americanos.[6] Como escreveu o poeta Richard Wilbur em meados do século XX:

No verão submerso e estupefato
Os subúrbios afundam em seu sono de morte.[7]

Conforme as subdivisões topavam com antigas comunidades estabelecidas, especialmente no nordeste e no centro-oeste, elas muitas vezes solapavam velhas economias e modos de vida. Certo observador escreveu sobre uma antiga usina de Connecticut que, outrora o centro da economia local, tinha sido fechada e agora jazia muda, "intimidada pelos faróis dos carros suburbanos que correm para cima e para baixo no vale, vindo cansados da cidade e ávidos de chegar em casa".[8]

Os críticos mais severos tendiam a ser urbanistas devotos e citadinos apaixonados. Lewis Mumford identificou os subúrbios como "a anticidade", sugando a essência das velhas áreas urbanas. Conforme mais moradores e empresas mudavam-se para a periferia, argumentou ele, os subúrbios transformavam as cidades, antes centros criativos, em embalagens descartadas de "uma desordenada massa urbana em desintegração".

Talvez a crítica mais contundente à migração suburbana focasse uma crescente divisão racial entre os subúrbios, com sua alta concentração de brancos, e os centros das cidades, cada vez mais negros. Claramente, alguns novos subcitadinos, e os empreiteiros que serviam a seus interesses, partilhavam de um racismo arraigado: em 1970, quase 95 por cento dos moradores de subúrbios eram brancos. "Em alguns subúrbios", reclamou o escritor William H. Whyte, "quase nunca se vê um negro, um pobre ou, aliás, alguém com mais de cinquenta anos".[9]

Por muito tempo concentrados no Sul rural, os afro-americanos agora dominavam as populações de diversas cidades grandes, principalmente no norte e no centro-oeste. Nos anos 1960, mais de 51 por cento dos afro-americanos viviam em bairros centrais, em contraste com apenas 30 por cento dos brancos.[10] Esse padrão era mais visível em cidades industriais como Detroit, Newark, Saint Louis, Cleveland e Oakland, na Califórnia.[11]

A crise social subsequente, causada pelo crescente abismo entre a cidade e os subúrbios, ameaçou dividir a nação em duas — e devastar os centros urbanos. Em 1968, Lewis Mumford pôde escrever de forma convincente sobre a "dissolução progressiva" das cidades americanas.[12] Na época, diversas cidades pareciam sofrer de patologias sociais, da ilegalidade à criminalidade e aos vícios em drogas.[13] "A desordem social", reclamou *The New York Times* em 1968, "é avassaladora em Nova York".[14] Em contraste, os subúrbios apareciam para muitos brancos como o desejado refúgio dos altos índices de criminalidade do centro.

## ARRANHA-CÉUS EM CHAMAS

Deparando-se com uma crescente maré suburbana e um rancor sempre maior contra seus moradores, muitos dos quais empobrecidos, as cidades centrais se esforçaram cada vez com mais desespero para garantir sua primazia histórica. Novas tecnologias, sugeriam alguns, agora permitiam não apenas a expansão horizontal, mas também um grau sem precedentes de concentração urbana. Os velhos centros das cidades podiam ser salvos, insistiam eles, se apenas as inconveniências do passado fossem eliminadas e substituídas por algo mais integralmente moderno.

No arquiteto suíço Charles-Édouard Jeanneret, mais conhecido como Le Corbusier, esse ponto de vista encontrou seu defensor mais articulado. Le Corbusier olhava com desdém para a miscelânea de casinhas, pequenos prédios de apartamentos e cortiços da cidade contemporânea. Em vez dela, vislumbrava paisagens de blocos de apartamentos de 16 andares, entre enormes torres reservadas para o comércio. Seu ideal — publicado em seu livro *La Ville radieuse* [A cidade radiante] — separava as funções de moradia, comércio, recreação e transporte e fornecia um amplo espaço verde para o lazer dos cidadãos.

Le Corbusier detestava a ornamentação das cidades anteriores, considerando-a dispendiosa e antimoderna. Para garantir o futuro, ele instou as cidades a demolirem seu passado. Até apoiou os esforços de urbanistas na União Soviética — cuja construção de superblocos no pós-guerra refletia suas ideias — para demolir boa parte da Moscou histórica.

Os velhos *brownstones* de Nova York, as ruas estreitas de seu centro e sua mistura eclética de estilos arquitetônicos não eram mais atraentes para ele do que as torres em formato de cebola do Kremlin. Ele ficava escandalizado com a imundície dos vastos complexos de cortiços da cidade, a desordem das multidões abarrotadas, se acotovelando nos metrôs. O que o entusiasmava eram as possibilidades sugeridas pelas pontes abissais e as altas torres de Manhattan, onde, segundo ele escreveu, "conforme cai a noite os arranha-céus de vidro parecem arder em chamas".

Em sua visão, Nova York se alongaria ainda mais rumo ao céu. Le Corbusier via uma cidade onde "arranha-céus de vidro se ergueriam como cristais, limpos e transparentes em meio à folhagem das árvores". A Nova

York idealizada de Le Corbusier seria uma "cidade fantástica, quase mística [...] uma cidade vertical, sob a efígie dos novos tempos".

Embora ele desejasse que a Europa se reafirmasse como líder do planejamento urbano e investisse num "magnífico amadurecimento" de sua civilização,[15] as ideias de Le Corbusier não tiveram muito apelo para os europeus, que em geral estavam satisfeitos com o legado do século XIX do continente. No entanto, com o tempo, aspectos de seu pensamento encontrariam adeptos em outros lugares, não só nos Estados Unidos, mas também nas cidades em crescimento disparado do mundo em desenvolvimento — países como Brasil, Coreia do Sul, Japão, China, Malásia e Cingapura.

## "REALIZAÇÕES SUNTUOSAS" E SUAS LIMITAÇÕES

A altaneira visão modernista defendida por Le Corbusier também deixou uma marca poderosa nas cidades americanas. Entre 1960 e 1972, o espaço destinado a escritórios no centro de Chicago expandiu-se em 50 por cento, enquanto o de Nova York disparou em surpreendentes 74 por cento, criando horizontes urbanos que o escritor britânico Emrys Jones descreveu como "sempre dramáticos e às vezes causadores de assombro". Enormes torres também foram erguidas em cidades como Boston, San Francisco, Houston e mesmo Los Angeles.[16]

Tais construções imensas, sugeriu Minoru Yamasaki, um dos maiores arquitetos modernos, refletiam "uma sociedade como a nossa, que é de realizações suntuosas e em grande escala".[17] No entanto, essas "realizações suntuosas" de estruturas de concreto e vidro também cobraram um preço terrível dos bairros urbanos já existentes. O malfadado World Trade Center de Yamasaki, construído entre 1966 e 1977, não apenas desalojou milhares de pequenas empresas centradas em volta da antiga fornecedora elétrica, mas essencialmente isolou seções inteiras do West Side de Nova York umas das outras.[18]

Claramente, essa enorme reformulação não conseguiu deter a migração de pessoas e empresas para a periferia. Na verdade, como sugeriu a famosa urbanista Jane Jacobs, ela talvez tenha até acelerado a dispersão. Enquanto a população do país crescia em mais de 60 milhões nas últimas décadas do século, a das cidades centrais estagnava-se, e em alguns casos continuava a diminuir. Em 1990, até os nova-iorquinos pareciam ter perdido sua fé no culto da grandiosidade urbana; cerca de seis em cada dez entrevistados diziam que prefeririam morar em outro lugar se pudessem.[19]

## OS ÚLTIMOS ESTERTORES DA CIDADE INDUSTRIAL

No fim do milênio, para cada duas das maiores cidades do mundo que estavam crescendo em população, três estavam perdendo pessoas. Os maiores declínios aconteceram nas velhas cidades industriais — Saint Louis, Manchester, Leipzig —, que um século antes estavam na linha de frente do desenvolvimento urbano. Em alguns casos, não apenas o centro esvaziou-se e os bairros em volta minguaram, mas também o próprio senso de identidade da cidade foi corroído até tornar-se irreconhecível.[20] Escrevendo sobre sua cidade natal, o romancista Jonathan Franzen perguntou:

> Que acontece com uma cidade de que nenhum vivo se lembra mais, de uma era a cujo fim ninguém sobrevive para lamentar? Só Saint Louis sabia.[21]

As identidades dos outros centros industriais mundialmente poderosos dos Estados Unidos — Newark, Cleveland, Saint Louis e Detroit — agora eram suplantadas por imagens e ideias de Nova York e, se não de lá, de cidades emergentes em expansão como Los Angeles ou o Vale do Silício. Embora seus subúrbios muitas vezes continuassem relativamente saudáveis, não mais constituíam grandes centros urbanos. As cidades do Centro-Oeste, observou o historiador Jon Teaford, tinham sido transformadas numa "colônia cultural [...], matronas bregas e maltrapilhas, vestindo as modas culturais do ano passado". Outrora modelos urbanos independentes, elas tinham se tornado "vastas conurbações difíceis de definir".[22]

Essa passagem para o esquecimento refletia um fenômeno mundial. No Japão, Osaka, Nagoya e outras cidades essencialmente industriais perderam seus cidadãos mais talentosos e boa parte de seu caráter distintivo para Tóquio. De modo semelhante, antigos centros industriais de liderança mundial como Manchester caíram em relativa insignificância em contraste com Londres, com suas instituições culturais de nível internacional, sua conectividade global e sua concentração de agências de publicidade. Outros velhos centros industriais como Turim e Düsseldorf também estagnaram e decaíram.[23]

## A "ASPIRAÇÃO UNIVERSAL"

Os subúrbios, triunfantes na economia de liderança mundial, também se espalharam com êxito por praticamente todas as partes do mundo industrial avançado. Diante da alternativa de morar abarrotados em complexos de apartamentos, a maioria dos seres humanos parecia definir sua "cidade melhor" pessoal como um pouco mais de espaço e privacidade, e talvez até um pedaço de grama. Como disse Edgardo Contini, o proeminente urbanista de Los Angeles e imigrante italiano:

> A casa suburbana é a idealização do sonho de todo imigrante — o sonho do vassalo de ter seu próprio castelo. Os europeus que vêm para cá ficam encantados com os nossos subúrbios. Não morar em um apartamento! Possuir uma casa própria é uma aspiração universal.[24]

## ARGENTINA E AUSTRÁLIA

Essa "aspiração universal" surgiu cedo em antigas cidades coloniais na Argentina e na Austrália. Os urbanistas desses países com abundância de terras se aproveitaram rapidamente das regiões periféricas. Em 1904, Buenos Aires se alastrara tanto que, como comentou um observador espanhol, "não era uma cidade, mas uma combinação de cidades adjacentes". Essa tendência continuaria ao longo do resto do século.[25]

Basicamente o mesmo aconteceu na Austrália. Conforme a população rural caía vertiginosamente após 1930, os subúrbios em volta das grandes cidades australianas, especialmente Melbourne e Sydney, cresciam tão depressa quanto nos Estados Unidos. Como suas contrapartes americanas, os intelectuais australianos geralmente desprezavam a tendência da suburbanização, mas a população mesmo assim gravitava para esses lugares de menor efervescência cultural, que, como observou certo escritor com alguma generosidade, tinham apelo para "a concentração do australiano em sua casa e família".[26]

## A INGLATERRA E A "CIDADE--JARDIM" MODERNA

Após a devastação causada pela Segunda Guerra Mundial, os planejadores urbanos britânicos buscaram conscientemente transferir tanto a indústria quanto a população para fora do centro abarrotado de Londres e rumo à periferia. O Plano Abercrombie, revelado pela primeira vez em 1943, dava grande ênfase à criação de "novas cidades pequenas", cercadas de espaço verde, que expandiriam a periferia da capital.[27]

O plano foi implementado apenas em parte, porém nas décadas seguintes o aumento do uso de automóveis, assim como em outros lugares, acelerou a migração para os subúrbios. Entre 1980 e 2000, a área construída da Inglaterra mais que duplicou, embora o índice de crescimento populacional fosse baixo.[28] E, o que talvez seja ainda mais revelador, cerca de 70 por cento daqueles que ainda moravam nos centros urbanos em 2000 responderam a uma pesquisa dizendo que prefeririam viver em outro lugar.[29]

Em nenhum lugar essa tendência foi mais acentuada do que em Londres, a primeira grande cidade global e ainda uma importante capital financeira. Na era pós-guerra, as regiões periféricas da cidade ofereciam a muitos moradores das classes média e trabalhadora o que era impossível de conseguir no centro — a oportunidade de ter uma casa própria. Mais de 60 por centro dos moradores da periferia de Londres eram proprietários, mais que o dobro da porcentagem daqueles que moravam mais perto do centro.[30]

Essa busca de realizar "a aspiração universal" alterou a geografia básica da região. Depois de 1960, o centro de Londres começou a perder população enquanto a região geral, principalmente as periferias, presenciava um crescimento considerável.[31] Como H. G. Wells previra um século antes, boa parte do sul e mesmo do centro da Inglaterra estava rapidamente se tornando um vasto subúrbio disperso de Londres. Mesmo áreas distantes outrora rurais, como Kent e a Cornualha, sentiram o impacto do mercado imobiliário de Londres. Nem todos os que migravam para o campo se deslocavam diariamente para o trabalho; alguns iam para o centro duas ou três vezes por semana enquanto trabalhavam em casa ou numa sucursal.[32]

## A SUBURBANIZAÇÃO NA EUROPA OCIDENTAL

Padrões semelhantes podiam ser observados em outras cidades da Europa Ocidental, apesar de poderosas diretrizes regulatórias contra o crescimento suburbano e dos baixos índices de crescimento populacional.[33] Nos anos 1980, a população de cidades como Madri e Düsseldorf caía, mesmo enquanto a periferia se expandia drasticamente.[34] A Alemanha, que tinha a maior economia da Europa, mostrou essa tendência de modo convincente. Isso ocorreu apesar da predisposição geral dos urbanistas alemães para uma "urbanidade" centrada em bairros.[35]

Entre 1970 e 1997, Frankfurt, o centro financeiro do país, viu sua população central diminuir enquanto a periferia suburbana com menor densidade populacional, que agora chegava a expandir-se em 50 a 80 quilômetros, aumentava rapidamente. Os empregos seguiram a mesma tendência, diminuindo no centro da cidade enquanto cresciam nas áreas em volta. Hamburgo presenciou um padrão semelhante.[36]

Como na Inglaterra ou nos Estados Unidos, esse movimento para fora refletia a "aspiração universal" à moradia própria, que, cada vez mais, só podia ser realizada em novos projetos residenciais na periferia. A casa nos subúrbios não era tanto uma rejeição à metrópole, observou certo acadêmico alemão, mas sim um passo "à frente para uma vida feliz".[37]

## O SURGIMENTO DE GUETOS EM CIDADES EUROPEIAS

Fatores negativos, em especial o medo da criminalidade, também começaram a acelerar a dispersão das maiores cidades europeias.[38] Em algumas cidades, essa sensação crescente de insegurança originava-se em boa parte de um afluxo de imigrantes, principalmente da África e do Oriente Médio. Esses recém-chegados tinham sido recrutados para a Europa em períodos de falta de mão de obra nas décadas de 1950 e 1960, porém muitos permaneceram ali, cada vez mais subempregados ou desempregados, conforme a economia do continente estagnava.[39]

Em diversos lugares, como Roterdã e Amsterdã, onde os imigrantes chegavam a constituir 30 e 40 por cento da população, eles representavam um elemento cada vez mais revoltado, e às vezes violento, em áreas urbanas que por muito tempo tinham sido notavelmente pacíficas.[40] Conforme os imigrantes gradualmente dominavam grandes partes do centro da cidade, muitos holandeses nativos começaram a migrar para projetos residenciais prósperos na periferia.[41] Um padrão semelhante de migração suburbana e de centros cada vez mais dominados por imigrantes também se estabeleceu em uma cidade próxima, Bruxelas.[42]

## ATÉ EM PARIS

Até Paris, por muito tempo o bastião da centralização urbana, começou a presenciar um movimento para fora. Apesar da suposição de que os parisienses são "viciados" em viver em áreas densas, muitos agora pareciam tão ansiosos quanto os americanos por um estilo de vida suburbano. Ao longo das últimas décadas do século XX, famílias de classe média, assim como empregos, deixaram o centro da cidade rumo à *grande couronne* na extrema periferia da capital, pulando por cima dos subúrbios mais pobres e mais próximos ao centro, com grande presença de imigrantes.[43]

## AS "CIDADES-JARDIM" JAPONESAS

Antes da Segunda Guerra Mundial, os planejadores urbanos japoneses tinham sido atraídos pelo ideal britânico da "cidade-jardim", embora o esforço tenha se dissipado em meio às exigências da economia dos tempos de guerra. Uma vez que a economia se recuperou da guerra, seguiu-se um marcado deslocamento dos moradores, e também de algumas empresas, para a periferia, onde os preços da terra eram mais baixos e havia espaço para novos projetos imobiliários. No meio da década de 1970, Osaka, a segunda maior cidade do país, já estava começando a perder população, enquanto as comunidades periféricas cresciam rapidamente. Cidades menores e mais pesadamente industrializadas sofreram uma perda muito mais rápida, comparável à experiência de suas contrapartes europeias e norte-americanas.[44]

Tóquio, que nos anos 1970 era a maior metrópole do mundo avançado, também se expandiu horizontalmente de modo drástico. O primeiro passo foi aliviar a pressão no centro histórico, construindo novos subcentros como Shinjuku, Shibuya e Itebukuro. Esses projetos gigantescos inicialmente seguiram os preceitos básicos de Ishikawa Hideaki, cujas ideias descentralizadoras também incluíam a criação de um cinturão verde ao redor da capital.

Com o tempo, esses e outros subcentros se transformariam em partes vibrantes da metrópole, abrigando muitos dos maiores edifícios do Japão, incluindo o Sunshine 60 e a sede do Governo Metropolitano de Tóquio.[45] Os planos de criar mais espaço verde mais longe do centro da cidade não foram tão bem-sucedidos. Assim como os planos Olmsted para Los Angeles, as aspirações de "cidade-jardim" concebidas por Hideaki foram vítimas dos interesses econômicos e do poder político dos proprietários de terras.[46]

Esse vasto movimento para fora ocorreu em boa parte devido à disparada dos preços da terra na área central de Tóquio. Nos anos 1970, o sonho da classe média de possuir moradia própria, mesmo um apartamento minúsculo de um dormitório, fugiu totalmente do seu alcance. Forçados a buscar moradias acessíveis na periferia, quase 10 milhões de habitantes instalaram-se nas regiões suburbanas em volta das principais cidades da planície de Kanto entre 1970 e 1995.[47]

CAPÍTULO DEZESSEIS

# O DILEMA PÓS-COLONIAL

Gladys García, personagem do primeiro romance de Carlos Fuentes, cujo irônico título em inglês é *Where the Air Is Clear* [Onde o ar é limpo], vive em meio ao vasto concreto da "grande cidade sufocante de focinho achatado, a cidade que sempre se espalha feito uma mancha rastejante". Esta garçonete não inala os perfumes das flores que outrora se abriam em toda a Cidade do México, mas sim o lixo velho, a fumaça dos cigarros e os animais em putrefação nos becos.

Expandindo-se para além dos limites imaginados seja pelos fundadores astecas ou pelos conquistadores espanhóis, a Cidade do México espalhou-se por mais de 1.600 quilômetros quadrados. Na segunda cidade mais populosa do mundo, as pessoas são engolidas por um trânsito caótico, sufocadas por neblina misturada com fumaça, acometidas por fedores, ameaçadas pelo crime.[1]

García tem pouca noção da natureza espetacular que cerca a antiga cidade. "Ela não sabia do mar ou das montanhas, da flor de mostarda, do encontro do sol com o horizonte, das nespereiras maduras, nem de nenhuma beleza elementar."[2]

## O LEGADO COLONIAL

O México contemporâneo, como muitas cidades no mundo em desenvolvimento, luta tanto com um crescimento vertiginoso quanto com as consequências de um passado colonial. Na época da conquista espanhola no começo do século XVI, a cidade conhecida como Tenochtitlán, abrigando entre 80 mil e 300 mil pessoas, sobrepujava qualquer cidade da Espanha[3] e quase qualquer da Europa.[4] A capital dos astecas também superava essas cidades europeias malplanejadas, muitas vezes pestilentas, nos quesitos limpeza, higiene pública e organização geral.[5] Segundo soldados que viajaram com Cortés, o mercado de Tlatelolco, cidade irmã de Tenochtitlán, ultrapassava tanto em tamanho quanto em variedade os de Constantinopla, Roma ou qualquer cidade da Espanha.[6]

A conquista do México, assim como a de cidades em outras partes do mundo em desenvolvimento, demoliu essa antiga cultura urbana, sua religião e seu modo de vida político e econômico. Como um poeta asteca escreveria uns poucos anos após a conquista:

> Lanças quebradas jazem nas ruas...
>
> As casas estão sem telhado;
> Os muros estão vermelhos de sangue.
> Nossa cidade, nossa herança
> Está perdida e morta;
> Os escudos de nossos guerreiros
> Não puderam salvá-la.[7]

Por mais brutal que tenha sido a erradicação das antigas culturas, a maioria dos invasores europeus não erradicou os lugares conquistados, mas sim os remodelou à sua própria imagem. O grande conquistador Cortés entendia a importância política da cidade que destruiu. Ele convidou os antigos moradores da cidade a voltarem, e intencionalmente situou seus principais edifícios administrativos no lugar do palácio central, o que agora é conhecido como o Zocolo.[8] Do mesmo modo, a Igreja ergueu sua grande catedral no local que tinha sido o centro de culto religioso de Tenochtitlán — mais ou menos do mesmo modo como antes erguera catedrais nos locais de mesquitas construídas pelos odiados mouros.[9]

Substituir antigas fontes de poder sagrado mostrou-se muito mais fácil que reviver uma grande metrópole. Cortés havia prometido a seu imperador, Carlos I, que criaria ali uma grande cidade, porém o ressurgimento do México acabou demorando para acontecer. Mais de dois séculos depois da conquista, a Cidade do México espanhola continuava essencialmente retrógrada em termos econômicos, abrigando menos da metade da população da antiga Tenochtitlán.[10]

O México finalmente ultrapassou sua população pré-conquista na virada do século XX. Conforme começou a se conectar à economia mundial mais vasta, por meio de trens, estradas e finalmente por via aérea, a cidade atingiu um milhão de habitantes em 1930. Enormes redes de distribuição de água, como o aqueduto do Lerma, concluído em 1951, permitiram que a cidade, que havia exaurido os lagos à sua volta, começasse a evoluir para se tornar um dos maiores centros urbanos do planeta.[11]

No entanto, se a cidade moderna atingira um grande porte, muitas vezes o fazia de modo desordenado e problemático. Conforme milhões de pessoas afluíam de minúsculos *ejidos* e cidadezinhas, o centro da cidade foi se tornando mais tumultuado e menos elegante. Nos anos 1920, os moradores afluentes já tinham começado a fugir para a periferia, seguindo o estilo de vida altamente móvel, dependente de carros, associado às cidades norte-americanas.

Muitos dos cidadãos mais pobres e membros da classe trabalhadora se apinhavam em assentamentos ilegais. Um deles, a Ciudad Nezahualcóyotl, brotou no antigo leito de um lago tão salino que mesmo os arbustos e árvores mais resistentes tinham dificuldade de crescer. Esse território desolado abrigava 65 mil pessoas em 1960 e dez vezes esse número uma década depois. Em 2000, cerca de 2 milhões de pessoas penavam para sobreviver em Nezahualcóyotl; muitos outros milhões habitavam outras áreas semelhantes.

Os moradores dessas áreas não eram muito diferentes, observou certo sociólogo, de "caçadores e coletores primitivos de sociedades pré-agrícolas", sempre à procura de serviços esporádicos e de o que mais "sobrasse" dos membros mais afluentes da sociedade.[12] Em 2000, a capital sofria de um índice de criminalidade 2,5 vezes mais alto que o da segunda maior cidade do México, Guadalajara, e oito vezes o de Monterrey, a capital do norte, região em rápido crescimento.[13] Os recém-chegados, observou Carlos Fuentes, muitas vezes tinham que abrir mão de "sua nostalgia de migrantes" e restrições morais tradicionais. "Afiem suas facas", ele advertiu, "neguem tudo, sem sentir pena, sem negociar com o inimigo, sem nem mesmo olhar".[14]

## "A URBANIZAÇÃO DO CAMPO"

Lugares assim hoje definem a realidade urbana em boa parte do mundo. Entre 1960 e 2000, a porcentagem urbana da população nos países em desenvolvimento dobrou de 20 para 40 por cento. Com a desaceleração do crescimento populacional nas cidades europeias e americanas, a nítida maioria dos citadinos do mundo — e mais de 90 por cento de todos os novos moradores de cidade — residia nas cidades da América Latina, Ásia e África.[15] Em 2007, o crescimento dessas cidades fará com que, pela primeira vez, os moradores urbanos sejam maioria absoluta da população global.

Esses fenômenos evidenciaram-se na lista cambiante das maiores megalópoles do mundo. Em 1950, apenas duas cidades, Londres e Nova York, possuíam populações maiores que 10 milhões; meio século depois, havia 19, sendo que apenas três não pertenciam ao mundo em desenvolvimento. Em 2015, de acordo com a ONU, haverá 23 colossos assim, 19 deles situados em países em desenvolvimento. Nesse mesmo ano, haverá três citadinos nas nações em desenvolvimento para cada um nos países avançados.[16]

Esse processo reflete uma tendência histórica mais ampla, de longo prazo, a que Karl Marx se referiu como "a urbanização do campo". Em sua época, observou Marx, o movimento do capitalismo europeu criara uma "revolução social" que solapava as sociedades mais antigas, essencialmente centradas em vilas, na Ásia, América do Sul e África. As atuais megalópoles do mundo em desenvolvimento representam a consequência extrema dessa revolução.[17]

Com a chegada dos europeus, a ordem urbana no Oriente, que por muito tempo estivera par a par com a do Ocidente ou mais evoluída que essa, foi transformada e subordinada a uma condição de segunda classe. Os rumos das cidades da Ásia, América Latina e África não mais eram definidos por imperadores, sultões ou potentados locais, mas por banqueiros europeus e oficiais do governo. Muitas das capitais mais antigas que restavam, como Pequim, Istambul e Déli, renunciaram a grande parte de sua influência histórica.[18]

## "MICROCOSMOS EUROPEUS"

Inúmeras cidades relativamente novas, servindo como "microcosmos europeus", agora surgiam em toda a Ásia e África — Jacarta, Cingapura, Bombaim, Calcutá, Xangai, Hong Kong, Cidade do Cabo, Johannesburgo e Lagos. Mais ou menos como Trier, Antioquia, Alexandria e Marselha haviam exercido papéis subordinados na disseminada rede urbana de Roma um milênio e meio antes, esses centros coloniais recebiam seu sustento e orientação de capitais europeias. Diásporas mercantis locais, fossem árabes, libanesas, chinesas ou indianas, partilhavam do crescimento dessas cidades, mas não tanto quanto aqueles mais intimamente ligados aos centros metropolitanos.[19]

A evolução de algumas dessas cidades foi muitas vezes notavelmente rápida. Calcutá, fundada em 1690 por Job Charnock, um agente da Companhia Britânica das Índias Orientais, surgiu de uma pequena vila para se tornar a maior cidade do subcontinente e, durante 140 anos, a capital da Índia Britânica. Junto com Bombaim, que passou para o controle britânico em 1665, e Madras, principal porto do sul,[20] a cidade dominava a economia do continente.

Calcutá servia como grande metrópole colonial, recebendo os artigos industrializados britânicos e enviando de volta seda, juta, algodão, arroz, açúcar e inúmeros outros produtos. Ao lado da classe mercadora local, uma pequena elite europeia presidia com confiança sobre a vasta cidade. A esplêndida Esplanada, onde os elegantes faziam seus passeios de carro nos fins de semana, e magníficos prédios novos — a Suprema Corte, o Standard Chartered Bank, o Great Eastern Hotel — expressavam um senso permanente de dominação.[21]

Cidades favorecidas de modo semelhante, como Xangai, Hong Kong e Lagos, também se ergueram rapidamente e dominaram as economias regionais. Administradas por uma elite britânica e povoadas principalmente por povos nativos ou migrantes de outras possessões, essas cidades cresceram depressa enquanto centros mais tradicionais — Kano e Timbuktu na África, Pequim e Déli — sofriam relativo declínio de importância e poder econômico.

A influência europeia também podia ser sentida em cidades que, pelo menos nominalmente, permaneciam fora do controle colonial direto. No Egito, a influência francesa e britânica incentivou o crescimento tanto de populações europeias quanto de minorias étnicas de toda a região. Nos anos 1930, todo um quarto dos residentes de Alexandria vinha de grupos externos à população muçulmana árabe principal. O Cairo também estava mudado. Nos anos 1930, mais de 16 por cento da população era de estrangeiros e minorias, em comparação com apenas 10 por cento em 1800.

Superficialmente, cidades como o Cairo pareciam cada vez mais modernas e europeias. Vastas avenidas e ruas largas com espaço para automóveis cruzavam as ruas muitas vezes labirínticas. Novos conceitos de planejamento urbano, enfatizando ideias europeias tais como a criação de "cidades-jardim" suburbanas e vastas ruas de compras, impingiam-se cada vez mais no padrão islâmico tradicional.[22]

Porém, no fim das contas, continuavam existindo dois Cairos. Um deles, sob considerável influência europeia, transformava-se numa metrópole moderna, comercial e pesadamente secularizada. O outro continuava em boa parte inalterado, fortemente atado por velhas tradições sociais e religiosas islâmicas. "O Cairo", comentou certo observador do fim do século XIX, "é como um vaso rachado cujas duas partes nunca podem ser unidas".[23]

Várias cidades em países em desenvolvimento sofreram uma bifurcação semelhante entre uma metrópole moderna ocidentalizada e outra mais pobre, mais tradicional. Muitas vezes a pobreza extrema, a sujeira e a doença conviviam lado a lado com grandes riquezas e privilégios. Além disso, diversas restrições impostas pelo sistema moral tradicional islâmico e por outros sistemas não mais se aplicavam. Mesmo os maiores colonialistas muitas vezes ficavam chocados com a realidade social e física que haviam criado. O imperialista Robert Clive, do século XVIII, por exemplo, descreveu Calcutá — com suas favelas, sua criminalidade, sua semiescravidão e sua corrupção disseminada — como "o lugar mais atroz do universo".[24]

Talvez não haja nenhuma cidade cuja reputação tenha sofrido mais que Xangai, a capital industrial chinesa emergente. Em 1900, a população da cidade era de apenas 37 mil habitantes, em comparação com a de Pequim, de mais de um milhão de moradores. Em 1937, Xangai abrigava mais de 3,5 milhões, mais que o dobro da população da velha capital imperial.[25] Além de servir como um agitado centro comercial europeu, Xangai destacava-se como berço da atividade de gângsteres, do tráfico de drogas e da prostituição. "Se Deus permite que Xangai continue existindo", sugeriu certo missionário, "ele deve um pedido de desculpas a Sodoma e Gomorra".[26]

## "OS DIAS ALCIÔNICOS"

O fim do domínio colonial nos anos 1950 e 1960 criou um dilema para os governantes recém-empossados das cidades coloniais. Eles haviam herdado "microcosmos" de influência europeia, tanto com infraestrutura moderna quanto com uma enorme desigualdade arraigada. Uma pequena elite de educação europeia coexistia com uma grande população que continuava apegada a valores e modos de vida tradicionais.

No início, houve grandes esperanças de que essas cidades surgiriam como centros vitais de modernização, ao mesmo tempo servindo com orgulho como símbolos do renascimento político, econômico e cultural. Os anos 1960, nas palavras de Janet Abu-Lughod, foram "os dias alciônicos" para as cidades do mundo árabe e muçulmano.[27] Quase o mesmo poderia ser dito sobre os governantes de cidades em outros países em desenvolvimento.

Em muitos casos, as elites locais, educadas por europeus, mudaram-se para os bairros elegantes outrora ocupados pelos europeus. Na esperança de tornar suas cidades competitivas com as da Europa e da América do Norte, elas muitas vezes tomavam controle de grandes empresas e simultaneamente expandiam suas próprias burocracias governamentais.

A perspectiva de grandes novas possibilidades tornava essas cidades irresistíveis, não apenas às elites empresariais e profissionais, mas também para uma crescente população de migrantes composta de fazendeiros despossuídos e artesãos de cidades pequenas. Cidades como Bombaim, Calcutá, Déli, Lahore, Lagos, Cairo e Manila multiplicaram de tamanho em relação ao período de domínio colonial. A população de Bombaim, por exemplo, aumentou de menos de 1,5 milhão em 1941 para mais de 15 milhões no final do século.[28]

## UMA QUEBRA DESASTROSA NA HISTÓRIA URBANA

Em muitos casos, essa enorme expansão das cidades ocorreu sem um correspondente aumento de riqueza ou poder. Tal fenômeno representa uma quebra trágica e desastrosa na história urbana. Seja no mundo greco-romano, nos impérios chinês ou islâmico, nas cidades italianas do Renascimento, ou no norte da Europa na era industrial, as grandes cidades geralmente desenvolveram-se em consequência de uma aceleração da prosperidade econômica e política.

Conforme migravam para as cidades em crescimento, as pessoas ou achavam trabalho em setores em expansão, ou valiam-se da generosidade de conquistas imperiais. Em contraste, muitas das grandes cidades do mundo contemporâneo ficaram cada vez maiores em meio a uma persistente estagnação econômica bem como uma disfunção social e política. Na maior parte dos casos, essas áreas urbanas, como observou certo analista, não conseguiram exercer "sua suposta função de geradoras de modernização e desenvolvimento".

Superficialmente, várias dessas cidades preservaram uma face ocidental, muitas vezes um legado dos tempos coloniais. Há impressionantes escritórios das empresas globais, hotéis de primeira classe e elegantes bairros residenciais. Porém na realidade essas cidades continuaram, em sua maioria, atoladas no subdesenvolvimento, com seus destinos em boa parte subordinados a decisões tomadas por corporações nos Estados Unidos, na Europa ou, cada vez mais, no leste da Ásia.[29]

Sem motores econômicos confiáveis para impulsionar seu crescimento, tais regiões urbanas muitas vezes carecem dos meios financeiros para manter, e muito menos expandir, sua infraestrutura mais básica.

Considerando o mundo em desenvolvimento como um todo, 30 a 50 por cento do lixo não chega a ser coletado, e frequentemente o fornecimento de água limpa é pequeno. A poluição atmosférica tornou-se mais letal que nas cidades mais congestionadas da Europa ou da América do Norte.

## A ASCENSÃO DAS CIDADES DE OCUPANTES

No começo do século XXI, pelo menos 600 milhões de citadinos nos países em desenvolvimento sobrevivem em assentamentos de ocupantes — com os diversos nomes de *barriadas, bidonvilles, katchi adabis,* favelas e *shantytowns*. Esses assentamentos, de acordo com certo estudo da ONU, representam a maior parte de todo o novo crescimento no mundo em desenvolvimento. Gastando mais de três quartos de suas rendas exíguas em alimentação, muitos desses moradores de favelas subsistem às margens da economia formal.[30]

Apesar dessas condições miseráveis, os migrantes continuam a afluir em massa para essas cidades, em boa parte porque as perspectivas em suas comunidades rurais nativas têm piorado muito.[31] Em muitos países, a seca e o desflorestamento, junto com a queda dos preços das commodities, deixaram pouca alternativa entre a migração e a fome. "No sertão", sugere um ditado dessa região brasileira assolada pela seca, "a gente fica e morre ou vai embora e sofre".[32]

Para essas pessoas de origem rural, os centros urbanos, especialmente as capitais com influência política, pelo menos oferecem alguns serviços públicos básicos, acesso a ajuda alimentícia internacional e a perspectiva de emprego informal.[33] Como na Cidade do México, esses refugiados rurais representam uma grande proporção tanto dos recém-chegados quanto dos moradores de comunidades informais, como as favelas.

São Paulo, uma cidade industrial que em 2000 era a terceira ou quarta maior metrópole do mundo, presenciou um dos maiores crescimentos vividos por tais bairros.[34] Embora ostente uma considerável classe média, São Paulo transformou-se numa cidade altamente bifurcada, o que a socióloga brasileira Teresa Caldeira chama de "uma cidade de muros".

## A TRAGÉDIA URBANA DA ÁFRICA

Condições parecidas ou ainda piores persistem em outras cidades de todo o mundo em desenvolvimento. Na África, que há muito tempo é uma das regiões menos urbanizadas do mundo, a porcentagem de nativos vivendo em cidades mais que duplicou para cerca de 40 por cento entre 1960 e 1980. O declínio das exportações agrícolas, a falta de uma indústria em grande escala, os estragos das epidemias e a instabilidade política permanente deixaram as cidades africanas entre as mais despreparadas para acomodar um crescimento demográfico em massa.[35]

Essas patologias evoluíram em grande escala em Lagos, cuja população expandiu-se quase nove vezes nos quarenta anos seguintes à partida dos britânicos em 1960. Uma pequena minoria vive em bairros bem servidos, mas a maior parte dos moradores luta pela existência em regiões apinhadas, numa média de 3,5 pessoas por quarto, muitas vezes na periferia da cidade. Quase um em cada cinco residentes ocupa um assentamento ilegal.[36]

Em muitas cidades africanas, os afluentes escapam da congestão migrando para casas mais confortáveis na periferia. Subúrbios de grande porte em estilo ocidental, atraindo tanto brancos quanto negros emergentes, surgiram nas áreas rurais perto da Cidade do Cabo, de Durban e Johannesburgo, na África do Sul. Como havia ocorrido antes na América do Norte, as empresas muitas vezes seguiram essa migração para fora.[37]

## "BOMBAS-RELÓGIO SOCIAIS"

Por muito tempo um centro de civilização urbana, desde os anos 1950 o Oriente Médio vem presenciando um dos mais explosivos crescimentos urbanos do mundo, e pouco desse crescimento foi bem-sucedido. O Cairo, a maior cidade da região, expandiu seu território em 15 vezes o tamanho que possuía em 1900, enquanto sua população ultrapassava os 10 milhões. Bagdá, uma cidade de 500 mil habitantes nos anos 1940, após triplicar de tamanho nos anos 1960, cresceu para bem mais de 2 milhões no final do milênio. Cidades antigamente obscuras — como Amman, Cidade do Kuwait e Riyadh — desfrutaram de taxas de crescimento ainda mais rápidas.[38]

Devido aos abundantes recursos energéticos da região, talvez se tenha esperado que as cidades do Oriente Médio possuíssem os meios financeiros para lidar com suas populações crescentes. O sucesso inicial do islamismo como religião urbana poderia ter fornecido a liga para construir uma ordem moral urbana viável.[39] Tragicamente, mesmo no ápice do *boom* do petróleo dos anos 1970 e 1980, poucas dessas cidades criaram indústrias de grande porte ou setores de serviços de nível mundial capazes de empregar os números crescentes de moradores. E, atualmente, o islamismo não tem tido um êxito notavelmente maior que o de outros sistemas religiosos ao lidar com os efeitos nocivos da urbanização em massa.

As perspectivas econômicas das megalópoles do Oriente Médio, como as de boa parte do mundo em desenvolvimento, foram ainda mais enfraquecidas pela ascensão do que o historiador Manuel Castells chama de "informacionalismo". A importância cada vez maior da tecnologia e a evolução de redes econômicas globais prejudicaram cidades cujas populações eram, em grande parte, incapazes ou relutantes em participar com êxito da economia internacional em evolução.[40]

Com as notáveis exceções da Turquia, país de orientação secular, e do pária que é Israel, poucas cidades do Oriente Próximo possuíam níveis altos de alfabetismo informático e técnico. Apenas um por cento da população de outros países do Oriente Próximo, por exemplo, usava a internet em 2000. O Oriente Médio, observou o acadêmico sírio Sami Khiyami, agora corria o risco de ser "deixado para trás outra vez" na era da informação, assim como havia ocorrido na era industrial.[41]

E o que foi igualmente crucial, essas cidades perderam um grande número de pessoas empreendedoras e escolarizadas, que agora buscam oportunidades na América do Norte e Europa. Esse êxodo foi especialmente perceptível entre minorias étnicas e religiosas altamente urbanizadas.[42] Desde os anos 1960, diversos grupos, tais como os cristãos e judeus árabes, deixaram cidades como Cairo, Bagdá e Teerã, mesmo após terem morado ali durante séculos.[43]

Essas migrações deixaram atrás de si uma população geralmente pobre e destreinada demais para deitar as fundações do tipo de economia moderna capaz de financiar uma infraestrutura urbana. Conforme as populações urbanas ultrapassavam os 50 por cento na maior parte dos países árabes, os sistemas de esgotos e água não conseguiram acompanhar o ritmo. A oferta de moradia também continuava insuficiente. No Cairo, em Casablanca e Alexandria, três a quatro pessoas chegam a se apinhar no mesmo quarto. Assentamentos ilegais rodeiam a maior parte das cidades grandes, constituindo mais da metade de todos os novos domicílios nas partes urbanas do Egito. Um estudo da ONU estimou que, nos anos 1990, 84 por cento dos cairotas podiam ser caracterizados como moradores de favelas ou cortiços.[44]

Teerã, a capital do Irã, destaca-se como outro fracasso trágico. Uma cidade relativamente nova — tornando-se capital do país apenas em 1788 —, Teerã, como lar dos xás governantes, desfrutara de um crescimento espetacular ao longo do século XX. A riqueza petrolífera do país, sua classe média em expansão e sua população escolarizada, tudo indicava o potencial para a formação de uma grande cidade moderna.

Infelizmente, o regime muitas vezes corrupto e autoritário tinha sido incapaz de distribuir os benefícios da prosperidade da nação para sua crescente população urbana. Conforme a economia crescia, os índices de pobreza em Teerã mais que duplicaram entre as décadas de 1940 e 1970.[45] Os problemas sociais, incluindo o crime e a prostituição, proliferavam enquanto recém-chegados apinhavam bairros que outrora possuíam grande coesão interna, transformando Teerã, nas palavras de certo urbanista iraniano, em "uma cidade de estranhos".

Tais citadinos alienados, empobrecidos, como a classe operária europeia do século XIX, cada vez mais adotavam ideologias radicais, inclusive o fundamentalismo islâmico. Em 1979, esses "marginalizados de Teerã" e *bazaris* necessitados saíram em massa às ruas para derrubar o regime do xá e levar ao poder um governo fundamentalista.

Cidades de outros países que ainda não estavam sob controle islâmico sofreram problemas econômicos e sociais semelhantes. Da África do Norte até o Paquistão, essas aglomerações incubaram movimentos muitas vezes violentos com fortes tendências antimodernistas. As áreas urbanas da região, notou certo alto oficial da ONU, agora representam "nada menos que bombas-relógio sociais" que ameaçam minar toda a ordem global.[46]

CAPÍTULO DEZESSETE

# "Rainhas do Oriente mais distante"

A Ásia presenciou a maior migração urbana do mundo — em termos de números absolutos — durante a segunda metade do século XX.[1] Em contraste com o crescimento do Oriente Médio, de boa parte da América Latina e da África, o desenvolvimento metropolitano da Ásia geralmente ocorreu mais nos moldes históricos clássicos. As cidades não apenas cresceram em números, mas também presenciaram uma considerável expansão econômica, bem como níveis frequentemente maiores de ordem tanto política quanto social.

Em vez de sofrer com o dilema do reinado pós-colonial, muitas das cidades da Ásia cumpriram as promessas do que certo colonialista do século XIX chamou de "rainhas do Oriente mais distante".[2] A imagem otimista não foi universal, é claro. No começo do novo milênio, quase 40 por cento dos 10 milhões de habitantes de Karachi viviam em assentamentos de ocupantes. A instabilidade política, especialmente o crescimento de movimentos islâmicos antiocidentais e antimodernistas, tem retardado desde então a integração bem-sucedida das cidades paquistanesas à economia global.[3]

Outras grandes cidades da Ásia — Jacarta, Bangcoc e Manila — também sofreram de agitações políticas. A maioria delas teve crescimento econômico, mas muitas vezes pouco mais que o suficiente para compensar sua própria expansão demográfica. A maioria dos moradores continuava sendo muito pobre, embora geralmente não nas proporções encontradas nas cidades da África e do Oriente Próximo.

## A REVOLUÇÃO URBANA DA ÍNDIA

Nas últimas décadas do século XX, a Índia ressurgiu como grande centro de vida urbana global. Contrariando a visão ideal de Mahatma Gandhi, de uma nação centrada em vilas, a economia do país mudou de um sistema predominantemente rural e agrícola para um sistema cada vez mais industrializado (ou mesmo pós-industrial) e urbano. Estimuladas pelo investimento em produção industrial e infraestrutura moderna liderado pelo Estado, as cidades da Índia mais que duplicaram sua participação no produto interno bruto entre 1950 e 1995.[4] A reforma do sistema outrora quase socialista da Índia, que por muito tempo havia inibido empreendimentos comerciais, acelerou ainda mais o crescimento urbano.

Boa parte do novo crescimento urbano estava concentrado menos no antigo centro colonial, Calcutá, do que na capital Nova Déli e no outro grande posto avançado do imperialismo, Bombaim. Em contraste com as cidades de boa parte do mundo em desenvolvimento, as perspectivas de Bombaim, cujo nome foi mudado para Mumbai em 1995, não são totalmente sombrias. Essa cidade — que, segundo projeções, até 2015 será a segunda maior cidade do mundo, depois de Tóquio — já assumia uma posição de comando em toda uma série de setores, desde serviços financeiros até a produção industrial e o entretenimento. No final dos anos 1990, as medidas para a construção de novos polos de desenvolvimento, tais como a "nova cidade" de Navi Mumbai, ajudaram a criar novos cenários atraentes para a crescente classe média da cidade.[5]

Mais que qualquer outra coisa, a presença de um grande grupo de trabalhadores escolarizados, tecnicamente proficientes — em 2000, a Índia era responsável por cerca de 30 por cento dos engenheiros de software do mundo —, foi a vantagem crítica para as áreas metropolitanas da nação. Isso mostrou-se especialmente verdadeiro em relação a várias cidades indianas menores, como Bangalore.[6]

Nos anos 1980, Bangalore surgira como a cidade indiana de mais rápido crescimento: sua população cresceu de pouco acima de um milhão em 1960 para mais de 4,5 milhões no fim do século. Com mais de novecentas empresas de software, a cidade passara a ser considerada por muitos o "Vale do Silício" da Índia, e seu desenvolvimento seguiu em boa parte o da versão americana original — dispersa, dependente de carros e cheia de parques industriais autossuficientes, voltados para a pesquisa.[7]

Seguindo os passos de Bangalore, outras cidades indianas, tais como Hyderabad, criaram novos parques empresariais, instituições acadêmicas, rodovias e aeroportos que levaram ao crescimento de setores avançados. No final dos anos 1990, o estado de Andhra Pradesh, que inclui Hyderabad, abrigava mais de 15 mil trabalhadores do ramo dos softwares, e viu suas exportações de softwares aumentarem em 26 vezes.

Conforme a demanda global por talento se expandia, os setores de tecnologia e serviços começaram a se espalhar até para megalópoles atrasadas como Calcutá.[8] Nada disso deu um fim à pobreza em Calcutá, rebatizada de Kolkata, ou em outras cidades indianas. Mesmo nos centros de maior dinamismo econômico, grandes contingentes de desempregados e trabalhadores pobres, incluindo milhões de crianças trabalhando por salários lastimavelmente baixos, lutavam ao longo de uma classe média em expansão.[9]

## O LESTE DA ÁSIA QUEBRA O MOLDE

Sem dúvida, a evolução urbana mais espetacular da Ásia aconteceu mais ao leste, entre cidades influenciadas direta ou indiretamente pela rica cultura urbana da China. Muito antes que a economia urbana da Índia começasse a mostrar sinais de amadurecimento, essas cidades asiáticas seguiram o caminho trilhado antes por Osaka e Tóquio, financiando sua expansão urbana com os frutos do rápido crescimento econômico.

Nos anos 1960, as cidades da Ásia haviam sido consideradas, em sua maioria, parte do "mundo em desenvolvimento" mais ou menos indistinto, necessitado, ao lado de cidades semelhantes como Cairo, Lagos ou Calcutá. Ao fim do milênio, áreas urbanas como Seul, Taipei, Cingapura e Hong Kong haviam evoluído, tornando-se algo muito além. Como versões asiáticas modernas das vigorosas cidades comerciais da Fenícia, da Grécia clássica ou da Itália renascentista, elas agora subiam ao palco mundial, procurando novos setores e mercados para conquistar.[10]

## A EMERGÊNCIA DE SEUL

Até 1876, Seul serviu como capital do "reino eremita" da Coreia, quase inteiramente isolado do resto da economia mundial. Apenas sob a forte insistência de interesses comerciais do Japão, o país se abriu aos poucos para a influência externa. No começo do século XX, os japoneses simplesmente ocuparam o país. Durante o domínio muitas vezes brutal do Japão, Seul se subordinava a Osaka ou Tóquio, em grande parte como Bombaim e Calcutá atendiam às necessidades de Londres, Birmingham e Liverpool. Como colonialistas europeus na Índia e em outros lugares, os japoneses também ajudaram a transformar Seul, convertendo uma velha capital imperial numa cidade moderna com setores industriais, bondes e uma crescente classe profissional.

Seul recuperou sua independência após a derrota do Japão em 1945, servindo como capital e principal cidade da nova República da Coreia. Cinco anos depois, um ataque surpresa do norte, controlado pelo regime comunista, devastou a cidade. Ao longo do subsequente conflito de três anos, a cidade e seus arredores serviram como campo de batalha crucial entre forças aliadas e comunistas.

A capital da Coreia do Sul saiu da Guerra da Coreia com cicatrizes — 47 por cento de suas construções foram destruídas — e desesperadamente pobre. Como muitas cidades do mundo em desenvolvimento, inchou-se de migrantes rurais; nos anos 1960 e 1970, mais de 300 mil pessoas migravam a cada ano para a capital ainda em grande parte devastada.

Conforme os migrantes afluíam em massa do campo, o aumento da população de Seul foi semelhante ao do Cairo, de São Paulo, Mumbai e diversas outras cidades do mundo em desenvolvimento. Em 1960, a cidade abrigava 3 milhões de pessoas; em 2000, já ultrapassara os 11 milhões, com uma área metropolitana circundante responsável por outros 9 milhões.[11]

No começo, Seul também exibia os conhecidos efeitos nocivos desse crescimento — assentamentos precários de ocupantes, transporte sempre sobrecarregado, serviços de saneamento e saúde abaixo do padrão.[12] A diferença que se mostrou crítica foi uma economia que se expandiu mais rápido que quase qualquer outra do mundo.

A riqueza crescente de Seul forneceu as condições financeiras para enfrentar muitos desafios apresentados por sua rápida expansão demográfica. Novas ruas, casas, prédios de escritórios e complexos de pesquisa ergueram-se em toda a região. Para abrir caminho para o desenvolvimento das áreas centrais da cidade, vastos assentamentos de ocupantes foram demolidos ao longo dos anos 1960 e novamente nos anos 1980, em parte como preparação para a Olimpíada de 1988. Embora muitas pessoas tenham sido desalojadas, a pobreza realmente foi reduzida.[13] Em 1988, apenas 14 por cento da população de Seul, de acordo com um estudo da ONU, morava em favelas, cerca de um sexto do índice do Cairo.[14]

A essa altura, a capital da Coreia tinha mais em comum com a abarrotada, congestionada e cara Tóquio, ou com cidades modernas ocidentais, do que com os centros urbanos empobrecidos da África ou do Oriente Médio. Seul dominava a economia coreana ainda mais que a capital japonesa; abrigava 48 das cinquenta maiores empresas do país, os principais órgãos do governo, e a maioria das sedes corporativas estrangeiras.[15] A cidade também recebia tantas dessas megacorporações quantas havia em centros comerciais mais antigos, como Frankfurt ou Osaka.[16] O domínio de Seul era tão avassalador que, no começo do século XXI, alguns defendiam a ideia de transferir a capital para áreas rurais mais ao sul.[17]

## AS FILHAS BEM-SUCEDIDAS DA INGLATERRA

A emergência de Seul é exemplo de um padrão notável mais abrangente do final do século XX entre cidades do Leste Asiático. O caso precursor desse fenômeno na história urbana moderna foi a evolução de duas cidades comerciais, Cingapura e Hong Kong, nascidas sob a autoridade e o poder econômico do Império Britânico.

Hong Kong, concedida diretamente para a Inglaterra em 1841, surgira como microcosmo europeu, o que a ajudou a suplantar Cantão (Guangzhou) como principal porto de comércio do sul da China. Cada vez mais, a cidade também alimentou uma impressionante cultura econômica chinesa que em pouco tempo se espalharia por todo o leste da Ásia. Um novo tipo de sociedade urbana, misto de influências chinesas e europeias, agora evoluía rapidamente, conforme a população disparava de uns poucos milhares no começo do século XX para mais de um milhão em 1937.

Uma década depois, a revolução comunista na China devastou os centros comerciais do país. Hong Kong agora se estabeleceu, depois de Tóquio, como segunda capital comercial da Ásia. Apinhada de refugiados do regime maoista, ela mais que triplicou de população nos anos 1980. A hegemonia da cidade não consistia apenas em números em crescimento; ela se beneficiava da presença de empreendedores e profissionais de toda a China, mais notavelmente as antigas elites financeira e industrial de Xangai.[18]

## CINGAPURA: A CIDADE-MODELO DA ÁSIA

Fundada em 1819 por Sir Stamford Raffles como entreposto imperial, Cingapura tornou-se uma colônia britânica plena em 1867. Situada muito ao sul da China continental, a cidade atraiu massas de migrantes do país. Populações consideráveis de indianos, malaios, árabes e judeus, assim como representantes coloniais, transformaram Cingapura numa sociedade cosmopolita dinâmica, ligada não apenas a Londres, mas também a Bagdá, Jacarta, Cantão e Xangai. Descrita por Joseph Conrad como "jorrando vida", fervilhavam na cidade os mercadores, marinheiros e uma classe trabalhadora principalmente chinesa.[19]

A ocupação japonesa durante a Segunda Guerra Mundial abalou gravemente essa sociedade colonial. Humilhada por um poder asiático, a Inglaterra perdeu sua condição de supremacia inconteste. A pressão para a independência cresceu e, em 1965, os britânicos finalmente abandonaram a velha cidade colonial.

No início, as perspectivas da minúscula república de 585 quilômetros quadrados pareciam, no melhor dos casos, duvidosas. A cidade sofria de todos os problemas geralmente associados aos países em desenvolvimento — grandes favelas superlotadas, quadrilhas de criminosos e uma população relativamente sem capacitação profissional. O país também enfrentava hostilidade da Malásia, a nação vizinha muito mais populosa, e predominantemente muçulmana, da qual ele se desligara.

A grande realização de Cingapura — tão rara no mundo pós-colonial — foi usar seu novo poder soberano não para promover uma pequena elite corrupta, mas para construir uma das impressionantes histórias de sucesso urbano do fim do século XX. Sob a liderança autoritária de Lee Kuan Yew, que foi educado em Cambridge, Cingapura rompeu dramaticamente com boa parte de seu passado colonial e criou um novo modelo de urbanismo asiático. Cortiços e lojas baixas foram substituídos por complexos de apartamentos planejados; ruas congestionadas foram suplantadas por uma moderna rede viária sob a qual corria um avançado sistema de metrô; e a criminalidade, antes fora de controle, foi quase erradicada.

Como em Seul e Hong Kong, o segredo jazia no crescimento econômico em larga escala. Lee e seu governo trabalhavam assiduamente para explorar as vantagens naturais de Cingapura como porto e centro de tráfego para o comércio transasiático. Avançando rapidamente de indústrias de baixo rendimento, como a têxtil, para setores de alta tecnologia e serviços, Cingapura ostentava, no final do século XX, uma população que estava entre as mais escolarizadas e economicamente produtivas do mundo. As diferenças de classe persistiam, mas a maioria dos moradores agora atingia um padrão de vida e riqueza inimaginável para as massas em outras cidades do mundo pós-colonial. Os níveis de renda, pouco mais de oitocentos dólares por pessoa em 1964, haviam se elevado para mais de 23 mil dólares em 1999.[20]

A classe média alfabetizada e anglófona de Cingapura, a ausência de corrupção e a infraestrutura moderna também atraíram uma grande quantidade de investimentos de multinacionais do mundo inteiro. Lee não estava interessado apenas em melhorar as perspectivas econômicas de curto prazo dessa minúscula cidade-estado; queria desenvolver uma nova cultura urbana asiática capaz de inserir-se na concorrência global do século XXI. "Tendo dado a eles uma cidade limpa, confortos modernos e uma economia forte", declarou um de seus ministros, "agora estamos pensando em qual cultura devemos lhes dar".[21]

## A REVITALIZAÇÃO DO DISCURSO CONFUCIANO

Em meados da década de 1980, Lee havia decidido qual "tipo de cultura" queria para o seu povo — uma cultura erguida sobre os alicerces do sistema de valores asiático, e particularmente chinês, da cidade. Esse anglófilo confesso, que uma vez insinuou que não era mais chinês do que o presidente Kennedy era irlandês, agora promovia um etos essencialmente confucianista, com base no respeito pela autoridade de uma elite mandarim sensata e poderosa. Sem essa cultura, sugeriu ele, Cingapura logo se degeneraria no que ele causticamente descreveu como "outra sociedade do Terceiro Mundo".[22]

Essa revitalização do discurso confuciano definia cada vez mais as mentalidades não apenas em Cingapura, mas também nas economias de domínio chinês de Taiwan, sob direção nacionalista, e em Hong Kong.[23] Atitudes confucianas de "egocentrismo coletivo", combinando noções ocidentais e tradicionais de melhoramento pessoal e familiar, forneceram um senso de ordem moral e vontade coletiva que não se via em muitas outras partes do mundo em desenvolvimento.

Nos anos 1980, até os líderes comunistas da China, que por muito tempo haviam desprezado a mentalidade capitalista de seus irmãos de ultramar, começaram a mudar de atitude em relação a essa perspectiva. Em 1992, o líder supremo da China, Deng Xiaoping, expressou abertamente uma especial admiração pela "ordem social" de Cingapura, aceitando a abordagem autoritária do capitalismo adotada pela cidade-estado como o melhor modelo para o rápido desenvolvimento das próprias cidades chinesas.[24]

## AS CIDADES CHINESAS SOB O MAOISMO

Tais atitudes teriam sido impensáveis nos primeiros anos após a Revolução Comunista. Os comunistas tinham subido ao poder em boa parte com o apoio de camponeses e moradores de vilas rurais. Seus rivais derrotados, o Kuomintang, recebiam seu mais forte apoio das cidades costeiras e suas elites cosmopolitas.[25]

Uma vez no controle em 1949, o líder comunista Mao Zedong buscou direcionar o desenvolvimento de seu país não mais para os centros comerciais costeiros "corruptos", mas sim para as cidades menores do campo. Periodicamente, como durante a Revolução Cultural no fim dos anos 1960, os comunistas também "enviavam" grandes números de jovens citadinos para o campo para aprender com o campesinato e fornecer mão de obra para enormes programas de desenvolvimento.

Como resultado, a China urbanizou-se num ritmo muito mais lento do que outros lugares do Leste Asiático e o resto do mundo em desenvolvimento. Numa época em que cidades como Hong Kong, Bombaim e Cidade do México estavam gozando de um rápido crescimento populacional, muitos dos centros comerciais estabelecidos do país — Guangzhou (Cantão), Tainjin e Xangai — expandiam-se apenas modestamente. Em contraste, Pequim, centro da onipotente burocracia comunista, continuava a crescer, ganhando duas vezes mais habitantes do que Xangai entre 1953 e 1970.

Em todas as cidades sob o regime maoista, diversos aspectos tradicionais da vida urbana chinesa foram suprimidos. Antigos santuários foram abandonados ou destruídos. As feiras livres, componente essencial das cidades chinesas durante milênios, foram desestimuladas. Outrora "jorrando vida", as cidades comerciais da China tornaram-se lugares geralmente pálidos, embora com índices drasticamente menores de criminalidade, prostituição e corrupção explícita.[26]

## AS QUATRO MODERNIZAÇÕES E A REVITALIZAÇÃO DAS CIDADES CHINESAS

A evolução urbana da China mudou drasticamente após a morte de Mao em 1976. Sob as "Quatro Modernizações" de Deng Xiaoping, Pequim aos poucos afrouxou seu rígido controle sobre os municípios. Os oficiais locais agora incentivavam a iniciativa privada e o investimento externo. A criação de zonas econômicas especiais, tais como a de Shenzen entre Hong Kong e Cantão, atraiu enormes quantias de capital estrangeiro, boa parte dele vindo de Hong Kong, Taipei e Cingapura. Em 15 anos, a área ao redor do delta do rio das Pérolas tornara-se mais ou menos como as Midlands britânicas em meados do século XIX, não apenas a "oficina do país", mas rapidamente a oficina do mundo.[27]

Talvez mais que em qualquer outro período da história da China, as cidades do país agora ganhavam a primazia como lugares centrais na vida da nação. Livres de controles rígidos sobre seus movimentos e buscando novas oportunidades, os migrantes rurais afluíam para as cidades às dezenas de milhões.

Em menos de uma geração, a vida nas ruas da China estava radicalmente alterada. Ruas antes cheias de bicicletas agora se apinhavam com o trânsito de automóveis. Novos prédios modernos de escritórios, hotéis e grandes edifícios residenciais tolheram os velhos prédios estatais em estilo stalinista, ao longo dos maiores bulevares. As feiras livres reapareceram, oferecendo uma variedade ainda maior de carnes, legumes, verduras e frutas para um público cada vez mais afluente.

## O RESSURGIMENTO DE XANGAI

A cultura cosmopolita que o maoísmo buscara erradicar retornou, em especial nas cidades costeiras.[28] Isso verificou-se acima de tudo no velho bastião colonial de Xangai, que aos poucos desafiou tanto Hong Kong quanto Tóquio pelo posto de principal centro comercial e polo de investimento estrangeiro da Ásia.

Xangai também embarcou num dos projetos de infraestrutura mais ambiciosos do mundo, incluindo um novo sistema metroviário e melhorias nos aeroportos. O maior desses projetos, o gigantesco novo distrito de Pudong, separado de Xangai pelo rio Huangpu, começou a ser construído em 1990; dentro de uma década, toda uma nova cidade se erguera, incluindo um cinturão verde, hotéis de luxo, 140 prédios altos de escritórios, ruas lisas, um moderno terminal de balsa, metrôs e um túnel subterrâneo para pedestres.[29]

O rápido ressurgimento urbano da China trouxe consigo muitos dos desafios associados ao crescimento rápido. Milhões de trabalhadores migrantes — a "população flutuante" — seguiram o caminho já trilhado por fazendeiros pobres de Lancashire, camponeses irlandeses e imigrantes europeus em Chicago ou Nova York. Eles se apinhavam em apartamentos pequenos, a preços muitas vezes exorbitantes. Milhões de citadinos chineses trabalhavam em empregos insalubres, perigosos e às vezes incertos. A prostituição, a corrupção descarada, os pequenos crimes e outras "máculas" associadas à velha China agora voltaram, em muitos casos com uma força surpreendente.[30]

## OS SUBÚRBIOS CHEGAM À ÁSIA

Apesar de todas essas semelhanças com as velhas cidades industriais, os centros urbanos em ascensão da Ásia são frutos de uma era essencialmente descentralizada. Diferentes dos centros urbanos altamente centralizados da Europa ou da América do Norte, essas regiões estão se desenvolvendo numa era em que o automóvel, as telecomunicações e a tecnologia industrial definem os contornos da geografia urbana.

Conforme grandes torres erguiam-se em Xangai, Hong Kong e Seul, as pressões para a expansão horizontal se aceleraram. Alguns membros da classe média urbana em expansão do Leste Asiático cobiçavam os estilos de vida agitados de Nova York ou Tóquio, porém muitas das novas casas, fábricas e muitos dos shopping centers deslocaram-se para a periferia. Esse fenômeno também pôde ser visto em outras cidades asiáticas como Jacarta, Kuala Lumpur, Bangcoc e Manila, todas as quais criaram elaboradas áreas suburbanas que atraíam tanto residentes afluentes quanto empresas.[31]

Algumas das pessoas que trabalhavam nos novos parques empresariais, fábricas e institutos de pesquisa buscaram mudar-se para projetos suburbanos autossuficientes, confortáveis e em rápida expansão — que às vezes pareciam, de modo suspeito, versões um tanto mais densas das periferias de Los Angeles ou San Jose.[32] Como suas contrapartes nas cidades ocidentais estabelecidas, esses citadinos estavam encontrando sua "cidade melhor" num arquipélago de subúrbios em expansão.[33]

CONCLUSÃO

# O FUTURO URBANO

O processo de ascensão e declínio de cidades tanto está arraigado na história quanto é modificado por ela. As áreas urbanas bem-sucedidas de hoje ainda precisam estar em consonância com os fundamentos antigos — lugares sagrados, seguros e movimentados. Isso era verdade 5 mil anos atrás, quando as cidades representavam uma minúscula fração da humanidade, e também é verdade neste século, o primeiro em que a maioria vive em cidades.[1]

A população urbana do mundo, apenas 750 milhões em 1960, cresceu para 3 bilhões em 2002, e espera-se que ultrapasse os 5 bilhões em 2030. Esses números crescentes de moradores de cidades deparam-se com um cenário amplamente mudado, em que mesmo a área urbana mais poderosa precisa competir não apenas com outros lugares grandes, mas também com uma gama cada vez maior de cidades menores e subúrbios.[2]

## A CRISE DA MEGALÓPOLE

Essas mudanças serão sentidas de forma mais acentuada entre as espaçosas megalópoles do mundo em desenvolvimento. No passado, o tamanho possibilitava que as cidades dominassem a economia dos interiores. Hoje, o próprio porte das megalópoles mais populosas — Cidade do México, Cairo, Lagos, Mumbai, Kolkata, São Paulo, Jacarta, Manila — é muitas vezes mais um fardo que uma vantagem.[3]

Em alguns lugares, esses gigantes urbanos vêm perdendo na disputa com povoamentos menores, melhor administrados e com menos problemas sociais. No Leste Asiático, o berço essencial do urbanismo do século XXI, Cingapura e, em menor grau, Kuala Lumpur integraram-se na economia global com mais êxito do que lugares muito mais populosos como Bangcoc, Jacarta e Manila.[4]

De modo semelhante, o tamanho inchado, como comentou certo observador, "privou a Cidade do México de sua lógica econômica".[5] Prostrada pela criminalidade, pelo congestionamento e pela poluição, *La Capital* muitas vezes é preterida por empreendedores e trabalhadores ambiciosos em detrimento de cidades melhor administradas e de crescimento mais rápido, tais como Chilango, Guadalajara e Monterrey, ou cruzando a fronteira de áreas urbanas do próprio norte.[6]

No Oriente Próximo, megalópoles como o Cairo e Teerã sofreram para acompanhar o ritmo de suas populações em disparada, enquanto centros menores e mais compactos como Dubai e Abu Dhabi prosperaram. Dubai, que em 1948 era uma vila poeirenta de 25 mil pessoas, viu sua população beirar um milhão cinquenta anos depois, enquanto evitava a estagnação econômica que afligiu a maior parte do mundo árabe.[7]

Como em Dubai, as atitudes cosmopolitas e o acúmulo de competências exclusivas continuam a ter grande impacto na determinação do sucesso das cidades. A abertura a culturas variadas e o uso inteligente do talento ajudou cidades relativamente pequenas como Tiro, Florença e Amsterdã a exercer papéis superlativos em suas épocas. De modo semelhante, uma cidade cosmopolita pequena como Luxemburgo, Cingapura ou Tel Aviv muitas vezes exerce maior influência econômica que uma vasta megalópole de 10 ou mesmo 15 milhões de habitantes.[8]

## OS LIMITES DO RENASCIMENTO URBANO CONTEMPORÂNEO

Conforme o século XX rumava para o seu fim, as megalópoles dos países avançados pareciam estar desfrutando de perspectivas econômicas mais animadoras. Houve um aumento estatisticamente pequeno, porém notável, nos empreendimentos residenciais mesmo em alguns centros que havia muito tempo estavam abandonados. Muitas pessoas agora previam que as "cidades mundiais" mais cosmopolitas — Londres, Nova York, Chicago, Tóquio e São Francisco — de fato tinham "dobrado a esquina" de forma irrevocável.[9] "Nem a civilização ocidental nem as cidades ocidentais", sugeriu um observador perspicaz, o historiador Peter Hall, "mostram algum sinal de decadência".[10]

Esse novo otimismo baseava-se em grande parte no impacto da integração global e na mudança mundial de uma economia industrial para uma economia baseada na informação. Cidades como Nova York, Londres e Tóquio, argumentou a estudiosa Saskia Sassen, ocupam "novas geografias de centralidade" que fornecem "os lugares estratégicos para o gerenciamento da economia global".[11] Por trás desses gigantes, ela identificou uma lista secundária de centros globais, incluindo cidades variadas como Los Angeles, Chicago, Frankfurt, Toronto, Sydney, Paris, Miami e Hong Kong.

Essas cidades claramente gozavam de perspectivas muito melhores do que as grandes cidades industriais em rápido encolhimento, como Manchester, Liverpool, Leipzig, Osaka, Turim e Detroit, que cada vez mais sofreram de obsolescência tecnológica e competição de países em desenvolvimento. "As 'coisas' que uma cidade global produz", sugeriu Sassen, "são serviços e bens financeiros". Havia a suposição disseminada de que esses produtos precisavam das competências e habilidades exclusivas que existiam apenas dentro da "cidade global".[12]

## A "DESTRUIÇÃO DA DISTÂNCIA"

Essa visão talvez esteja suplantando o pessimismo excessivo dos anos 1960 com um senso ampliado de otimismo. Mesmo as "cidades globais" mais evoluídas agora veem as vantagens do grande porte serem diminuídas pelo crescimento de novas tecnologias que, nas palavras do antropólogo Robert McC. Adams, ocasionaram "uma espantosa destruição tecnológica da distância".[13]

A capacidade de processar e transmitir informações globalmente, e através de grandes extensões territoriais, enfraquece muitas das vantagens tradicionais desfrutadas por centros urbanos estabelecidos. Ao longo do último terço do século XX, tendências seculares, especialmente nos Estados Unidos, apontaram para uma mudança contínua mesmo de sedes corporativas para os subúrbios e cidades menores.[14] Em 1969, apenas 11 por cento das maiores empresas do país tinham suas sedes nos subúrbios; um quarto de século depois, quase metade havia migrado para a periferia.[15]

Essas mudanças contradizem a ideia de que um punhado de megalópoles exerce, em última instância, os papéis de centros de "comando e controle" da economia global. Muitas empresas financeiras e de serviços de elite permaneceram em centros estabelecidos, como Boston, Nova York ou São Francisco, porém os clientes que "davam as cartas" podiam muito bem estar operando em subúrbios distantes de Seattle, Houston e Atlanta, ou em outros países.[16]

Mesmo os serviços de alto padrão, a suposta espinha dorsal de economias de "cidades globais", continuaram a se dispersar rumo à periferia ou a cidades menores. Isso foi ainda mais marcado entre firmas no maior gerador de novo crescimento, o setor empresarial.[17] Os avanços nas telecomunicações prometem nivelar ainda mais o espaço econômico no futuro, com empregos seletos que podem se deslocar para áreas mais distantes que os subúrbios e cidades ainda menores como Fargo, Des Moines e Sioux Falls.[18] Uma das consequências foi a mudança na própria paisagem do crescimento, em que se preferem muito mais parques empresariais suburbanos a torres altas e brilhantes.[19]

O mercado de ações globais, por exemplo, antes maciçamente concentrado nos bairros financeiros de Londres e Nova York, aos poucos foi deslocando uma parcela cada vez maior de suas operações para seus respectivos anéis suburbanos, outras cidades menores e outros países. A sede da empresa talvez continue num prédio alto de *midtown*, porém é cada vez mais comum que os empregos estejam situados em outros lugares.[20]

Um caso especialmente notável é o do setor do varejo. Durante boa parte do século XX, Nova York dominou grande parte do mundo varejista; já no ano 2000, nenhuma das vinte maiores empresas do setor estava localizada ali. Estilistas, publicitários, organizadores de feiras de exposições e bancos de investimentos sediados em Nova York continuaram a desempenhar um importante papel de apoio. Os varejistas globais decisivos mais relevantes estavam em outros lugares, em empresas como o Wal-Mart, que operava efetivamente de Bentonville, Arkansas.[21]

Essas tendências descentralizadoras afetaram de modo inconfundível a relevância econômica geral de Nova York, ainda a mais importante das megalópoles do mundo. Nas últimas três décadas do século XX — período de explosivo crescimento de empregos em todo o território dos EUA —, o setor privado da cidade não criou praticamente nenhum novo emprego líquido. Ainda restava uma poderosa economia de serviços, porém, como sugeriu o historiador Fred Siegel, as tendências de longo prazo mostravam a cidade ficando cada vez mais defasada em relação ao país, "a cada nova volta do ciclo".[22]

Mesmo num país altamente centralizado como o Japão, o setor de software e outras atividades centradas em tecnologia começaram a se afastar dos grandes centros, como Osaka e Tóquio, e migrar para províncias adjacentes. Do mesmo modo, Hong Kong sofreu uma hemorragia tanto da indústria de alta tecnologia quanto dos cargos de engenharia para regiões próximas da China continental. A ascensão de "telecidades" no mundo todo sugere o surgimento de novos polos industriais de alto padrão, inclusive nas partes menos urbanizadas de França, Bélgica e Coreia.

O aumento do trabalho a distância ameaça reduzir ainda mais os papéis antes exercidos exclusivamente por regiões urbanas. A evolução de uma economia centrada em domicílios, hoje ainda em seus primórdios, promete aos profissionais do conhecimento de elite uma latitude sem precedentes na escolha de um lugar para morar e trabalhar.[23]

## A ASCENSÃO DA CIDADE EFÊMERA

Nessas circunstâncias, mesmo as áreas urbanas mais bem posicionadas enfrentam graves desafios demográficos e econômicos. Vários dos jovens que são atraídos para essas cidades na casa dos vinte anos muitas vezes partem ao formarem famílias e abrirem negócios. Cada vez mais imigrantes emergentes, contribuidores essenciais para o ressurgimento urbano, aderem ao êxodo. Centros urbanos europeus, japoneses e de outras partes do Leste Asiático enfrentam uma crise demográfica ainda mais extrema. Baixas taxas de natalidade estão reduzindo o número de jovens, o grupo mais atraído para as grandes cidades, enquanto sufocam o tradicional reservatório de imigrantes do campo.[24]

Com o crescimento econômico, mesmo nos serviços de alto padrão, deslocando-se para outros lugares, muitas cidades de liderança nos países avançados apoiam cada vez mais suas perspectivas futuras em seu papel como centros culturais e de entretenimento. Essas cidades podem agora estar se transformando, como H. G. Wells previu um século atrás, deixando de ser centros de comando da vida econômica e avançando rumo a um papel mais efêmero como um "bazar, uma grande galeria de lojas e lugares de encontro e confluência".[25]

As cidades vêm exercendo essa função de palco desde suas origens. Praças centrais, as áreas ao redor de templos, catedrais e mesquitas por muito tempo forneceram lugares ideais para os mercadores venderem seus produtos. Teatros naturais, as cidades proporcionaram às populações maciçamente rurais à sua volta uma infinidade de novas experiências não disponíveis no interior. Roma, a primeira megalópole, desenvolveu essas funções num nível sem precedentes. Ostentava o primeiro shopping center gigante, o *Mercatus Traini*, com seus muitos andares, e o Coliseu, um lugar onde o entretenimento urbano adquiriu uma natureza e um porte monstruosos.

Na era industrial, observou o filósofo francês Jacques Ellul, "as técnicas de entretenimento" tornaram-se "mais indispensáveis para tornar suportável o sofrimento urbano". No século XX, o entretenimento de massa industrializado — publicações, filmes, rádio e televisão — passou a ocupar um lugar cada vez maior na vida dos moradores de cidades. Esses empreendimentos midiáticos também representaram uma parcela crescente da economia das principais cidades produtoras de imagens, tais como Los Angeles, Nova York, Paris, Londres, Hong Kong, Tóquio e Bombaim.[26]

No começo do século XXI, esse foco nas indústrias culturais já começava a moldar as políticas econômicas em diversas áreas urbanas. Em vez de se esforçar para reter famílias de classe média e empregos em fábricas ou travar uma concorrência econômica com a periferia, as regiões urbanas vêm centrando cada vez mais o foco em conceitos efêmeros como o "da moda", o "cool", a tendência e o estilo como elementos cruciais para sua sobrevivência.

Em Roma, Paris, São Francisco, Miami, Montreal e Nova York, o turismo agora se apresenta como um dos maiores e mais promissores setores. A economia de alguns dos centros de crescimento mais rápido, como Las Vegas ou Orlando, depende em boa parte da oferta de "experiências", incluindo uma arquitetura exclusiva e cativante, e entretenimento ao vivo 24 horas por dia.[27]

Mesmo em lugares improváveis como Manchester, Montreal e Detroit, líderes políticos e empresariais esperavam que, criando "cidades cool", talvez atraíssem gays, boêmios e jovens "criativos" para suas cidades.[28] Em alguns lugares, os símbolos característicos desse tipo de crescimento — conjuntos de lofts, bons restaurantes, casas noturnas, museus, e uma população gay e solteira visível e de tamanho considerável — conseguiram revitalizar centros de cidades outrora desolados, mas quase nunca de modo remotamente parecido com seu dinamismo econômico de antigamente.[29]

Cidades da Europa continental — notavelmente Paris, Viena e a Berlim pós-guerra fria — especialmente adotaram essa confiança numa economia baseada na cultura. Tendo em boa parte fracassado em recuperar sua condição de centro comercial mundial, Berlim agora celebrava sua comunidade boêmia como principal recurso econômico. A relevância da cidade foi cada vez mais definida não pela exportação de bens ou serviços, mas por suas galerias de vanguarda, lojas exclusivas, ruas agitadas e seu crescente setor turístico.[30]

## O FUTURO, E OS LIMITES, DA GENTRIFICAÇÃO

No século XXI, algumas cidades ou partes de cidades podem sobreviver e mesmo prosperar sobre uma base tão efêmera, e, com o apoio de suas indústrias da mídia ainda dominantes, comercializar essa ideia para o mundo mais amplo. A breve porém vastamente aclamada ascensão de bairros tecnológicos urbanos — como o "Silicon Alley" de Nova York ou o "Multimedia Gulch" de São Francisco durante o *boom* das empresas "ponto-com" no final dos anos 1990 — levou algumas pessoas, mesmo que por pouco tempo, a identificarem o "cool" e o arrojamento urbano como o catalisador principal do crescimento na era da informação.[31]

Ambos os bairros acabaram murchando conforme o setor da internet se contraiu e depois amadureceu, porém o mercado de novas residências continuou a crescer. Essa demanda vinha em parte de profissionais mais jovens, mas também de uma crescente população de afluentes mais velhos, inclusive aqueles com a esperança de conhecer "um modo de vida mais pluralista". Esses nômades contemporâneos muitas vezes moram durante parte do tempo em cidades, seja para participar de sua vida cultural ou para realizar negócios importantes. Em algumas cidades — Paris, por exemplo — esses nômades urbanos ocasionais constituem, segundo certa estimativa, um em cada dez habitantes.[32]

A pressa de muitas "cidades globais" para converter antigos armazéns, fábricas e mesmo prédios de escritórios em elegantes residências sugere a gradual transformação de antigos centros econômicos urbanos em redutos residenciais. O velho centro financeiro decadente do sul de Manhattan parecia propenso a reviver não como polo tecnológico, notou o historiador da arquitetura Robert Bruegmann, mas como lar em tempo integral ou parcial para "cosmopolitas abastados que desejam desfrutar de confortos urbanos na concha elegantemente reciclada de um antigo centro empresarial".[33]

Com o tempo, no entanto, essa forma de crescimento com base em cultura talvez não seja autossustentável. No passado, as realizações nas artes cresceram no rastro do dinamismo econômico ou político. Atenas surgiu primeiro como um grande e agitado centro mercantil e poder militar, antes de fascinar o mundo em outras áreas. A extraordinária produção cultural de outras grandes cidades, de Alexandria e Kaifeng a Veneza, Amsterdã, Londres e, no século XX, Nova York, apoiava-se num nexo semelhante entre o estético e o mundano.[34]

Tendências demográficas mais amplas também apresentam graves questões de longo prazo para essas cidades. O declínio da família urbana de classe média — um padrão presenciado tanto nos últimos anos do Império Romano quanto na Veneza do século XVIII — priva as áreas urbanas de uma fonte crucial de vitalidade social e econômica. Esses problemas serão especialmente acentuados no Japão e na Europa, onde os números de jovens trabalhadores já estão caindo. Cidades japonesas obsoletas enfrentam dificuldades cada vez maiores na concorrência com suas contrapartes chinesas, enriquecidas pela migração de jovens famílias ambiciosas de seu vasto interior agrícola.[35]

Nessas circunstâncias, é difícil imaginar que perdure o domínio da indústria da moda italiana ou a preeminência do Japão na cultura popular asiática enquanto suas populações de jovens continuam a diminuir.[36] Com o tempo, é provável que cidades economicamente ascendentes em todo o mundo — Houston, Dallas, Phoenix, Xangai, Pequim, Mumbai ou Bangalore — gerarem suas próprias indústrias de base estética.[37]

Por fim, a cidade efêmera parece propensa a enfrentar conflitos sociais muitas vezes profundos. Uma economia orientada para o entretenimento, turismo e para funções "criativas" está malpreparada para fornecer mobilidade e ascensão social para mais que uma pequena parcela de sua população. Focados principalmente em ostentar cultura e construir edifícios espetaculares, os governos urbanos podem tender a negligenciar setores mais mundanos, educação básica ou infraestrutura. Seguindo esse caminho, essas cidades estão propensas a tornarem-se cada vez mais "cidades duplas", compostas de uma elite cosmopolita e uma grande classe de pessoas que, geralmente por baixos salários, atendem a suas necessidades.[38]

Para evitar as armadilhas de um futuro efêmero, as cidades precisam enfatizar os elementos básicos que há muito tempo são imprescindíveis para a formação de lugares comerciais vitais. Uma cidade agitada precisa ser mais que um complexo de distrações para populações essencialmente nômades; ela exige um grupo de cidadãos engajados e comprometidos com um futuro financeiro e familiar de longo prazo na metrópole. Uma cidade bem-sucedida deve abrigar não apenas casas noturnas, museus e restaurantes da moda, mas também setores especializados, pequenas empresas, escolas e bairros capazes de se regenerarem para a geração seguinte.

## A SEGURANÇA E O FUTURO URBANO

Com o tempo, nenhum sistema urbano consegue sobreviver ao caos permanente. Cidades bem-sucedidas florescem sob um forte regime tanto de lei quanto de ordem. Os cidadãos precisam sentir ao menos certa segurança pessoal. Eles também precisam contar com uma autoridade responsável, capaz de administrar contratos e aplicar códigos básicos de comportamento comercial.

Manter um regime forte de segurança pode ajudar muito a revitalizar uma área urbana. Um elemento crucial na revitalização do fim do século XX em algumas cidades americanas, mais notavelmente Nova York, pode ser atrelado a uma significativa redução da criminalidade. Isso foi conseguido com a adoção de novos métodos de policiamento e uma determinação disseminada de fazer da segurança pública a prioridade número um do governo. De fato, os anos 1990 representaram talvez o maior período de redução de criminalidade na história dos Estados Unidos, fornecendo uma condição prévia essencial tanto para o crescimento do turismo quanto mesmo para uma modesta retomada demográfica em algumas cidades mais importantes.[39] Mesmo Los Angeles, após as devastadoras revoltas de 1992, conseguiu conter a criminalidade e depois gerar uma recuperação econômica e demográfica significativa.[40]

No entanto, ainda enquanto as questões de segurança nas cidades americanas sofriam uma melhora, novas ameaças para o futuro urbano surgiam no mundo em desenvolvimento.[41] No fim do século XX, a criminalidade em megalópoles como o Rio de Janeiro e São Paulo tinha aumentado a um ponto que certo agente da lei chamou de "guerra de guerrilha urbana". O tráfico de drogas, as quadrilhas e a ausência geral de lei também infestam muitas partes da Cidade do México, de Tijuana, San Salvador e outras cidades.

Inevitavelmente, tal erosão na segurança básica abala os fundamentos da vida na cidade. O medo tanto do crime quanto das autoridades caprichosas geralmente retarda também o movimento de capital estrangeiro, que às vezes prefere lugares mais seguros na periferia urbana. Mesmo em países relativamente pacíficos, burocracias "cleptocráticas" desviam o investimento comercial para locais mais seguros e menos congenitamente corruptos.[42]

Talvez ainda mais insidiosos sejam os efeitos da poluição ambiental e dos crescentes problemas de saúde em muitas cidades do mundo em desenvolvimento. Pelo menos 600 milhões de moradores de cidades no mundo todo necessitam de acesso mesmo a saneamento básico e atendimento médico; essas populações naturalmente tornam-se campos férteis para doenças contagiosas mortais, contra as quais nem a nacionalidade estrangeira nem a afluência podem sempre se imunizar.[43] Tais ameaças também levam tanto profissionais nativos quanto investidores estrangeiros a buscarem ambientes mais salutares em outros países ou em subúrbios seguros.[44]

## A AMEAÇA TERRORISTA

O Oriente Médio islâmico representa a ameaça letal mais imediata à segurança das cidades num âmbito global. Ali, os conhecidos males dos países em desenvolvimento foram exacerbados por enormes deslocamentos. Ao tentar adotar modelos ocidentais de urbanismo durante o século XX, diversas cidades islâmicas enfraqueceram laços tradicionais de comunidade e vizinhança sem substituí-los por nada que fosse tanto moderno quanto socialmente sustentável.

Essa transformação, como sugere o historiador Stefano Bianca, "sugou as forças que moldam a identidade cultural", deixando atrás de si uma população alienada de seu ambiente cada vez mais ocidentalizado.[45] Essa alienação acentuou-se ainda mais com conflitos políticos, principalmente a luta contra um Israel econômica e militarmente avançado. As aspirações de cidades islâmicas, e especialmente árabes, foram perpetuamente frustradas não apenas por fracassos econômicos, sociais e ambientais, mas também por repetidas humilhações no campo de batalha.

Em grande medida, as sociedades islâmicas também não conseguiram se ajustar aos padrões cosmopolitas necessários para competir na economia global. Beirute, a cidade árabe mais bem-posicionada para o sucesso cosmopolita, naufragou devido a incessantes conflitos civis e apenas no fim da década de 1990 começou a fazer algum esforço sério para se reconstruir. Outras cidades islâmicas potencialmente bem-sucedidas, como Teerã e o Cairo, ainda necessitam da estabilidade social ou do sistema legal transparente que é imprescindível para investidores estrangeiros. Mesmo os mais bem administrados dentre esses países, como os Emirados Árabes Unidos, ainda sofrem com sistemas políticos e legais muito mais arbitrários que os do Ocidente ou de cidades asiáticas como Cingapura, Taipei, Seul ou Tóquio.[46]

Desse meio difícil surgiu talvez a ameaça mais perigosa para o futuro das cidades modernas: o terrorismo islâmico. Esse fenômeno diferiu do nacionalismo radical associado a escritores como Frantz Fanon. Um psiquiatra negro da Martinica profundamente afetado por suas experiências durante a guerra da independência da Algéria, Fanon viu a luta do mundo em desenvolvimento como "o começo de uma nova história do homem" que ainda aceitava a cultura urbana do Ocidente.[47] Em contraste, os terroristas islâmicos consideraram o Ocidente, e em especial suas grandes cidades, como intrinsecamente maligno, explorador e não islâmico.

Certo estudioso árabe tachou os líderes do movimento islâmico de "filhos irados de uma geração fracassada" — os que viram o sonho secularista da unidade árabe dissolver-se em corrupção, pobreza e caos social. Na maior parte, sua ira foi incubada não nos desertos ou em pequenas aldeias, mas em importantes cidades islâmicas como o Cairo, Jiddah, Karachi ou Cidade do Kuwait. Alguns deles residiram por muito tempo em centros urbanos ocidentais como Nova York, Londres ou Hamburgo.[48]

Essa experiência no exterior pareceu apenas intensificar sua cólera contra as cidades ocidentais. Já em 1990, certo terrorista, um egípcio residente em Nova York, falava de "destruir os pilares, como a infraestrutura turística de que eles se orgulham e os altos prédios mundiais de que eles se orgulham".[49] Onze anos depois, essa raiva estremeceu o mundo urbano até suas bases.

Nos anos que se seguiram ao ataque a Nova York em 2001, tanto indivíduos como empresas começaram a repensar o quanto é aconselhável situar-se perto de alvos preferenciais para possíveis terroristas, em lugares centrais de alto padrão. Além dos desafios já complexos apresentados pelas mudanças nas tendências econômicas e sociais, as cidades de todo o mundo agora têm que enfrentar a constante ameaça da obliteração física.[50]

## O LUGAR SAGRADO

Ao longo da história, as cidades enfrentaram diversos desafios no tocante a sua prosperidade e sobrevivência. Mesmo a natureza da atual ameaça mais imediata — vândalos vagamente afiliados, e não Estados — não é inédita. Alguns dos maiores danos causados às cidades ao longo da história foram infligidos não por Estados organizados, mas por povos nômades ou mesmo pequenos bandos de criminosos.

Apesar de tais ameaças, o ideal urbano demonstrou uma notável resiliência. O medo raramente é suficiente para deter os urbanistas obstinados. Apesar de todas as cidades que foram arruinadas para sempre por guerras, pestes ou desastres naturais, muitas outras — incluindo Roma, Londres e Tóquio — foram reconstruídas, em muitos casos mais de uma vez. De fato, mesmo entre crescentes ameaças terroristas, governos municipais e empreiteiras em Nova York, Londres, Tóquio, Xangai e outras grandes cidades continuam a planejar novas torres de escritórios e outros edifícios de maior porte.[51]

Muito mais importante para o futuro das cidades que construir novos edifícios será o valor que as pessoas atribuirão à experiência urbana. Grandes estruturas ou atributos físicos básicos — localização ao longo de rios, mares, rotas de comércio, espaços verdes atraentes ou mesmo cruzamentos de rodovias — podem ajudar a dar início a uma grande cidade, ou fomentar seu crescimento, mas não podem manter seu sucesso a longo prazo.

No fim, uma grande cidade depende das coisas que suscitam em seus cidadãos um apego peculiar e forte, sentimentos que distinguem um lugar específico de outros.[52] A coesão das áreas urbanas, afinal, precisa ser mantida por uma consciência que une seus povos numa identidade compartilhada. "A cidade é um estado de espírito", observou o grande sociólogo Robert Ezra Park, "um corpo de costumes, e de atitudes e sentimentos não organizados".[53]

Seja no tradicional centro urbano ou no novo padrão de desenvolvimento da periferia em expansão, tais questões de identidade e comunidade ainda determinam em grande medida quais lugares acabam tendo êxito no final. Nisso, os citadinos de hoje lutam com muitos dos problemas enfrentados pelos originadores da urbanidade em qualquer lugar do mundo.

Predecessores de um novo tipo de humanidade, esses primeiros citadinos depararam-se com problemas muito diferentes daqueles enfrentados em comunidades nômades pré-históricas e vilas agrícolas. Os moradores de cidades tiveram que aprender a conviver e interagir com estrangeiros de fora de seu clã ou sua tribo. Isso exigiu que eles desenvolvessem novos modos de codificar o comportamento, de determinar o que era comumente aceitável na vida familiar, no comércio e no convívio social.

Nos tempos mais antigos, a classe dos sacerdotes geralmente fornecia instrução sobre esses assuntos. Recebendo sua autoridade da divindade, eles eram capazes de determinar as regras para os variados moradores de um centro urbano específico. Os governantes também adquiriam estatura alegando que suas cidades eram residências especiais dos próprios deuses; a santidade da cidade era atrelada a seu papel de centro de culto.

A grande cidade clássica era, em quase todos os lugares, não só impregnada de religião como também moldada por ela. "As cidades não perguntavam se as instituições que adotavam eram úteis", observou o historiador do classicismo Fustel de Coulanges. "Essas instituições eram adotadas porque a religião assim quisera."[54]

Muitas vezes se ignorou esse papel sagrado em discussões contemporâneas sobre a condição urbana. Ele mal aparece em diversos livros contemporâneos sobre cidades ou em discussões públicas sobre os males que as afligem. Isso teria parecido estranho não apenas para os moradores das cidades antigas, clássicas ou medievais, mas também para vários reformadores do fim da era vitoriana.

Arquitetos, urbanistas e empreiteiros do chamado movimento "novo urbanismo", por exemplo, muitas vezes falam de modo convincente sobre a necessidade de espaços verdes, preservação histórica e administração ambiental na cidade. No entanto, diferentes dos progressistas vitorianos, que tinham preocupações semelhantes, eles raras vezes se referem à necessidade de uma poderosa visão moral para manter a coesão das cidades.[55]

Tais deficiências naturalmente refletem o ambiente urbano contemporâneo de hoje, que enfatiza modas passageiras, questões estilísticas e a celebração do indivíduo acima da família ou da comunidade estável. A perspectiva pós-modernista contemporânea em relação às cidades, dominante em boa parte da literatura acadêmica, menospreza de forma ainda mais intransigente os valores morais compartilhados, como sendo pouco mais que os aspectos ilusórios do que certo professor universitário alemão tachou de "o microcosmo cristão burguês".[56]

Tais atitudes niilistas, caso fossem adotadas de modo difundido, poderiam se mostrar tão perigosas para o futuro das cidades como as ameaças terroristas mais hediondas. Sem um sistema de crença amplamente compartilhado, seria extremamente difícil conceber um futuro urbano viável. Mesmo numa era pós-industrial, sugeriu Daniel Bell, o destino das cidades ainda gira em torno de "uma concepção de virtude pública" e "as questões clássicas da pólis".

As cidades do Ocidente moderno, segundo a compreensão de Bell, dependeram de uma ampla adesão a ideais clássicos e iluministas — devido processo legal, liberdade religiosa, os direitos básicos da propriedade — para incorporar diversas culturas e enfrentar novos desafios econômicos.[57] Romper com esses princípios essenciais, seja em nome do mercado, do separatismo multicultural ou do dogma religioso, tornaria a cidade ocidental contemporânea totalmente despreparada para enfrentar os enormes desafios que tem diante de si.[58]

Isso não é uma sugestão de que o Ocidente representa a única maneira razoável de atingir uma ordem urbana. A história possui inúmeros modelos desenvolvidos sob auspícios explícitos pagãos, muçulmanos, confucianos, budistas e hindus. A cidade cosmopolita é muito anterior ao Iluminismo: pode ter brotado primeiro na Alexandria grega pagã, mas também floresceu mais tarde na China costeira e na Índia, bem como em boa parte do Dar al-Islam.

Em nossa época, talvez o sucesso mais notável na construção de cidades tenha ocorrido sob sistemas religiosos neoconfucianos, mesclados a um racionalismo científico importado do Ocidente. Essa convergência, um amálgama de modernidade e tradição, acabou superando o maoismo, que estava determinado a destruir todos os vestígios do passado cultural da China. Hoje, ele enfrenta tanto os efeitos nocivos do capitalismo de mercado irrestrito quanto, especialmente na própria China, a corrupção egoísta de uma elite governante autoritária.[59]

É de se esperar que o mundo islâmico, julgando que os valores ocidentais deixam a desejar, possa encontrar em seu próprio passado glorioso — repleto de valores cosmopolitas e uma crença no avanço científico — os meios de recuperar sua conturbada civilização urbana. A antiga metrópole de Istambul, com mais de 9 milhões de habitantes, demonstrou ao menos a possibilidade de conciliar uma sociedade fundamentalmente muçulmana com o que certo urbanista turco chamou de "uma face culturalmente globalizada". O futuro sucesso de tal modelo cosmopolita, entre o ataque de vertentes intolerantes do islã, poderia contribuir muito para a preservação do progresso urbano em todo o mundo no novo século.[60]

De fato, numa era de globalização intensa, as cidades precisam conseguir mesclar suas ordens morais com uma capacidade de acomodar populações diferentes. Numa cidade bem-sucedida, mesmo os que adotam outras crenças, como os *dhimmis* durante as épocas áureas islâmicas, precisam contar com a justiça básica das autoridades. Sem tais perspectivas, o comércio inevitavelmente decai, o ritmo do desenvolvimento cultural e tecnológico diminui, e as cidades regridem de lugares dinâmicos de interação humana para congregações estáticas, e em última instância condenadas, de futuras ruínas.

As cidades só podem prosperar ocupando um lugar sagrado que tanto ordena quanto inspira as naturezas complexas de massas de pessoas reunidas. Durante 5 mil anos ou mais, o apego humano às cidades serviu como o principal fórum para o progresso político e material. É na cidade, essa antiga confluência do sagrado, do seguro e do movimentado, que o futuro da humanidade será definido durante os séculos que virão.

# Notas

Prefácio
1. Jacques Ellul, *The Meaning of the City*, trad. Dennis Pardee (Grand Rapids, Michigan: William B. Eerdmans, 1970), 5.
2. Witold Rybczynski, *City Life: Urban Expectations in the New World* (Nova York: Scribner's, 1995), 49.

Introdução: Lugares sagrados, seguros e movimentados
3. Bernal Díaz del Castillo, *The Discovery and Conquest of Mexico, 1517-1521*, trad. A. P. Maudslay (Nova York: Farrar, Straus e Cudahy, 1956), xii. Na introdução americana, Irving Leonard fixa a data "aproximada" de nascimento de Bernal Díaz como 1492, o mesmo ano em que Colombo navegou até as Américas.
4. Ibid., 119.
5. Ibid., 190-92.
6. Tertius Chandler e Gerald Fox, *Three Thousand Years of Urban Growth* (Nova York: Academic Press, 1974), 365.
7. Heródoto, *The Histories*, trad. Aubrey de Sélincourt (Londres: Penguin, 1954), 5.
8. Kevin Lynch, *The Image of the City* (Cambridge, Massachusetts: Technology Press, 1960), 4.
9. Henri Pirenne, *Medieval Cities: Their Origins and the Revival of Trade* (Princeton, Nova Jersey: Princeton University Press, 1925), 55-57.

Capítulo Um: Origens sagradas
1. A.E.J. Morris, *History of Urban Form: Before the Industrial Revolution* (Londres: Longman, 1994), 1.
2. Ibid., 2-5; William H. McNeill, *Plagues and Peoples* (Garden City, Nova York: Anchor Press, 1974), 27.
3. Werner Keller, *The Bible as History* (Nova York: William Morrow, 1981), 3.
4. Gordon-Childe, *What Happened in History* (Londres: Penguin, 1957), 89.
5. Hans J. Nissen, *The Early History of the Ancient Near East, 9000-2000 a.C.* (Chicago: University of Chicago Press, 1988), 56.
6. Grahame Clark, *World Prehistory: An Outline* (Cambridge, Inglaterra: Cambridge University Press, 1961), 85-90.
7. Childe, *op. cit.*, 92-96.
8. Por exemplo, na obra magistral e abrangente de Sir Peter Hall, *Cities in Civilization* (Nova York: Pantheon Books, 1998), não há praticamente nenhuma menção consistente à religião em geral, ao islã, ao cristianismo ou às catedrais na formação da história urbana. De modo semelhante, no bem escrito livro de Tony

Hiss, *The Experience of Place* (Nova York: Knopf, 1990), há um tratamento cuidadoso dos parques, edifícios residenciais, prédios de escritórios e estações de trem, mas pouco de lugares de culto.
9. Childe, *op. cit.*, 137.
10. Mason Hammond, *The City in the Ancient World* (Cambridge, Massachusetts: Harvard University Press, 1972), 35; Keller, *op. cit.*, 8.
11. Mircea Eliade, *The Myth of the Eternal Return*, trad. Willard R. Trask (Princeton, Nova Jersey: Princeton University Press, 1971), 13.
12. Hammond, *op. cit.*, 37-38.
13. Ibid., 28.
14. *The Epic of Gilgamesh*, trad. Andrew George (Londres: Penguin, 1999), 1; Keller, *op. cit.*, 17.
15. Childe, *op. cit.*, 102; Hammond, *op. cit.*, 44.
16. Eliade, *op. cit.*, 14.
17. Clark, *op. cit.*, 107-9.
18. Robert W. July, *A History of the African People* (Nova York: Scribner's, 1970), 14.
19. Childe, *op. cit.*, 114-18.
20. A. Bernard Knapp, *The History and Culture of Ancient Western Asia and Egypt* (Belmont, Califórnia: Wadworth Press, 1990), 109-10.
21. Clark, *op. cit.*, 109-11; Morris, *op. cit.*, 11-14.
22. Hammond, *op. cit.*, 73.
23. Chandler e Fox, *op. cit.*, 300-301.
24. Lewis Mumford, *The City in History: Its Origins, Its Transformations, and Its Prospects* (Nova York: Harcourt Brace, 1961), 80.
25. Childe, *op. cit.*, 129.
26. Clark, *op. cit.*, 182-85.
27. Joseph Levenson e Franz Schurmann, *China: An Interpretive History, from the Beginnings to the Fall of Han* (Berkeley: University of California Press, 1969), 19-22.
28. Morris, *op. cit.*, 2.
29. Paul Wheatley, *The Pivot of the Four Quarters: A Preliminary Enquiry into the Origins and Character of the Ancient Chinese City* (Chicago: Aldine Publishing Company, 1971), 71.
30. Ibid., 175, 179.
31. G. C. Valliant, *Aztecs of Mexico* (Garden City, Nova York: Doubleday, 1944), 35, 44-45; Jeremy A. Sabloff, *The Cities of Ancient Mexico: Reconstructing a Lost World* (Londres: Thames and Hudson, 1989), 28, 41; Jorge E. Hardoy, "Two Thousand Years of Latin American Civilization", *in Urbanization in Latin America: Approaches and Issues,* ed. Jorge E. Hardoy (Garden City, Nova York: Anchor Books, 1975), 4; Rene Million, "The Last Years of Teotihuacán Dominance", *in The Collapse of Ancient States and Civilizations*, ed. Norman Yoffee e George L. Cowgill (Tucson: University of Arizona Press, 1991), 108-12; Clark, *op. cit.*, 225-30; Garcilaso de la Vega, *The Incas*, trad. Maria Jolas (Nova York: Orion Press, 1961), 57, 119.
32. J. Alden Mason, *The Ancient Civilizations of Peru* (Londres: Penguin Books, 1957), 40-48.
33. Sabloff, *op. cit.*, 28; Million, *op. cit.*, 108-12; Clark, *op. cit.*, 225-30; de la Vega, *op. cit.*, 57, 119.
34. Sabloff, *op. cit.*, 134-35, 144-45.

Capítulo dois: Projeções de poder — a ascensão da cidade imperial
1. Hammond, *op. cit.*, 56-57; Knapp, *op. cit.*, 156.
2. Knapp, *op. cit.*, 85-92; H.W.F. Saggs, *The Greatness That Was Babylon: A Sketch of the Ancient Civilization of the Tigris-Euphrates Valley* (Nova York: Hawthorn Publishers, 1962), 61.
3. Saggs, *op. cit.*, 50-53.
4. Knapp, *op. cit.*, 97-100.
5. Chandler e Fox, *op. cit.*, 300-301.
6. Hammond, *op. cit.*, 52.

7. Saggs, *op. cit.*, 72; Knapp, *op. cit.*, 151.
8. Heródoto, *op. cit.*, 70-71; Chandler e Fox, *op. cit.*, 301.
9. Chandler e Fox, *op. cit.*, 300.
10. Hammond, *op. cit.*, 51-55; Knapp, *op. cit.*, 224-25; Mumford, *op. cit.*, 111.
11. Romila Thapar, *A History of India*, vol. 1 (Nova York: Penguin, 1990), 55-61; Clark, *op. cit.*, 190-91.
12. Clark, *op. cit.*, 226-28.
13. Hardoy, *op. cit.*, 6-10; Clark, *op. cit.*, 224.
14. Wheatley, *op. cit.*, 7, 182.
15. Sen-Dou Chang, "Historical Trends of Chinese Urbanization", *Annuals of the Association of American Geographers* 53, nº 2 (junho de 1963): 109-17; Morris, *op. cit.*, 2.
16. Laurence J. C. Ma, *Commercial Development and Urban Change in Sung China* (Michigan Geographical Society, 1971).
17. Alfred Schinz, *Cities in China* (Berlim: Gebruder Borntraeger, 1989), 10-15; Chandler e Fox, *op. cit.*, 302.
18. Paul Wheatley e Thomas See, *From Court to Capital: A Tentative Interpretation of the Origins of the Japanese Urban Tradition* (Chicago: University of Chicago Press, 1978), 70-75, 110-15.
19. Ibid., 131-33; Nicolas Fieve e Paul Waley, "Kyoto and Edo-Tokyo: Urban Histories in Parallels and Tangents", *in Japanese Capitals in Historical Perspective: Place, Power and Memory in Kyoto, Edo and Tokyo*, ed. Nicolas Fieve and Paul Waley (Londres: Routledge Curzun, 2002), 6-7.

Capítulo três: As primeiras capitais comerciais
1. T. R. Fehrenbach, *Fire and Blood: A History of Mexico* (Nova York: Macmillan, 1979), 42; Sabloff, *op. cit.*, 41; Elman R. Service, *Origins of the State and Civilization: The Process of Cultural Evolution* (Nova York: W. W. Norton, 1975), 221-31; Wheatley, *op. cit.*, 371; July, *op. cit.*, 28-29.
2. Victor F. S. Sit, *Pequim: The Nature and Planning of a Chinese Capital City* (Nova York: John Wiley, 1995), 6-28; Wheatley, *op. cit.*, 126-27, 133, 176, 188-89; Levenson and Schurmann, *op. cit.*, 99-100.
3. Michael Grant, *The Ancient Mediterranean* (Nova York: Scribner's, 1969), 62-63.
4. Ibid., 74-76.
5. Sabatino Moscati, *The World of the Phoenicians*, trad. Alastair Hamilton (Nova York: Praeger, 1968), 99, 101.
6. Chandler e Fox, *op. cit.*, 300.
7. Childe, *op. cit.*, 140.
8. Isaías 23:8; Hammond, *op. cit.*, 89-91.
9. Heródoto, *op. cit.*, 126.
10. Gerhard Herm, *The Phoenicians: The Purple Empire of the Ancient World* (Nova York: William Morrow, 1975), 79-81, 88-89.
11. Hammond, *op. cit.*, 75-86.
12. Knapp, *op. cit.*, 190-91; Grant, *op. cit.*, 77-78; Clark, *op. cit.*, 161; Heródoto, *op. cit.*, 299.
13. Moscati, *op. cit.*, 10.
14. Ibid., 123-26.
15. Ibid., 116-21; Herm, *op. cit.*, 129.
16. Herm, *op. cit.*, 144-60.
17. Ibid, 214; Chandler e Fox, *op. cit.*, 302.
18. Moscati, *op. cit.*, 131-35; Grant, *op. cit.*, 125, 129-30.
19. Moscati, *op. cit.*, 135.

Capítulo quatro: A façanha grega
1. Knapp, *op. cit.*, 198; Gordon Childe, *The Dawn of European Civilization* (Nova York: Knopf, 1925), 24-28; Grant, *op. cit.*, 63,88.
2. Knapp, *op. cit.*, 202-4.

3. Childe, *The Dawn of European Civilization*, 42-43.
4. Mumford, *op. cit.*, 120-23.
5. Grant, *op. cit.*, 108-10; Clark, *op. cit.*, 150-51.
6. Grant, *op. cit.*, 136-37.
7. Ibid, 192.
8. G. E. R. Lloyd, "Theories of Progress and Evolution", *in Civilization of the Ancient Mediterranean*, ed. Michael Grant e Rachel Kitzinger (Nova York: Scribner's, 1988), 27.
9. Aristóteles, *The Politics*, trad. Carnes Lord (Chicago: University of Chicago Press, 1984), 90.
10. Oswyn Murray, "Greek Forms of Government", *in Civilization of the Ancient Mediterranean*, 439-53.
11. Ibid, 439.
12. Hall, *op. cit.*, 35; Chandler e Fox, *op. cit.*, 300-301.
13. Philip D. Curtin, *Cross-Cultural Trade in World History* (Cambridge, Inglaterra: Cambridge University Press, 1984), 75-78; Alison Burford, "Crafts and Craftsmen", *in Civilization of the Ancient Mediterranean*, 367.
14. Peter Walcott, "Images of the Individual", 1284-87, e Stanley M. Burstein, "Greek Class Structures and Relations", 529-31, *in Civilization of the Ancient Mediterranean*; Hall, *op. cit.*, 61; Aubrey de Sélincourt, *The World of Herodotus* (Boston: Little, Brown, 1963), 193-97.
15. Hall, *op. cit.*, 41; Mumford, *op. cit.*, 163; McNeill, *op. cit.*, 105.
16. Clark, *op. cit.*, 162.
17. Thomas D. Boyd, "Urban Planning", *in Civilization of the Ancient Mediterranean*, 1693-94; Mumford, *op. cit.*, 149-51.
18. M. M. Austin, "Greek Trade, Industry, and Labor", *in Civilization of the Ancient Mediterranean*, 727.
19. Ibid, 725-34.
20. Edith Hamilton, *The Greek Way* (Nova York: W. W. Norton, 1930), 137.
21. Grant, *op. cit.*, 168-80, 208-10; J. B. Ward-Perkins, *Cities of Ancient Greece and Italy: Planning in Classical Antiquity* (Nova York: George Braziller, 1974), 16.
22. R. Ghirshman, *Iran* (Nova York; Penguin, 1954), 86, 130-33, 203-5; Knapp, *op. cit.*, 256-59.
23. Hall, *op. cit.*, 66-67; Hamilton, *op. cit.*, 142-46; Ghirshman, *op. cit.*, 196-99; Austin, *op. cit.*, 747.
24. Ghirshman, *op. cit.*, 208-9.
25. Hall, *op. cit.*, 38.
26. Curtin, *op. cit.*, 80.
27. Michael Grant, *From Alexander to Cleopatra: The Hellenistic World* (Nova York: Scribner's, 1982), 107-10; Ghirshman, *op. cit.*, 211.
28. Boyd, *op. cit.*, 1696.
29. Mumford, *op. cit.*, 190-97.
30. Grant, *From Alexander to Cleopatra*, 40-44.
31. Ibid., 37-40, 194-96, 198-203.
32. Burstein, *op. cit.*, 545-46.
33. Samuel Sandmel, *Judaism and Christian Beginnings* (Nova York: Oxford University Press, 1978), 30-31.
34. Grant, *From Alexander to Cleopatra*, 80-88; Piggot, *op. cit.*, 4, 22.

Capítulo cinco: Roma — a primeira megalópole

1. Petrônio, *The Satyricon*, trad. J. P. Sullivan (Nova York: Penguin, 1986), 11-13.
2. Morris, *op. cit.*, 37-38; Jérôme Carcopino, *Daily Life in Ancient Rome*, trad. E. O. Lorimer (New Haven: Yale University Press, 1940), 16-20; Hall, *op. cit.*, 621; Chandler e Fox, *op. cit.*, 302-3.
3. Mumford, *op. cit.*, 237.
4. McNeill, *op. cit.*, 104.
5. Carcopino, *op. cit.*, 174.
6. John E. Stambaugh, *The Ancient Roman City* (Baltimore: Johns Hopkins University Press, 1988), 7-8.

7. Ibid., 11-12.
8. Massimo Pallottino, *The Etruscans*, trad. J. Cremona (Bloomington: Indiana University Press, 1975), 95-97.
9. F. E. Adcock, *Roman Political Ideas and Practice* (Ann Arbor: University of Michigan Press, 1964), 16.
10. Numa Denis Fustel de Coulanges, *The Ancient City; A Study on the Religion, Laws and Institutions of Greece and Rome* (Baltimore: Johns Hopkins University Press, 1980), 17-52.
11. Ibid., 132-34.
12. Ibid., 182.
13. Ibid., 91.
14. Stambaugh, *op. cit.*, 12, 18-19; Clark, *op. cit.*, 164-66.
15. Stambaugh, *op. cit.*, 33-35.
16. Keith Hopkings, "Roman Trade, Industry and Labor", *in Civilization of the Ancient Mediterranean*, 774; Stambaugh, *op. cit.*, 36-37; Morris, *op. cit.*, 44.
17. Morris, *op. cit.*, 45; Stambaugh, *op. cit.*, 44-45.
18. Stambaugh, *op. cit.*, 51.
19. E. J. Owens, *The City in the Greek and Roman World* (Londres: Routledge, 1991), 121-40, 150-52, 159.
20. Herbert Muller, *The Uses of the Past: Profiles of Former Societies* (Londres: Oxford University Press, 1952), 219-20.
21. Carcopino, *op. cit.*, 20-27, 65.
22. Ibid., 45-51.
23. Petrônio, *op. cit.*, 129.
24. Morris, *op. cit.*, 46-47; Stambaugh, *op. cit.*, 150-53.
25. Stambaugh, *op. cit.*, 144-45.
26. Morris, *op. cit.*, 39-44.
27. Edward Gibbon, *The Decline and Fall of the Roman Empire*, vol. 1 (Nova York: Modern Library, 1995), 8.
28. Robert Lopez, *The Birth of Europe* (Nova York: M. Evans and Company, 1967), 15.
29. Charles Ludwig, *Cities in New Testament Times* (Denver: Accent Books, 1967), 15.
30. J.P.V.D. Balsdon, *Life and Leisure in Ancient Rome* (Nova York: McGraw-Hill, 1969), 224-25.
31. Childe, *The Dawn of European Civilization*, 267-73; Grant, *The Ancient Mediterranean*, 293; Curtin, *op. cit.*, 99-100.
32. Gibbon, *op. cit.*, 33.
33. G. W. Bowerstock, "The Dissolution of the Roman Empire", *in The Collapse of Ancient States and Civilizations*, 169; Grant, *The Ancient Mediterranean*, 297-99; Richard P. Saller, "Roman Class Structures and Relations", *in Civilization of the Ancient Mediterranean*, 569.
34. Muller, *op. cit.*, 218.
35. Michael Grant, *The Antonines: The Roman Empire in Transition* (Londres: Routledge, 1994), 55-56; Muller, *op. cit.*, 221.

CAPÍTULO SEIS: O ECLIPSE DA CIDADE CLÁSSICA
1. Karl Marx, *Das Kapital*, trad. David Fernbach (Nova York: Vintage, 1977), vol. 1, 232; vol. 2, 730; Michael Grant, *The Fall of the Roman Empire* (Londres: Weidenfeld and Nicholson, 1997), 103, 126-29.
2. Baldson, *op. cit.*, 203.
3. Grant, *The Fall of the Roman Empire*, 103, 139.
4. McNeill, *op. cit.*, 115-19.
5. Muller, *op. cit.*, 228.
6. Ludwig, *op. cit.*, 79-81, 85; Wayne A. Meeks, "Saint Paul of the Cities", *in* Peter S. Hawkins, *Civitas: Religious Interpretations of the City* (Atlanta: Scholars Press, 1986), 17-23; Sandmel, *op. cit.*, 337, 405.
7. Mateus 10:23.
8. Owens, *op. cit.*, 47.
9. Grant, *The Fall of the Roman Empire*, 291.

218 · Notas

10. Jacob Burckhardt, *The Age of Constantine the Great* (Nova York: Doubleday, 1956), 207; McNeill, *op. cit.*, 122; Lopez, *op. cit.*, 25.
11. Santo Agostinho, *The City of God*, trad. Marcus Dods (Nova York: Modern Library, 1993), 476-77.
12. Joseph A. Tainter, *The Collapse of Complex Societies* (Cambridge, Inglaterra: Cambridge University Press, 1990), 127-50; Childe, *What Happened in History*, 275.
13. Morris, *op. cit.*, 44.
14. Dunbar von Kalckreuth, *Three Thousand Years of Rome*, trad. Caroline Fredrick (Nova York: Knopf, 1930), 141-43; Cyril Magno, *Byzantium: The Empire of New Rome* (Nova York: Scribner's, 1980), 21.
15. George L. Cowgill, "Onward and Upward with Collapse", in *The Collapse of Ancient States and Civilizations*, 270.
16. Chandler e Fox, *op. cit.*, 304.
17. Craig Fisher, "The Medieval City", in *Cities in Transition: From the Ancient World to Urban America*, ed. Frank J. Coppa e Philip C. Dolce (Chicago: Nelson Hall, 1974), 22.
18. Vito Fumagalli, *Landscapes of Fear: Perceptions of Nature and the City in the Middle Ages*, trad. Shayne Mitchell (Cambridge, Inglaterra: Polity Press, 1994), 68.
19. Mango, *op. cit.*, 75.
20. July, *op. cit.*, 46; Michael Grant, *From Rome to Byzantium: The Fifth Century* (Londres: Routledge, 1998) 11-13: Mango, *op. cit.*, 74; Chandler e Fox, *op. cit.*, 304-6.
21. *The Chronographia of Michael Psellus*, trad. E.R.A. Stewart (New Haven: Yale University Press, 1953), 130.
22. Pirenne, *op. cit.*, 2-3; Childe, *What Happened in History*, 279; Steven Runciman, "Christian Constantinople", in *Golden Ages of the Great Cities*, ed. C. M. Bowra (Londres: Thames and Hudson, 1952), 64, 70-72; 77-78.
23. Muller, *op. cit.*, 17.
24. Mango, *op. cit.*, 68, 92.
25. Burckhardt, *op. cit.*, 334; Morris, *op. cit.*, 62; Dimitri Obolensky, *The Byzantine Commonwealth: Eastern Europe, 500-1453* (Nova York: Praeger, 1971), 48.

CAPÍTULO SETE: O ARQUIPÉLAGO ISLÂMICO
1. Chandler e Fox, *op. cit.*, 270.
2. Geoffrey Barraclough, *The Crucible of Europe: The Ninth and Tenth Centuries in European History* (Berkeley: University of California Press, 1976), 61.
3. Henri Pirenne, *Mohammed and Charlemagne*, trad. Bernard Miall (Cleveland: Meridian Books, 1957), 166.
4. Richard Hodges, *Dark Age Economics: The Origins of Towns and Trade* (Nova York: St. Martin's Press, 1982), 31, 181; David C. Douglas, *The Norman Achievement, 1050-1100* (Berkeley: University of California Press, 1969), 189.
5. Paul Wheatley, *The Places Where Men Pray Together: Cities in Islamic Lands, Seventh Through the Tenth Centuries* (Chicago: University of Chicago Press, 2001), 41.
6. Philip K. Hitti, *Capital Cities of Arab Islam* (Minneapolis: University of Minnesota Press, 1973), 4-8.
7. Wheatley, *The Places Where Men Pray Together*, 12, 18.
8. Ibn Khaldun, *The Muqaddimah: An Introduction to History*, trad. Franz Rosenthal (Princeton, Nova Jersey: Princeton University Press, 1969), 97.
9. Hitti, *op. cit.*, 14; Albert Hourani, *A History of the Arab Peoples* (Cambridge, Massachusetts: Harvard University Press, 2002), 120.
10. Hitti, *op. cit.*, 18-19.
11. Ibn Khaldun, *op. cit.*, 74.
12. Grant, *The Ancient Mediterranean*, 192.
13. Stefano Bianca, *Urban Form in the Arab World: Past and Present* (Nova York: Thames and Hudson, 2000), 25-36.
14. Hitti, *op. cit.*, 61.

15. Pirenne, *Mohammed and Charlemagne*, 154-55; Mango, 91-97.
16. Wheatley, *The Places Where Men Pray Together*, 35-38.
17. Hourani, *op. cit.*, 124-25.
18. Whatley, *The Places Where Men Pray Together*, 39.
19. Hitti, *op. cit.*, 154-55; Maria Rosa Menocal, *The Ornament of the World: How Muslims, Jews and Christians Created a Culture of Tolerance in Medieval Spain* (Boston: Little, Brown, 2002), 66.
20. Wheatley, *The Places Where Men Pray Together*, 54-57.
21. Hourani, *op. cit.*, 110-11; Chandler e Fox, *op. cit.*, 270.
22. Hourani, *op. cit.*, 49-50.
23. Janet Abu-Lughod, *Cairo: 1,001 Years of the City Victorious* (Princeton, Nova Jersey: Princeton University Press, 1971), 6-21.
24. Ibid., 41; André Raymond, *Cairo*, trad. Willard Wood (Cambridge, Massachusetts: Harvard University Press, 2000), 36, 47; Ross E. Dunn, *The Adventures of Ibn Battuta: A Muslim Traveler of the 14th Century* (Berkeley: University of California Press: 1986), 41.
25. Raymond, *op. cit.*, 120.
26. Ibid., 123.
27. Dunn, *op. cit.*, 45.
28. Wheatley, *The Places Where Men Pray Together*, 337.
29. Curtin, *op. cit.*, 114-16.
30. July, *op. cit.*, 58-59; Dunn, *op. cit.*, 122-28; Curtin, *op. cit.*, 121-22.
31. Ghirshman, *op. cit.*, 336-41.
32. Masoud Kheirabadi, *Iranian Cities: Formation and Development* (Austin: University of Texas Press, 1991), 45-65.
33. Thapar, *op. cit.*, 52; Chandler e Fox, *op. cit.*, 301.
34. Stephen P. Blake, *Shahjahanabad: The Sovereign City in Mughal India, 1639-1739* (Cambridge, Inglaterra: Cambridge University Press, 1991), 1-5.
35. Thapar, *op. cit.*, 239.
36. Dunn, *op. cit.*, 136; Tapan Raychaudhuri e Irfan Habib, *The Cambridge Economic History of India, vol. 1: 1200-1750* (Déli: Orient Longman, 1982), 82-83.
37. Raychaudhuri e Habib, *op. cit.*, 37-42; Curtin, *op. cit.*, 123-25.

Capítulo oito: Cidades do Império do Meio
1. *The Travels of Marco Polo*, ed. Manuel Komroff (Nova York: The Modern Library, 1926), 50-71.
2. René Grousset, *The Empire of the Steppes*, trad. Naomi Walford (New Brunswick, Nova Jersey: Rutgers University Press, 1970), 41-50, 90-95, 117-20; Kenneth Scott Latourette, *The Chinese: Their History and Culture* (Nova York: Macmillan, 1962), 80.
3. Bernard Lewis, *What Went Wrong? The Clash Between Islam and Modernity in the Middle East* (Nova York: Perennial, 2002), 6.
4. Wheatley, *The Pivot of the Four Quarters*; 176-78; Ray Huang, *1587, A Year of No Significance: The Ming Dynasty in Decline* (New Haven: Yale University Press, 1981), 4.
5. Latourette, *op. cit.*, 216; Chandler e Fox, *op. cit.*, 270.
6. Gilbert Rozman, "East Asian Urbanization in the Nineteenth Century: Comparisons with Europe", *in Urbanization in History: A Process of Dynamic Interactions*, ed. Advan der Woude, Akira Hayami e Jan de Vries (Oxford, Inglaterra: Clarendon Press, 1990), 65-66.
7. Sit, *op. cit.*, 22-23.
8. Ma, *op. cit.*, 119-20.
9. Sit, *op. cit.*, 39.
10. Heng Chye Kiang, *Cities of Aristocrats and Bureaucrats: The Development of Medieval Chinese Cityscapes* (Honolulu: University of Hawaii Press, 1999), 19-25.

11. Ibid, 1-3.
12. Ma, *op. cit.*, 109-10; Sit, *op. cit.*, 25.
13. Latourette, *op. cit.*, 140-41; Chandler e Fox, *op. cit.*, 270.
14. L. Carrington Goodrich, *A Short History of the Chinese People* (Nova York: Harper Torchbooks, 1943), 116-17; Latourette, *op. cit.*, 67-68; Ma, *op. cit.*, 117; Sen-Dou Chang, *op. cit.*, 116.
15. Heng Chye Kiang, *op. cit.*, 3.
16. Latourette, *op. cit.*, 186.
17. Ma, *op. cit.*, 30-31; Goodrich, *op. cit.*, 151; Raychaudhuri e Habib, *op. cit.*, 128-31.
18. Ma, *op. cit.*, 34-35; Chandler e Fox, *op. cit.*, 270.
19. *The Travels of Marco Polo*, *op. cit.*, 153, 159-63, 254-56.
20. Goodrich, *op. cit.*, 154-59.
21. Ma, *op. cit.*, 5-6, 160; Heng Chye Kiang, *op. cit.*, 135, 150, 170, 192.
22. Grousset, *op. cit.*, 252.
23. Dunn, *op. cit.*, 250; *The Travels of Marco Polo*, xvi; Latourette, *op. cit.*, 215; Raychaudhuri e Habib, *op. cit.*, 135-38.
24. *The Travels of Marco Polo*, 153, 159-63, 254-56; Curtin, *op. cit.*, 125.

Capítulo nove: Oportunidade perdida

1. Ma, *op. cit.*, 11-13; Percival Spear, *India: A Modern History* (Ann Arbor: University of Michigan Press, 1961), 153; Raychaudhuri e Habib, *op. cit.*, 141, 170-71; Blake, *op. cit.*, 30; Fernand Braudel, *The Perspective of the World: Civilization and Capitalism: 15th-18th Century*, vol. 3, trad. Sian Reynolds (Nova York: Harper & Row, 1984), 534; Hourani, *op. cit.*, 232. Nota: Não apenas essas cidades eram grandes, mas suas economias eram, em sua maioria, mais afluentes que as da Europa. De fato, ainda em 1700, as rendas *per capita* na China e na Índia equiparavam-se ou superavam as da Inglaterra e França, para não mencionar as nações mais pobres da Europa. Dada sua grande população, as economias da Ásia, computadas juntas, representavam uma parcela muito maior da economia global.
2. Schinz, *op. cit.*, 1-2.
3. Bernard Lewis, *The Muslim Discovery of Europe* (Nova York: W. W. Norton, 1982), 60-68, 185-87.
4. Blake, *op. cit.*, 183, 192-94.
5. Saggs, *op. cit.*, 49; ibn Khaldun, *op. cit.*, 135-37, 247; Grousset, *op. cit.*, 323-25.
6. Ma, *op. cit.*, 122.
7. Spear, *op. cit.*, 156-57.
8. Ma, *op. cit.*, 43, 134-37, 162; Ira Marvin Lapidus, *Muslim Cities in the Later Middle Ages* (Cambridge, Massachusetts: Harvard University Press, 1967), 96, 101; Raychaudhuri e Habib, *op. cit.*, 185-87, 277-78.
9. Ibn Khaldun, *op. cit.*, 238.
10. Curtin, *op. cit.*, 127; Latourette, *op. cit.*, 234.
11. Immanuel Wallerstein, *The Modern World-System: Capitalist Agriculture and the Origins of the European World-Economy in the Sixteenth Century* (Nova York: Academic Press, 1974), 55-56.
12. Lapidus, *op. cit.*, 50-65, 78-80, 185-91.
13. Abu-Lughod, *op. cit.*, 48-51; Lewis, *What Went Wrong?*, 13.
14. Lewis, *The Muslim Discovery*, 195.

Capítulo dez: O renascimento urbano da Europa

1. Pirenne, *Mohammed and Charlemagne*, 277.
2. Lauro Martines, *Power and Imagination: City-States in Renaissance Italy* (Nova York: Knopf, 1979), 13; Dougerty, *op. cit.*, 44; Pirenne, *Medieval Cities*, 61-64.
3. Fumagalli, *op. cit.*, 81, 92; William H. McNeill, *The Pursuit of Power: Technology, Armed Force and Society Since A.D. 1000* (Chicago: University of Chicago Press, 1982), 86.
4. John Hale, *The Civilization of Europe in the Renaissance* (Nova York: Touchstone, 1993), 20.

5. Nathan Rosenberg e L. E. Birdzell Jr., *How the West Grew Rich: The Economic Transformation of the Industrial World* (Nova York: Basic Books, 1986), 59-60, 68; John Langton e Goran Hoppe, "Town and County in the Development of Early Modern Europe", *in Historical Geography Research Series*, nº 11 (1983): 7.
6. Pirenne, *Mohammed and Charlemagne*, 218-19.
7. Jan de Vries, *European Urbanization, 1500-1800* (Cambridge, Massachusetts: Harvard University Press, 1984), 28-29, 41.
8. Lewis, *The Muslim Discovery*, 26.
9. Brian Pullan, *A History of Early Renaissance Italy: From the Mid-Thirteenth to the Mid-Fifteenth Century* (Nova York: St. Martin's Press, 1973), 104-7.
10. Chandler e Fox, *op. cit.*, 313.
11. Morris, *op. cit.*, 113-14; Paul Zucker, *Town and Square, from the Agora to the Village Green* (Cambridge, Massachusetts: MIT Press, 1970), 99-102.
12. Jacob Burckhardt, *The Civilization of the Renaissance in Italy: An Essay*, trad. S.G.C. Middlemore, ed. Irene Gordon (Nova York: New American Library, 1961), 79; Morris, *op. cit.*, 112-17.
13. Pullan, *op. cit.*, 103.
14. Frederic C. Lane, *Venice: A Maritime Republic* (Baltimore: Johns Hopkins University Press, 1973), 93.
15. Mumford, *op. cit.*, 321-23; Braudel, *op. cit.*, 135-36; Lane, *op. cit.*, 165.
16. Braudel, *op. cit.*, 120, 124-27; Alberto Ades e Edward L. Glaeser, "Trade and Circuses: Explaining Urban Giants", *in Quarterly Journal of Economics* 110, nº 1 (1995): 220.
17. Braudel, *op. cit.*, 132.
18. Ibid., 30, 132.
19. Harold Acton, "Medicean Florence", *in Golden Ages of the Great Cities,* 105-8; Fumagalli, *op. cit.*, 91.
20. Frank J. Coppa, "The Preindustrial City", *in Cities in Transition*, 40-41.
21. Karl Polanyi, *The Great Transformation: The Political and Economic Origins of Our Times* (Boston: Beacon Press, 1944), 45; Cecil Fairfield Lavell, *Italian Cities* (Chautauqua, Nova York: Chautauqua, 1905), 115.
22. Martines, *op. cit.*, 83.
23. Dante, *The Divine Comedy: Inferno*, trad. John D. Sinclair (Nova York: Oxford University Press, 1939), 209 (Canto XVI).
24. Martines, *op. cit.*, 169-72.
25. Coppa, *op. cit.*, 42.
26. Étienne François, "The German Urban Network Between the Sixteenth and Eighteenth Centuries: Cultural and Demographic Indicators", *in Urbanization in History*, 84-100; Alexandra Richie, *Faust's Metropolis: A History of Berlin* (Nova York: Carroll and Graf, 1998), 3, 22-24; Giles MacDonogh, *Berlin: A Portrait of Its History, Architecture and Society* (Nova York: St. Martin's Press, 1998), 40.
27. Mumford, *op. cit.*, 355.
28. Maquiavel, *The Prince*, trad. Luigi Ricci (Nova York: Mentor, 1952), 119.
29. Lane, *op. cit.*, 177.
30. Martines, *op. cit.*, 169; McNeill, *Plagues and Peoples*, 170-171; Fernand Braudel, *The Mediterranean and the Mediterranean World in the Age of Philip II*, vol. 1, trad. Sian Reynolds (Nova York: Harper & Row, 1972), 334-36.
31. Braudel, *The Mediterranean*, 388-89.
32. Louis B. Wright, *Gold, Glory and the Gospel: The Adventurous Lives and Times of the Renaissance Explorers* (Nova York: Harper & Row, 1972), 334-36.
33. Chandler e Fox, *op. cit.*, 313; de Vries, *op. cit.*, 30.
34. *Prescott's Histories: The Rise and Decline of the Spanish Empire*, ed. Irwin Blacker (Nova York: Viking Press, 1963), 258-63.
35. Lopes, *op. cit.*, 322-25; Alfred Fierro, *Historical Dictionary of Paris*, trad. Jon Woronoff (Lanham, Maryland: Scarecrow Press, 1998), 2-3.
36. Fumagalli, *op. cit.*, 91.

37. Yves Lenguin, *La mosaïque France: Histoire des étrangers et de l'immigration en France* (Paris: Larousse, 1988), 130, 142; Braudel, *The Perspective of the World,* 329-30.
38. James L. McClain e John M. Merriman, "Edo and Paris: Cities and Power", *in* James L. McClain, John M. Merriman e Ugawa Kaoru*, Edo and Paris: Urban Life and the State in the Early Modern Era* (Ithaca, Nova York: Cornell University Press, 1994), 4, 12-13.
39. Ibid, 23, 77.
40. Zucker, *op. cit.*, 195.
41. David Hamer, *New Towns in the New World: Images and Perceptions of the Nineteenth Century Urban Frontier* (Nova York: Columbia University Press, 1990), 36-37.
42. Michel Carmona, *Haussmann: His Life and Times, and the Making of Modern Paris,* trad. Patrick Camiller (Chicago: Ivan R. Dee, 2002), 10-113-22, 139, 154-56; Georges Lefebvre, *The Coming of the French Revolution,* trad. R. R. Palmer (Princeton, Nova Jersey: Princeton University Press, 1967), 98-99.

Capítulo onze: Cidades de Mamon

1. Nicholas V. Riasanovsky, *A History of Russia* (Nova York: Oxford University Press, 1963), 92-117.
2. Rozman, *op. cit.*, 71-72.
3. Morris, *op. cit.*, 104-5; de Vries, *op. cit.*, 29, 50.
4. Hale, *op. cit.*, 456.
5. *Prescott's Histories,* 155.
6. Hale, *op. cit.*, 168.
7. Henry Kamen, *Spain 1469-1714: A Society of Conflict* (Londres: Longman, 1991), 39-42; Barnet Litvinoff, *1492: The Decline of Medievalism and the Rise of the Modern Age* (Nova York: Avon, 1991), 34, 58.
8. Kamen, *op. cit.*, 246-48.
9. Ibid., 170-71; Litvinoff, *op. cit.*, 66; Wallerstein, *op. cit.*, 195; J. H. Parry, *The Age of Reconnaissance* (Nova York: Mentor, 1963), 66.
10. Braudel, *The Mediterranean,* 146-52; Kamen, *op. cit.*, 98-99, 224-25; de Vries, *op. cit.*, 30.
11. Edith Ennen, *The Medieval Town,* trad. Natalie Fryde (Amsterdã: North Holland Publishing Company, 1979), 187; de Vries, *op. cit.*, 30.
12. Braudel, *Perspective of the World,* 31.
13. Rosenberg e Birdzell, *op. cit.*, 70, n. 30.
14. Hale, *op. cit.*, 170; de Vries, *op. cit.*, 30.
15. Simon Schama, *The Embarrassment of Riches: An Interpretation of Dutch Culture in the Golden Age* (Nova York: Knopf, 1987), 261; J. M. Bos, "A 14th Century Industrial Complex at Monnickendam and the Preceding Events", *in Medemblik and Monnickendam: Aspects of Medieval Urbanization in Northern Holland,* ed. H. A. Heidinga e H. H. van Regteren (Amsterdã: Amsterdam University Press, 1989), 21.
16. Morris, *op. cit.*, 164; Simon Groenveld, "For Benefit of the Poor: Social Assistance in Amsterdam", *in Rome & Amsterdam: Two Growing Cities in Seventeenth Century Europe,* ed. Peter van Kessel e Elisja Schulte (Amsterdã: Amsterdam University Press, 1997), 206-8.
17. Braudel, *Perspective of the World,* 184-85; Jonathan Israel, *The Dutch Republic: Its Rise, Greatness and Fall* (Oxford, Inglaterra: Oxford University Press, 1995), 113-15.
18. Schama, *op. cit.*, 15, 253, 294, 311.
19. Ibid., 44-46, 300.
20. Braudel, *Perspective of the World,* 30.
21. Kamen, *op. cit.*, 116-17.
22. Braudel, *Perspective of the World,* 185-88; Israel, *op. cit.*, 116-17.
23. Israel, *op. cit.*, 350-51.
24. Hale, *op. cit.*, 274-76.
25. Ibid., 78-79, 137; A. R. Meyers, *England in the Late Middle Ages* (Londres: Pelican, 1951), 211.

26. Henri e Barbara van der Zee, *A Sweet and Alien Land: The Story of Dutch New York* (Nova York: Viking, 1978), 2-3; "New Amsterdam, Frontier Trading Post", *in* Nicholas van Wassenaer, *Historisch Verhael, in Empire City: New York Through the Centuries*, ed. Kenneth T. Jackson e David S. Dunbar (Nova York: Columbia University Press, 2002), 26.
27. Peter Burke, *Venice and Amsterdam: A Study of Seventeenth-century Elites* (Cambridge, Inglaterra: Polity Press, 1994), 135-39; van der Zee e van der Zee, *op. cit.*, 492-94; Edwin G. Burrows e Mike Wallace, *Gotham: A History of New York City to 1898* (Nova York: Oxford University Press, 1999) 73-74.
28. Oliver A. Rink, *Holland on the Hudson: An Economic and Social History of Dutch New York* (Ithaca, Nova York: Cornell University Press; Cooperstown, Nova York: New York State Historical Association, 1986), 248-50.
29. F.R.H. Du Boulay, *An Age of Ambition: English Society in the Late Middle Ages* (Nova York: Viking, 1970), 66.
30. Meyers, *op. cit.*, 37; Du Boulay, *op. cit.*, 30.
31. Spear, *op. cit.*, 231.
32. McNeill, *The Pursuit of Power,* 151; Rhoads Murphey, "The City as a Centre of Change: Western Europe and China", *in The City in the Third World*, ed. D. J. Dwyer (Nova York: Barnes and Noble Books, 1974), 65.
33. Hale, *op. cit.*, 143.
34. 34, Israel, *op. cit.*, 1011; Braudel, *Perspective of the World*, 365; Hall, *op. cit.*, 116.
35. Meyers, *op. cit.*, 161-63, 225, 232-33.
36. Harmish McRae e Frances Cairncross, *Capital City: London as a Financial Centre* (Londres: Eyre Methuen, 1973), 9.
37. Emrys Jones, *Metropolis* (Oxford, Inglaterra: Oxford University Press, 1990), 93; Zucker, *op. cit.*, 196-98.

Capítulo doze: A revolução urbana anglo-americana
1. Hale, *op. cit.*, 355; Braudel, *Perspective of the World*, 548.
2. Braudel, *Perspective of the World*, 575-81; Karl Marx, *Das Kapital*, *op. cit.*, 914-30.
3. Jones, *op. cit.*, 94.
4. Du Boulay, *op. cit.*, 41; de Vries, *op. cit.*, 101.
5. John L. e Barbara Hammond, "The Industrial Revolution: The Rulers and the Masters", *in The Industrial Revolution in Britain: Triumph or Disaster?*, ed. Philip A. M. Taylor (Boston: D. C. Heath & Company, 1958), 40; Mark Giroud, *Cities and People: A Social and Architectural History* (New Haven: Yale University Press, 1985), 265; Theodore Koditschek, *Class Formation and Urban-Industrial Society, Bradford, 1750-1850* (Cambridge, Inglaterra: Cambridge University Press, 1990), 79.
6. Arnold J. Toynbee, *The Industrial Revolution* (Boston: Beacon Press, 1956), 10-11.
7. Koditschek, *op. cit.*, 107.
8. Friedrich Engels, *The Condition of the Working Class in England*, trad. W. O. Henderson e W. H. Chaloner (Stanford, Califórnia: Stanford University Press, 1968), 57-61.
9. Hammond e Hammond, *op. cit.*, 41; Koditschek, *op. cit.*, 100; de Vries, *op. cit.*, 179.
10. Alexis de Tocqueville, "Memoir on Pauperism", *in Tocqueville and Beaumont on Social Reform*, ed. Seymour Drescher (Nova York: Harper Torchbooks, 1968), 2, 13.
11. Hammond e Hammond, *op. cit.*, 36.
12. Koditschek, *op. cit.*, 133-37, 144.
13. Andrew Lees, *Cities Perceived: Urban Society in European and American Thought: 1820-1940* (Nova York: Columbia University Press, 1985), 29.
14. *The Complete Poetry and Prose of William Blake*, ed. David V. Erdman (Nova York: Anchor Books, 1988), 329.
15. Tocqueville, *op. cit.*, 2.
16. Lees, *op. cit.*, 40-41.

17. Hartmut Kaelble, *Historical Research on Social Mobility: Western Europe and the U.S.A. in the Nineteenth and Twentieth Centuries*, trad. Ingrid Noakes (Nova York: Columbia University Press, 1981), 42-43, 62-65, 96-97; Reuven Brenner, *Rivalry: In Business, Science, Among Nations* (Cambridge, Inglaterra: Cambridge University Press, 1987), 43.
18. Gertrude Himmelfarb, *The De-moralization of Society: From Victorian Virtues to Modern Values* (Nova York: Knopf, 1995), 39; McNeill, *Plagues and Peoples*, 275; Thomas S. Ashton, "Workers Living Standards: A Modern Revision", *in The Industrial Revolution in Britain*, 481; Lees, *op. cit.*, 40-41.
19. Lees, *op. cit.*, 53-54.
20. Ibid., 44-55.
21. Fierro, *op. cit.*, 18.
22. Henry Nash Smith, *Virgin Land: The American West as a Symbol and Myth* (Cambridge, Massachusetts: Harvard University Press, 1950), 32, 127-78.
23. Jonathan Hughes, *American Economic History* (Nova York: HarperCollins, 1990), 334.
24. Arthur M. Schlesinger, Jr. *The Age of Jackson* (Nova York: Book Find Club, 1945), 315.
25. Bernard Bailyn, *Voyagers to the West: A Passage in the Peopling of America on the Eve of the Revolution* (Nova York: Knopf, 1986), 152-54; Brinley Thomas, *Economics of International Migration* (Nova York: Macmillan, 1958), 65-66, 575.
26. Joseph Salvo e Arun Peter Lobo, "Immigration and the Changing Demographic Profile of New York", *in The City and the World: New York's Global Future*, ed. Margaret Crahan e Alberto Vourvoulias-Bush (Nova York: Council on Foreign Relations, 1997), 88-89.
27. Mumford, *op. cit.*, 467-68.
28. Sven Beckert, *The Monied Metropolis: New York City and the Consolidation of the American Bourgeoisie, 1850-1896* (Cambridge, Inglaterra: Cambridge University Press, 2001), 47.
29. Kaelble, *op. cit.*, 36-37; Paul H. Wilken, *Entrepreneurship: A Complete and Historical Study* (Norwood, Nova Jersey: Ablex Publishing, 1979), 207.
30. Beckert, *op. cit.*, 51.
31. Jon C. Teaford, *Cities of the Heartland: The Rise and Fall of the Industrial Midwest* (Bloomington: Indiana University Press, 1994), 1-4; Lawrence R. Larsen, "Chicago's Midwest Rivals: Cincinnati, St. Louis and Milwaukee", *in Chicago History* (outono 1976), 144.
32. Teaford, *op. cit.*, 66.
33. Charles e Mary Beard, *The Rise of American Civilization*, vol. 2 (Nova York: Macmillan, 1950), 176-206; Teaford, *op. cit.*, 4, 49, 52-54; Hughes, *op. cit.*, 268-69.
34. Larsen, *op. cit.*, 141-47; Bessie Louise Pierce, *A History of Chicago: 1848-1871*, vol. 2 (Nova York: Knopf, 1940), 117.
35. Teaford, *op. cit.*, 11, 19.
36. J. A. Dacus e James M. Buel, *A Tour of St. Louis, or the Inside Life of a Great City* (St. Louis: Western Publishing Company, 1878), 406-13.
37. Teaford, *op. cit.*, 68.
38. Lees, *op. cit.*, 166-69; Teaford, *op. cit.*, 113-17; Samuel Hays, *The Response to Industrialism* (Chicago: University of Chicago Press, 1957), 22-24, 71-72.
39. Beard e Beard, *op. cit.*, 748; Beckert, *op. cit.*, 297.
40. Jane Allen Shikoh, "The Higher Life in the American City of the 1900s: A Study of Leaders and Their Activities in New York, Chicago, Philadelphia, St. Louis, Boston and Buffalo", tese de doutorado no Department of History, Graduate School of Arts and Science, New York University, outubro de 1972, 5-8, 81-85.
41. Lees, *op. cit.*, 1.
42. Frederick Law Olmsted, "Selected Writings on Central Park", *in Empire City: New York City Through the Centuries,* 278-79.
43. C.A.E. Goodhart, *The New York Money Market and the Finance of Trade 1900-1913* (Oxford, Inglaterra: Oxford University Press, 1969), 9-10.

44. Robert Bruegmann, "The Paradoxes of Anti-Sprawl Reform", rascunho não corrigido para *The Twentieth Century Planning Experience*, ed. Robert Freestone (Londres: Routledge, 1999).
45. Max Page, *The Creative Destruction of Manhattan: 1900-1940* (Chicago: University of Chicago Press, 1999), 5; *Empire City: New York City Through the Centuries*, 404.
46. Emanuel Tobier, "Manhattan's Business District in the Industrial Age", in *Power, Culture, and Place: Essays on New York*, ed. John Mollenkopf (Nova York: Russell Sage Foundation, 1988), 85-87.
47. Beard e Beard, *op. cit.*, 787.
48. Tyler Cowen, *In Praise of Commercial Culture* (Cambridge, Massachusetts: Harvard University Press, 1998), 120.
49. Hall, *op. cit.*, 522; Fred A. McKenzie, *The American Invaders* (Nova York: reimpresso pela Arno Press, 1976), 9; William R. Taylor, *In Pursuit of Gotham: Culture and Commerce in New York* (Nova York: Oxford University Press, 1992), 74-76.
50. Anton C. Zijderveld, *A Theory of Urbanity: The Economic and Civic Culture of Cities* (New Brunswick, Nova Jersey: Transaction Publishers, 1998), 2.
51. Beard e Beard, *op. cit.*, 780-82.
52. John Dos Passos, *Manhattan Transfer* (Boston: Houghton Mifflin, 1925), 305.
53. Paul Crowell e A. H. Raskin, "New York: The Greatest City in the World", in *Our Fair City*, ed. Robert S. Allen (Nova York: Vanguard, 1947), 58.
54. Teaford, *op. cit.*, 76; John G. Clark, David M. Katzman, Richard D. McKinzie e Theodore Watson, *Three Generations in Twentieth Century America: Family, Community, and Nation* (Homewood, Illinois: Dorsey Press, 1977), 403.
55. Robert M. Fogelson, *Downtown: Its Rise and Fall, 1880-1950* (New Haven: Yale University Press, 2001), 112-66.
56. Crowell e Raskin, *op. cit.*, 37.
57. Fogelson, *op. cit.*, 2.

Capítulo treze: O mal-estar na industrialização

1. G. C. Allen, *Appointment in Japan: Memories of Sixty Years* (Londres: Athlone Press, 1983), 2-5.
2. Ibid., 37.
3. C. E. Elias, Jr., James Gillies e Svend Riemer, eds., *Metropolis: Values in Conflict* (Belmont, Califórnia: Wadsworth Publishing, 1965), 11-12.
4. Dhamar Kumar, *The Cambridge Economic History of India, vol. 2: 1757-1970* (Hyderabad: Orient Longman, 1982), 568-69.
5. Sigmund Freud, *Civilization and Its Discontents*, trad. James Strachey (Nova York: W. W. Norton, 1962), 59.
6. Carl Mosk, *Japanese Industrial History* (Armonk, Nova York: M. E. Sharpe, 2001), 50.
7. Thomas O. Wilkinson, *The Urbanization of Japanese Labor: 1868-1955* (Amherst: University of Massachusetts Press, 1965), 22-23.
8. Mosk, *op. cit.*, 55, 201-2; Richard Child Hill e Kuniko Fujita, "Japanese Cities in the World Economy", e Hachiro Nakamura, "Urban Growth in Prewar Japan", in *Japanese Cities in the World Economy*, ed. Kuniko Fujita e Richard Child Hill (Filadélfia: Temple University Press, 1993), 5, 30; Glenn T. Trewartha, *Japan: A Geography* (Madison: University of Wisconsin Press, 1965), 161.
9. Marius B. Jansen, *The Cambridge History of Japan, vol. 5: The Nineteenth Century* (Cambridge, Inglaterra: Cambridge University Press, 1988), 731; Hachiro Nakamura, *op. cit.*, 30.
10. Mosk, *op. cit.*, 174-75; Wilkinson, *op. cit.*, 45.
11. Allen, *op. cit.*, 124-25.
12. Nishiyama Matsunosuke, *Edo Culture: Daily Life and Diversions in Urban Japan, 1600-1868*, trad. e ed. Gerald Groemer (Honolulu: University of Hawaii Press, 1997), 9.
13. Mosk, *op. cit.*, 217.

14. Beatrice M. Bodart-Bailey, "Urbanisation and the Nature of the Tokugawa Hegemony", *in Japanese Capitals in Historic Perspective*, 175, 199.
15. Wilkinson, *op. cit.*, 77-78.
16. Ibid., 122-23.
17. John W. Dower, *War Without Mercy: Race and Power in the Pacific War* (Nova York: Pantheon, 1986), 31.
18. Evelyn S. Colbert, *The Left Wing in Japanese Politics* (Nova York: Institute of Pacific Relations, 1952), 33; George Oakley Totten III, *The Social Democratic Movement in Prewar Japan* (New Haven: Yale University Press, 1966), 106-7, 259.
19. Robert J. C. Butow, *Tojo and the Coming of the War* (Stanford, Califórnia: Stanford University Press, 1969), 146-48; Dower, *op. cit.*, 228-29; Sheldon Garon, *Molding Japanese Minds: The State in Everyday Life* (Princeton, Nova Jersey: Princeton University Press, 1997), 82-83.
20. Carola Hein, "Visionary Plans and Planners: Japanese Traditions and Western Influences", *in Japanese Capitals in Historic Perspective*, 309-42.
21. Jeffry M. Diefendorf, "The West German Debate on Urban Planning", "The American Impact on Western Europe: Americanization and Westernization in Transatlantic Perspective", Conference of the German Historical Institute, Washington, D.C., 25 a 27 de março de 1999; Klaus P. Fischer, *Nazi Germany: A New History* (Nova York: Continuum, 1995), 116-17; Gottfried Feder, "Das Program der N.S.D.A.P.", *in* Joachim Remak, *The Nazi Years: A Documentary History* (Englewood Cliffs, Nova Jersey: Prentice Hall, 1969), 30.
22. Philipp Oswald, "Berlin: A City Without Form", *in Tas Skorupa*, http://www.urban-os.com/think-pool/one?think_id=3164; Engels, *op. cit.*, 333; Helen Meller, *European Cities 1890--1930s: History, Culture and The Built Environment* (Nova York: John Wiley, 2001), 10; Morris, *op. cit.*, 166-67; Richie, *op. cit.*, 141, 144.
23. Lees, *op. cit.*, 119-21; Richie, *op. cit.*, 163, 167.
24. Georg Simmel, "The Metropolis and Mental Life", *in The Sociology of Georg Simmel*, trad. Kurt H. Wolff (Nova York: Free Press, 1950), 410-13.
25. Heinrich Class, "Wenn ich der Kaiser war", *in* Remak, *op. cit.*, 8-9; William Appleman Williams, *The Roots of the Modern American Empire: A Study of the Growth and Shaping of Social Consciousness in a Marketplace Society* (Nova York: Random House, 1969), 204.
26. Karl Dietrich Bracher, *The German Dictatorship: The Origins, Structure and Effects of National Socialism*, trad. Jean Steinberg (Nova York: Praeger, 1970), 45; Carl E. Schorske, *Fin de Siècle Vienna: Politics and Culture* (Nova York: Knopf, 1979), 5-6.
27. Program of the National Socialist German Workers Party, *in* Remak, *op. cit.*, 27-29.
28. Michael Burleigh e Wolfgang Wippermann, *The Racial State: Germany, 1933-1945* (Cambridge, Inglaterra: Cambridge University Press, 1991), 220-22.
29. Roger Eatwell, "Fascism: A Three Dimensional Approach", rascunho final para inclusão em *Il fascismo e I suoi interpreti*, ed. Alessandro Campi (Roma: Antonio Pellicani, 2000).
30. Klaus Fischer, *op. cit.*, 367; Richie, *op. cit.*, 407, 432, 437.
31. W. Bruce Lincoln, *Sunlight at Midnight: St. Petersburg and the Rise of Modern Russia* (Nova York: Basic Books, 2002), 1-3.
32. Roger P. Bartlett, *Human Capital: The Settlement of Foreigners in Russia 1762-1804* (Cambridge, Inglaterra: Cambridge University Press, 1979), 1-2; 94-95.
33. Reginald E. Zelnik, *Labor and Society in Tsarist Russia: The Factory Workers of St. Petersburg, 1855-1970* (Stanford, Califórnia: Stanford University Press, 1971), 221.
34. Ibid., 23, 27; Riasanovsky, *op. cit.*, 309.
35. Daniel R. Brower, *The Russian City Between Tradition and Modernity, 1850-1900* (Berkeley: University of California Press, 1990), 9, 13-14, 23, 202, 221; Nicholas Riasanovsky, *Nicholas I and Official Nationality in Russia, 1825-1855* (Berkeley: University of California Press, 1959), 134-35.
36. Anatole G. Mazour, *The First Russian Revolution, 1825: The Decembrist Movement, Its Origins, Development, and Significance* (Stanford, Califórnia: Stanford University Press, 1961), 261-72; Zelnik, *op. cit.*, 17.

37. Laura Engelstein, *Moscow 1905: Working-Class Organization and Political Conflict* (Stanford, Califórnia: Stanford University Press, 1982), 13, 27; Lincoln, *op. cit.*, 9; Zelnik, *op. cit.*, 240--41, Riasanovsky, *History of Russia*, 470-74.
38. Lincoln, *op. cit.*, 242.
39. William J. Chase, *Workers, Society, and the Soviet State: Labor and Life in Moscow, 1918-1929* (Urbana: University of Illinois Press, 1987), 6-7; Paul E. Lyndolph, *Geography of the U.S.S.R.*, (Nova York: John Wiley, 1964), 275.
40. Chase, *op. cit.*, 24-25.
41. Ibid., 73.
42. Lincoln, *op. cit.*, 231-33.
43. Ibid., 260-61; William Henry Chamberlin, *Russia's Iron Age* (Boston: Little, Brown, 1935), 5.
44. Dmitri Volkogonov, *Stalin: Triumph and Tragedy*, trad. Harold Shukman (Nova York: Grove Weidenfeld, 1991), 234.
45. Dmitri Volkogonov, *Autopsy for an Empire: The Seven Leaders Who Built the Soviet Regime*, trad. Harold Shukman (Nova York: Free Press, 1998), 184-85.
46. Chamberlin, *op. cit.*, 51-53.
47. Lyndolph, *op. cit.*, 275.
48. N. S. Khruschev, *Socialism and Communism: Selected Passages 1956-63* (Moscou: Foreign Languages Press, 1963), 18, 43.
49. Volkogonov, *Autopsy for an Empire*, 280; "The Environmental Outlook in Russia", *in National Intelligence Council*, janeiro de 1999.
50. Nicolas Berdyaev, *The Origin of Russian Communism* (Ann Arbor: University of Michigan Press, 1960), 182.

CAPÍTULO CATORZE: A BUSCA POR UMA "CIDADE MELHOR"
1. Dana W. Bartlett, *The Better City: A Sociological Study of a Modern City* (Los Angeles: Neuner Company Press, 1907), 1.
2. Carey McWilliams, *Southern California Country: An Island on the Land* (Nova York: Duell, Sloan and Pearce, 1946), 213.
3. Dana W. Bartlett, *op. cit.*, 37, 211.
4. Ibid., 191.
5. David Gebhard e Harriette von Breton, *Los Angeles in the Thirties: 1931-1941* (Los Angeles: Peregrine Smith, 1975), 28; Rybczynski, *op. cit.*, 143.
6. John D. Weaver, *El Pueblo Grande: Los Angeles from the Brush Huts of Yangna to the Skyscrapers of the Modern Megalopolis* (Los Angeles: Ward Ritchie Press, 1973), 38-39.
7. Greg Hise, *Magnetic Los Angeles: Planning the Twentieth-Century Metropolis* (Baltimore: John Hopkins University Press, 1997), 10-11.
8. Weaver, *op. cit.*, 48-51.
9. Gebhard e von Breton, *op. cit.*, 26; Richard Longstreth, *City Center to Regional Mall: Architecture, the Automobile, and Retailing in Los Angeles, 1920-1950* (Cambridge, Massachusetts: MIT Press, 1997), 13.
10. Greg Hise e William Deverell, *Eden by Design: The 1930 Olmsted-Bartholomew Plan for the Los Angeles Region* (Berkeley: University of California Press, 2000), 6-8, 22, 39-51.
11. Hildy Median, "L.A. Job Growth Beats Most Major Cities", *in Los Angeles Business Journal*, 26 de maio de 1997.
12. Tobier, *op. cit.*, 78.
13. Rudolf Hartog, "Growth Without Limits: Some Case Studies of 20th Century Urbanization", *in International Planning Studies* 4, nº 1 (1999): 98.
14. Kenneth Jackson, *Crabgrass Frontier: The Suburbanization of the United States* (Nova York: Oxford University Press, 1985), 16-191.

15. Klaus Fischer, *op. cit.*, 25; Frank J. Poppa, "The Pre-Industrial City", *in Cities in Transition*, 43--45; Hale, *op. cit.*, 143; Robert Fishman, *Bourgeois Utopias: The Rise and Fall of Suburbia* (Nova York: Basic Books, 1987), 20-21.
16. Meller, *op. cit.*, 1, 8.
17. Morris, *op. cit.*, 110.
18. Girouard, *op. cit.*, 268-83.
19. Ibid., 280-83; D. A. Reeder, "A Theater of Suburbs: Some Patterns of Development in West London, 1801-1911", *in The Study of Urban History*, ed. H. J. Dyos (Nova York: St. Martin's Press, 1968), 253.
20. Girouard, *op. cit.*, 268-69, 282-83; Fishman, *op. cit.*, 75.
21. H. G. Wells, *Anticipations of the Reaction of Mechanical and Scientific Progress upon Human Life and Thought* (Londres: Chapman and Hall, 1902), 33-62.
22. Carl E. Schorske, "The Idea of the City in European Thought", *in The Historian and the City*, ed. Oscar Handlin and John Burchard (Cambridge, Massachusetts: MIT Press, 1963), 105-6.
23. Thomas Carlyle, *Selected Writings*, ed. Alan Shelston (Middlesex, Inglaterra: Penguin, 1971), 64-65; Fishman, *op. cit.*, 34-61.
24. William Peterson, "The Ideological Origins of Britain's New Towns", *in New Towns and the Suburban Dream*, ed. Irving Lewis Allen (Port Washington, Nova York: University Publications, 1977), 62-65; Schorske, *op. cit.*, 108.
25. A. Digby Baltzell, *Philadelphia Gentlemen: The Making of a National Upper Class* (New Brunswick, Nova Jersey: Transaction Press, 1989), 196-309; John Modell, "An Ecology of Family Decisions: Suburbanization, Schooling and Fertility in Philadelphia, 1880-1920", *in Journal of Urban History* 6, nº 4 (agosto de 1980); 397-417.
26. Teaford, *op. cit.*, 238-42.
27. Jackson, *op. cit.*, 176.
28. Scott Donaldson, *The Suburban Myth* (Nova York: Columbia University Press, 1969), 3.
29. Jackson, *op. cit.*, 172.

Capítulo quinze: O triunfo dos subúrbios
1. Jackson, *op. cit.*, 7; Donaldson, *op. cit.*, 4.
2. Fred Siegel, *The Future Once Happened Here: New York, D.C., L.A., and the Fate of America's Big Cities* (Nova York: Free Press; prova não corrigida), x.
3. Robert Moses, "Are Cities Dead?", *in Metropolis: Values in Conflict*, 53.
4. Jon C. Teaford, *Post-Suburbia: Government and Politics in the Edge Cities* (Baltimore: John Hopkings University Press, 1997), 10.
5. Ralph G. Martin, "A New Life Style", *in* Louis H. Masotti e Jeffrey K. Hadden, *Suburbia in Transition* (Nova York: New Viewpoints, 1974), 14-21; William H. Whyte, *The Organization Man* (Garden City, Nova York: Doubleday, 1957), 331.
6. Andres Duany, Elizabeth Plater-Zybeck e Jeff Sperk, *Suburban Nation: The Rise of Sprawl and the Decline of the American Dream* (Nova York: North Point Press, 2000), xii, 59.
7. Lewis Mumford, *The Urban Prospect* (Nova York: Harcourt Brace, 1968), 221; Donaldson, *op. cit.*, 202.
8. William M. Dobriner, *Class in Suburbia* (Englewood Cliffs, Nova Jersey: Prentice Hall, 1963), 140.
9. Jackson, *op. cit.*, 42; William H. Whyte, "The Anti-City", *in Metropolis: Values in Conflict*, 69; Clark et. al., *op. cit.*, 469; Hise, *op. cit.*, 7.
10. Teaford, *Cities of the Heartland*, 232-44; Clark et al., *op. cit.*, 418.
11. John J. Harrigan, *Political Change in the Metropolis* (Boston: Little, Brown, 1976), 36-37.
12. Mumford, *The Urban Prospect*, 207.
13. Himmelfarb, *op. cit.*, 225-33.
14. Louis M. Hacker, *The Course of American Economic Growth and Development* (Nova York: John Wiley, 1970), 351.

15. Meller, *op. cit.*, 16, 51; Le Corbusier, *The City of Tomorrow and Its Planning*, trad. Frederick Etchells (Cambridge, Massachusetts: MIT Press, 1971), 1-7; Rybczynski, *op. cit.*, 158-59; Le Corbusier, "The Fairy Catastrophe", *in Empire City: New York City Through the Centuries*, 611-13.
16. Jones, *op. cit.*, 99.
17. Mariana Mogilevich, "Big Bad Buildings", *in The Next American City* 3 (2003); Robert W. Gilmer, "The Urban Consolidation of American Oil: The Case of Houston", Federal Reserve Bank of Dallas, sucursal de Houston, 6 de junho de 1998.
18. Robert Fitch, *The Assassination of New York* (Londres: Verso, 1993), xi-xiv.
19. Witold Rybczynski e Peter Linneman, "Shrinking Cities", *in Wharton Real Estate Review* (outono 1997); William Kornblum, "New York Under Siege", *in The Other City: People and Politics in New York and London*, ed. Susanne Macgregor e Arthur Lipow (Atlantic Highlands, Nova Jersey: Humanities Press, 1995), 37; Jack Newfield e Paul Du Brul, *The Abuse of Power: The Permanent Government and the Fall of New York* (Nova York: Viking, 1977), 18-24.
20. Kate Stohr, "Shrinking Cities Syndrome", *in The New York Times*, 5 de fevereiro de 2004; "London Comes Back to Life", *The Economist*, 9 de novembro de 1996.
21. Eric Sandweiss, introdução, *in Were We Live: A Guide to St. Louis Communities*, ed. Tim Fox (St. Louis: Missouri Historical Society Press, 1995), 2. *Europe's Cities in the Late 20th Century*, ed. Hugh Clout (Utrecht: Royal Dutch Geographical Society, 1994), 106; Gunter Dlebe, "Düsseldorf: Economic Restructuring and Demographic Transformation", *in Europe's Cities in the Late 20th Century*, 127.
22. Teaford, *Cities of the Heartland*, 244, 255.
23. Anna Segre, "Turin in the 1980s".
24. Jack Rosenthal, "The Outer City: An Overview of Suburban Turmoil in the United States", *in* Masotti e Hadden, *op. cit.*, 269.
25. James R. Scobie, *Buenos Aires: Plaza to Suburb, 1870-1910* (Nova York: Oxford University Press, 1974), 191; Charles S. Sargent, *The Spatial Evolution of Greater Buenos Aires, Argentina 1870-1930* (Tempe: Center for Latin American Studies, Arizona State University, 1974), 123-25.
26. Geoffrey Bolton, *The Oxford History of Australia: The Middle Way, 1842-1968* (Melbourne: Oxford University Press, 1990), 121-24.
27. Mumford, *The Urban Prospect*, 236; Hartog, *op. cit.*, 103.
28. Richard Rogers e Richard Burdett, "Let's Cram More into the City", *in New Statesman*, 22 de maio de 2000.
29. Patrick Collinson, "Property: A Slowdown Will Mean a Steadier Market", *in The Guardian*, 28 de outubro de 2000; "The Music of the Metropolis", *The Economist*, 2 de agosto de 1997.
30. Emrys Jones, "Londres", *in The Metropolis Era*, vol. 2: *The Megacities*, ed. Mattei Dogan e John D. Kasarda (Newbury Park, Califórnia: Sage Publications, 1988), 105.
31. Hartog, *op. cit.*, 121.
32. Henry Tricks, "Escape from the City", *in The Financial Times*, 12 de outubro de 2003.
33. Pietro S. Nivola, *Laws of the Landscape: How Politics Shape Cities in Europe and America* (Washington, D.C.: Brookings, 1999), 27-28; Peter Marcuse e Ronald van Kempen, "Conclusion: A Changed Spacial Order", *in Globalizing Cities: A New Spatial Order?*, ed. Peter Marcuse e Ronald van Kempen (Londres: Blackwell Publishers, 2000), 260.
34. Manuel Valenzuela e Ana Olivera, "Madrid Capital City and Metropolitan Region", *in Europe's Cities in the Late 20th Century*, 57-59; Glebe, *op. cit.*, 126-32.
35. Jeffry M. Diefendorf, "The American Impact on Western Europe: Americanization and Westernization in Transatlantic Perspective", Conference of the German Historical Institute, Washington, D.C., 25-27 de março de 1999.
36. Hartog, *op. cit.*, 110-16.
37. "Discussion", *in The Study of Urban History, op. cit.*, 278.
38. Eli Lehrer, "Crime Without Punishment", *in Weekly Standard*, 27 de maio de 2002.

39. Jan Rath, "A Game of Ethnic Musical Chairs? Immigrant Businesses and the Alleged Formation and Succession of Niches in the Amsterdam Economy", *in* Sophie Body-Gendrot e Marco Martiniello, *Minorities in European Cities: The Dynamics of Social Integration and Social Exclusion at the Neighborhood Level* (Houndmills, Basingstoke, Hampshire: Macmillan Press, 2000); "E.U. Needs Foreign Workers but Resents Their Success", *in The Hindu*, 3 de agosto de 2001; "Crime and Politics", *in Business Week*, 18 de março de 2002.
40. Pesquisa fornecida por Eduourd Bohmoff, Nyber, Holanda; Jennifer Ehrlich, "Liberal Netherlands Becomes Less So on Immigration", *in Christian Science Monitor*, 19 de dezembro de 2003; Phillip Rees, Evert van Imhoff, Helen Durham, Marek Kupiszewski e Darren Smith, "Internal Migration and Regional Population Dynamics in Europe: Netherlands Case Study", Council of Europe, agosto de 1998.
41. Jane Holtz Kay, "In Holland, the Pressures of American Style Urban Sprawl", *in Christian Science Monitor,* 3 de outubro de 2002.
42. Christian Kestletoot, "Brussels: Post Fordist Polarization in a Fordist Spatial Canvas", *in Globalizing Cities, op. cit.*, 186-210.
43. Martine Berger, "Trajectories in Living Space, Employment and Housing Stock: The Example of the Parisian Metropolis in the 1980s and 1990s" *in International Journal for Urban and Regional Research* 20.2 (1996), 240-54; Fierro, *op. cit.*, 19; Jean Robert, "Paris and the Île de France: National Capital, World City", *in Europe's Cities in the Late 20th Century,* 17-22.
44. Andre Sorensen, "Subcentres and Satellite Cities: Tokyo's 20th Century Experience of Planned Polycentrism", *in International Planning Studies 6*, nº 1 (setembro de 2001); Mosk, *op. cit.*, 263-64.
45. Edward Seidensticker, *Tokyo Rising: The City Since the Great Earthquake* (Nova York: Knopf, 1990), 290-303.
46. Carola Hein, *op. cit.*, 309-42.
47. Sorensen, *op. cit.*; Hill e Fujita, *op. cit.*, 11; Seidensticker, *op. cit.*, 336-37.

Capítulo dezesseis: O dilema pós-colonial
1. "Urban Aglomerations 2003", United Nations, Department of Economic and Social Affairs, Population Division.
2. Carlos Fuentes, *Where the Air Is Clear,* trad. Sam Hileman (Nova York: Farrar, Straus and Giroux, 1971), 7.
3. Kamen, *op. cit.*, 13; Chandler and Fox, *op. cit.*, 15.
4. Litvinoff, *op. cit.*, 5, 11.
5. Valliant, *op. cit.*, 127, 138.
6. Díaz, *op. cit.*, 215-19.
7. Dos códices Nahuatl, compostos por volta de 1523-1528, citados em Fehrenbach, *op. cit.*, 146.
8. Hardoy, *op. cit.*, 21; Fehrenbach, *op. cit.*, 189; Wright, *op. cit.*, 199-200.
9. Díaz, *op. cit.*, 200; Valliant, *op. cit.*, 189; W. W. Collins, *Cathedral Cities of Spain* (Nova York: Dodd, Mead and Company, 1909), 19.
10. Hardoy, *op. cit.*, 22-25. Fehrenbach, *op. cit.*, 147, 159; Kamen, *op. cit.*, 95; Mark D. Szuchman, "The City as Vision — The Development of Urban Culture in Latin America", *in I Saw a City Invincible: Urban Portraits of Latin America*, ed. Gilbert M. Joseph e Mark D. Szuchman (Wilmington, Delaware: SR Books, 1996), 5.
11. Hardoy, *op. cit.*, 46-53; Lesley Byrd Simpson, *Many Mexicos* (Berkeley: University of California Press, 1974), 362-63; "Cities: A Survey", *in The Economist*, 19 de julho de 1995; Alejandro Portes, "Urban Latin America: The Political Condition from Above and Below", *in Third World Urbanization*, ed. Janet Abu-Lughod e Richard Hay, Jr. (Chicago, Maaroufa Press, 1977), 67-69.
12. "Regions at Risk: Comparisons of Threatened Environments", ed. Jeanne X. Kasperson, Roger E. Kasperson e B. L. Turner II (Nova York: United Nations University Press, 1995); Jonathan Kandell, "Mexico's Megalopolis", *in I Saw a City Invincible*, 189; Josef Gugler, "Overurbanization Reconsidered", *in Cities in the Developing World: Issues, Theory and Policy*, ed. Josef Gugler (Londres: Oxford University Press, 1977), 120.

13. Procuraduría General de la República, Incidencia Delictiva del Fuero Federal, www.pgr.gob.mx; *The World Almanac and Book of Facts, 2003*, 166.
14. Fuentes, *op. cit.*, 4.
15. "The State of the World's Population, 1996", United Nations Population Fund.
16. Richard Hay, Jr. "Patterns of Urbanization and Socio-Economic Developments", *in Third World Urbanization*, 71. "The State of the World's Population, 1996"; "The State of the World's Population, 2001", United Nations Population Fund.
17. Alan Gilbert e Josef Gugler, *Cities, Poverty and Development: Urbanization in the Third World* (Londres: Oxford University Press, 1991), 13; Edward W. Said, *Orientalism* (Nova York: Vintage, 1979), 153.
18. McNeill, *Plagues and Peoples*, 151; Murphey, *op. cit.*, 65.
19. Curtin, *op. cit.*, 170-78; Murphey, *op. cit.*, 55; July, *op. cit.*, 57-60, 275-76, 347-48; Curtin, *op. cit.*, 212.
20. Kumar, *op. cit.*, 492-93.
21. Girouard, *op. cit.*, 238-42; Raychaudhuri e Habib, *op. cit.*, 437-39; Parry, *op. cit.*, 272-74; Rhoads Murphey, "The History of the City in Monsoon Asia", *in The Urban Transformation of the Developing World*, ed. Josef Gugler (Londres: Oxford University Press, 1996), 23.
22. Hourani, *op. cit.*, 295-98, 439-42; Raymond, *op. cit.*, 210; Janet Abu-Lughod, "Urbanization in the Arab World and the International System", *in The Urban Transformation of the Developing World*, 25.
23. Bianca, *op. cit.*, 170-71; Raymond, *op. cit.*, 318; Abu-Lughod, *Cairo*, 98-99.
24. Mattei Dogan e John Kasarda, "Introduction: Comparing Giant Cities", *in The Metropolis Era*, vol. 2: *Megacities*, 23.
25. Alfred Crofts e Percy Buchanan, *A History of the Far East* (Nova York: Longmans, Green and Company, 1958), 142-52; Schinz, *op. cit.*, 18; Xiangming Chen, "Giant Cities and the Urban Hierarchy of China", *in* Mattei Dogan e John Kasarda, *A World of Great Cities: The Metropolis Era*, vol. 1 (Newbury Park: Sage, 1989), 230-32.
26. Murphey, "The City as a Centre of Change", 55-61; Stella Dong, *Shanghai: The Rise and Fall of a Decadent City* (Nova York: William Morrow, 2000), 1.
27. Abu-Lughod, "Urbanization in the Arab World", 190.
28. "The State of the World's Population, 1996"; Alain R. A. Jacquemin, *Urban Development and New Towns in the Third World: Lessons from the New Bombay Experience* (Aldershot, Inglaterra: Ashgate, 1999), 5.
29. Robert B. Potter, "Cities, Convergence, Divergence and Third World Development", *in Cities and Developments in the Third World*, ed. Robert B. Potter e Ademola T. Salau (Londres: Mansell, 1990), 1-2.
30. Janice E. Perlman, *The Myth of Marginality: Urban Poverty and Politics in Rio de Janeiro* (Berkeley: University of California Press, 1976), 12; John Vidal, "Disease Stalks New Megacities", *in The Guardian*, 23 de março de 2002; "State of the World Population, 1996"; "Air Pollution for 40 Selected World Cities", World Health Organization; Jorge E. Hardoy, "Building and Managing Cities in a State of Permanent Crisis", Wilson Center, Latin America Program, nº 187, 16; Kalpana Sharma, "Governing Our Cities: Will People Power Work", Panos Institute, Londres, 2000.
31. David Drakakis-Smith, *The Third World City* (Nova York: Methuen, 1987), 8, 38; Michael F. Lofchie, "The Rise and Demise of Urban Based Development Policies in Africa", *in Cities in the Developing World*, 23; Ronald McGill, *Institutional Development: A Third World City Management Perspective* (Londres: I. B. Tauris & Co., 1996), 21; Gilbert e Gugler, *op. cit.*, 25.
32. John M. Shandra, Bruce London e John B. Williamson, "Environmental Degradation, Environmental Sustainability and Overurbanization in the Developing World", *in Sociological Perspectives* 46, nº 3, 309-29; Aprodicio A. Laquian, "The Asian City and the Political Process", *in The City as a Centre of Change in Asia*, ed. D. J. Dwyer (Hong Kong: Hong Kong University Press, 1972), 50.
33. Gilbert e Gugler, *op. cit.*, 85; Allen C. Kelley e Jeffrey G. Williamson, *What Drives Third World City Growth? A Dynamic General Equilibrium Approach* (Princeton, Nova Jersey: Princeton University Press, 1984), 5.

34. Rollie E. Poppino, *Brazil: The Land and People* (Nova York: Oxford University Press, 1968), 113-17; "World Urbanization Prospects: The 2003 Revision", United Nations Population Division; "A World of Cities", *in The Economist*, 29 de julho de 1995.
35. "State of the World's Population, 2001."
36. S. I. Abumere, "Nigeria", *in Urbanization in Africa: A Handbook*, ed. James D. Tarver (Westport, Connecticut: Greenwood Press, 1994), 262-77; Pauline H. Baker, *Urbanization and Political Change: The Politics of Lagos, 1917-1967* (Berkeley: University of California Press, 1974), 32-34.
37. Drakakis-Smith, *op. cit.*, 8, 38; Lofchie, *op. cit.*, 23; McGill, *op. cit.*, 21; Gilbert e Gugler, *op. cit.*, 25; Alan Mabin, "Suburbs and Segregation in the Urbanizing Cities of the South: A Challenge for Metropolitan Government in the Early 21st Century", Lincoln Institute of Land Policy, 2001; "Black Flight", *in The Economist*, 24 de fevereiro de 1996.
38. Lewis, *What Went Wrong?*, 34; Ali Madanipour, *Tehran: The Making of a Metropolis* (Nova York: John Wiley, 1998), 5, 9.
39. Hourani, *op. cit.*, 373-74; Abu-Lughod, "Urbanization in the Arab World, 189; Salah S. El-Shakhs e Hooshang Amirahmadi, "Population Dynamics, Urbanization, and the Planning of Large Cities in the Arab World", *in Urban Development in the Muslim World*, ed. Salah S. El-Shakhs e Hooshang Amirahmadi (New Brunswick, Nova Jersey: Rutgers University Press, 1993); 21-23; Hooshang Amirahmadi e Ali Kiafar, "The Transformation of Tehran from Garrison Town to a Primate City: A Tale of Rapid Growth and Uneven Development", *in Urban Development in the Muslim World*, 120-21.
40. Manuel Castells, *The Information Age: Economy, Society and Culture, vol. 3: End of Millenium* (Oxford, Inglaterra: Blackwell Publishers, 1998), 78-83; John D. Kasarda e Allan M. Parnell, "Introduction: Third World Urban Development Issues", *in Third World Cities: Problems, Policies and Prospects*, ed. John Kasarda e Allan M. Parnell (Newbury Park, Califórnia: Sage Publications, 1993), xi.
41. Grey E. Burkhart e Susan Older, *The Information Revolution in the Middle East and North Africa*, relatório preparado para o National Intelligence Council (Santa Monica, Califórnia: RAND, 2003), ix, 2, 53.
42. Bianca, *op. cit.*, 170-71; Raymond, *op. cit.*, 318; Abu-Lughod, *Cairo*, 98-99.
43. El-Shakhs e Amirahmadi, *op. cit.*, 234; Burdett, "Toward the 21st Century"; Hourani, *op. cit.*, 374. Jonathan Eric Lewis, "Iraq's Christians", *in The Wall Street Journal*, 19 de dezembro de 2002; Rachel Pomerance, "Iraq's Glorious Past", Jewish Telegraphic Service, 9 de fevereiro de 2003; Amir Taheri, "Saddam Hussein's Delusion", *in The New York Times*, 14 de novembro de 2002.
44. Hourani, *op. cit.*, 438; El-Shakhs e Amirahmadi, *op. cit.*, 240; Jacquemin, *op. cit.*, 25.
45. Madanipour, *op. cit.*, 21, 95.
46. Burdett, "Toward the 21st Century"; Amirahmadi e Kiafar, *op. cit.*, 130-31; Masoud Kheirabadi, *Iranian Cities: Formation and Development* (Austin: University of Texas Press, 1991), 60; Madanipour, *op. cit.*, 23; Masserat Amir-Ebrahimi, "L'image socio-géographique de Téhéran en 1896", *in Téhéran: Capitale Bicentenaire*, ed. Chahryar Adle e Bernard Hourcade (Paris: Institut Français de Recherche en Iran, 1992), 268.

CAPÍTULO DEZESSETE: "RAINHAS DO ORIENTE MAIS DISTANTE"
1. "State of the World's Population, 2001."
2. C. M. Turbull, *A History of Singapore: 1819-1875* (Kuala Lumpur: Oxford University Press, 1977), 1-45.
3. Sharma, "Governing Our Cities"; Donald N. Wilber, *Pakistan: Its People, Its Society and Its Culture* (New Haven: HRAF Press, 1980), 373; Anthony King, *Colonial Urban Development: Culture, Social Power and Environment* (Londres: Routledge and Kegan Paul, 1976), 273; Kumar, *op. cit.*, 520.
4. Nigel Harris, *City, Class, and Trade: Social and Economic Change in the Third World* (Londres: I. B. Tauris & Co., 1991), 30; Barnett E. Rubin, "Journey to the East: Industrialization in India and the Chinese Experience", *in Social and Economic Development in India: A Reassessment*, ed. Dilip K. Basu e Richard Sisson (Nova Déli: Sage Publications, 1986), 69.
5. "Plenty of Space, Few Takers", *in Businessline*, 24 de maio de 1999; Jacquemin, *op. cit.*, 275-77.

6. Sharma, "Governing Our Cities"; "Orillion India Thriving in Hyderabad", *in Orillion Source*, agosto de 2000; Isher Judge Ahluwalia, *Industrial Growth in India: Stagnation Since the Mid-Sixties* (Déli: Oxford University Press, 1985), 161-87.
7. Ali Sharaf e Leslie Green, "Calcutta", *in Great Cities of the World: Their Government, Politics and Planning*, ed. William A. Robson e D. E. Regan (Beverly Hills, Califórnia: Sage Publications, 1972), 299; Tim McDonald, "U.S. Tech Bust a Boon for Asia", *in NewsFactor Network*, 7 de junho de 2001; Arvind Singhal e Everett M. Rogers, *India's Information Revolution* (Nova Déli: Sage Publications, 1989), 163-65.
8. Kyle Eischen, "India's High-Tech Marvel Makes Abstract Real", *in San Jose Mercury News*, 19 de março de 2000; Joanna Slater, "Influx of Tech Jobs Ushers in Malls, Modernity to Calcutta", *in The Wall Street Journal*, 28 de abril de 2004.
9. Castells, *op. cit.*, 151-55; Amy Waldman, "Low-Tech or High, Jobs Are Scarce in India's Boom", *in The New York Times*, 6 de maio de 2004.
10. Peter John Marcotullio, "Globalisation, Urban Form and Environmental Conditions in Asia-Pacific Cities", *in Urban Studies* 40, nº 2 (2003).
11. Joochul Kim e Sang-Chuel Choe, *Seoul: The Making of a Metropolis* (West Sussex, Inglaterra: John Wiley, 1997), 3, 8-11.
12. Jacquemin, *op. cit.*, 35; A.S. Oberoi, *Population Growth, Employment and Poverty in Third-World Mega--Cities: Analytical and Policy Issues* (Nova York: St. Martin's Press, 1993), 11; Kim e Choe, *op. cit.*, 11-12, 26-29, 191-92.
13. Hardoy, "Building and Managing Cities in a State of Permanent Crisis", 21.
14. El-Shakhs e Amirahmadi, *op. cit.*, 240; Jacquemin, *op. cit.*, 35.
15. Richard Child Hill e June Woo Kim, "Global Cities and Development States: New York, Tokyo and Seoul", *Urban Studies* 37, nº 12 (2000).
16. John Rennie Short e Yeong-Hyun Kim, *Globalization and the City* (Londres: Longman, 1999), 26, 57.
17. Barbara Demick, "South Korea Proposes a Capital Change", *in Los Angeles Times*, 9 de julho de 2004.
18. Gerald Segal, *The Fate of Hong Kong* (Nova York: St. Martin's Press, 1993), 1-27; Roy Hofheinz, Jr. e Kent E. Calder, *The EastAsia Edge* (Nova York: Basic Books, 1982), 103.
19. Turnbull, *op. cit.*, 1-45; Lynn Pan, *Sons of the Yellow Emperor: A History of the Chinese Diaspora* (Boston: Little, Brown, 1990), 110.
20. Janet W. Salaff, *State and Family in Singapore: Restructuring a Developing Society* (Ithaca, Nova York: Cornell University Press, 1988), 3, 226-27; Lim Chong-Yah, "The Transformation of Singapore in Twenty--five Years: A Glimpse", *in Singapore: Twenty-five Years of Development*, ed. You Poh Seng e Lim Chong Yah (Cingapura: Nan Yang Xing Zhou Lianhe Zaobao, 1984), 6-7; Giok-Ling Ooi, "The Role of the State in Nature Conservation in Singapore", *in Society and Natural Resources* 15 (2002): 445-60.
21. T.J.S. George, *Lee Kuan Yew's Singapore* (Cingapura: Eastern Universities Press, 1984), 109.
22. Pan, *op. cit.*, 264-65; George, *op. cit.*, 16.
23. George, *op. cit.*, 16, 109.
24. Ibid., 28; David S. G. Goodman, *Deng Xiaoping and the Chinese Revolution: A Political Biography* (Londres: Routledge, 1994), 120; Hoiman Chan e Rance P. L. Lee, "Hong Kong Families: At the Crossroads of Modernism and Traditionalism", *in Journal of Comparative Family Studies* (primavera 1995); Marcotullio, "Globalisation"; Castells, *op. cit.*, 292; Weiming Tu, "Beyond Enlightenment Mentality: A Confucian Perspective on Ethics, Migration and Global Stewardship", *in International Migration Review* (primavera 1996).
25. Rhoads Murphey, "The City as a Centre of Change: Western Europe and China", *in* D. J. Dwyer, ed., *The City in the Third World* (Nova York: Barnes and Noble Books, 1974), 62-63.
26. Gilbert e Gugler, *op. cit.*, 187; Weiming Tu, "Beyond Enlightenment Mentality"; Yue-Man Yeung, "Great Cities of Western Asia", *in The Metropolis Era*, vol. 1: *A World of Giant Cities*, 158; Martin King Whyte, "Social Control and Rehabilitation in Urban China", *in Third World Urbanization*, 264-270; Sidney Goldstein, "Levels of Urbanization in China", *in The Metropolis Era*, vol. 1, *A World of Great Cities*, 200-221;

Chen, *op. cit.*, 230-32; Deborah Davis, "Social Transformation of Metropolitan China Since 1949", *in Cities in the Developing World*, 247-52.
27. James Kynge, "An Industrial Powerhouse Emerges by the Waterfront", *in Financial Times*, 23 de janeiro de 2003.
28. Davis, *op. cit.*, 249-54; "China: Can the Centre Hold?", *in The Economist*, 6 de novembro de 1993; Lin You Su, "Introduction", *in Urbanization in Large Developing Countries: China, Indonesia, Brazil and India*, ed. Gavin W. Jones e Pravin Visaria (Oxford, Inglaterra: Clarendon Press, 1997), 26-44; Ben Dolven, "Economic Lure of China's Cities Grows", *The Wall Street Journal*, 26 de fevereiro de 2003.
29. "The Decline of Hong Kong", *in The Wall Street Journal*, 1º de julho de 2003; "Shanghai: 2004", *in The Economist*, 15 de janeiro de 2004; Shahid Yusuf e Weiping Wu, "Pathways to a World City: Shanghai Rising in an Era of Globalization", *in Urban Studies* 39, nº 7 (2002); Zhao Bin, Nobukazu Nakahoshi, Chen Jia-kuan e Kong Ling-yi, "The Impact of Urban Planning on Land Use and Land Cover in Pudong of Shanghai, China", *in Journal of Environmental Sciences* 15, nº 2 (2003).
30. David Lague, "China's Most Critical Mass Movement", *in The Wall Street Journal*, 8 de janeiro de 2003; David Murphy, "Outcasts from China's Feast: Millions of Laid Off Workers Are Getting Angry", *in The Wall Street Journal*, 6 de novembro de 2002; "Sex of a Cultural Sort in Shanghai, China", *in The Economist*, 13 de julho de 2002; Eugene Linden, "The Exploding Cities of the Developing World", *in Foreign Affairs*, janeiro de 1996; David Clark, *Urban World/Global City* (Londres: Routledge, 1996), 175.
31. Harris, *op. cit.*, 73; Mabin, "Suburbs and Segregation in the Urbanizing Cities of the South"; Yeung, *op. cit.*, 158, 181; Marcotullio, "Globalisation", 219-47.
32. Elisbeth Rosenthal, "North of Pequim, California Dreams Come True", *in The New York Times*, 3 de fevereiro de 2003; "Shanghai Plans Massive Suburban Development", *in People's Daily*, 18 de maio de 2003.
33. Thomas Campenella, "Let a Hundred Subdivisions Bloom", *in Metropolis*, maio de 1998; Mabin, "Suburbs and Segregation in the Urbanizing Cities of the South"; Norton Ginsburg, "Planning the Future of the Asian City", *in The City as a Centre of Change in Asia*, 277.

Conclusão: O futuro urbano
1. "World Population Prospects: The 2000 Revision", United Nations Population Division.
2. "World Population Prospects, Population Data Base", United Nations Population Division, 2000; "World Urbanization Prospects: The 2003 Revision", United Nations Population Division.
3. El-Shakhs e Amirahmadi, *op. cit.*, 237; Sally E. Findley, "The Third World City: Development Policy and Issues", *in Third World Cities*, 7, 11; "The State of the World's Population, 2001"; Harris, *op. cit.*, 49.
4. Ali Parsa, Ramin Keivani, Loo Lee Sin, Seow Eng Ong, Asheed Agarwai e Bassem Younes, "Emerging Global Cities: Comparisons of Singapore and the Cities of the United Arab Emirates" (Londres: Rics Foundation, 2003); Sulong Mohamad, "The New Town as an Urbanization Strategy in Malaysia's Regional Development Planning" *in* Robert B. Putter e Adenola T. Salau, *Cities and the Development in the Third World* (Londres: Mansell, 1970), 127-28.
5. Kandell, *op. cit.*, 187.
6. Fehrenbach, *op. cit.*, 627; Sergio Aguayo Quezada, *Mexico in Cifras: El Almanaque Mexicano* (Cidade do México: Editorial Hechos Confirables, 2002), 58-59, 66-68; INEGI, *Conteo de Poblaciation y Vivienda* 1995 (México, 1995); INEGI, *Conteo de Poblaciation y Vivienda* 1 (México, 2001); Szuchman, *op. cit.*, 5; George Martine e Clelio Campolina Diniz, *in Urbanization in Large Developing Countries*, "Economic and Demographic Concentration in Brazil: Recent Inversion of Historical Patterns", 205-27; Teresa P. R. Caldeira, *City of Walls: Crime, Segregation and Citizenship in São Paulo* (Berkeley: University of California Press, 2000), 233; "World Urbanization Prospects: The 2003 Revision"; Findley, *op. cit.*, 27; Harry W. Richardson, "Efficiency and Welfare in LDC Megacities", *in Third World Cities*, 37; Larry Rohter, "Model for Research Rises in a Third World City", *in The New York Times*, 1º de maio de 2001; "Chilango Heaven", *in The Economist*, 1º de maio de 2004.
7. Parsa et al., "Emerging Global Cities"; Tüzin Naycan-Levent, "Globalization and Development Strategies for Istanbul: Regional Policies and Great Urban Transportation Projects", 39th IsoCa Congress, 2003.

8. Josef W. Konvitz, "Global Cities and Economic Growth", *in OECD Observer* (Paris: Organization for Economic Cooperation and Development, 1994).
9. Susan S. Fainstein e Michael Harloe, "Introduction: New York and London in the Contemporary World", *in Divided Cities: New York and London in the Contemporary World*, ed. Susan S. Fainstein, Ian Gordon e Michael Harloe (Londres: Blackwell Publishers, 1992), 7.
10. Manuel Castells, *The Informational City* (Oxford, Inglaterra: Blackwell Publishers, 1989), 146-52; Hall, *op. cit.*, 7, 23; Eli Lehrer, "Crime Without Punishment", *in Weekly Standard*, 27 de maio de 2002.
11. Saskia Sassen, *Cities in a World Economy* (Thousand Oaks, Califórnia: Pine Forge Press, 2000), 5, 21.
12. Susanne MacGregor e Arthur Lipow, "Bringing the People Back In: Economy and Society in New York and London", *in The Other City*, 5; Peter Hall, "Urban Growth and Decline in Western Europe", *in The Metropolis Era, vol. 1, A World of Giant Cities*, 113; Segre, *op. cit.*, 99-107; John R. Logan, "Still a Global City: The Racial and Ethnic Segmentation of New York", *in Globalizing Cities*, 158-61.
13. Robert McC. Adams, "Contexts of Civilizational Collapse", *in The Collapse of Ancient States and Civilizations*, 20.
14. Thomas Klier e William Testa, "Location Trends of Large Company Headquarters During the 1990s", *in Economic Perspectives*, Federal Reserve Bank of Chicago, 2002; Ron Martin e Peter Sunley, "Deconstructing Clusters: Creative Concept or Policy Panacea", *in Journal of Economic Geography*, 6 de junho de 2002.
15. Peter Muller, "The Suburban Transformation of the Globalizing American City", *in Annals of the American Academy of Political and Social Science* (maio de 1997); John Friedmann, *The Prospect of Cities* (Minneapolis: University of Minnesota Press, 2002), 41.
16. Lee Burdet, "The Unthinkable Move Not Any Longer", Southern Business and Development, 6 de fevereiro de 2004.
17. Peter Muller, *op. cit.*; Short e Kim, *op. cit.*; "Engine Failure", Center for an Urban Future, setembro de 2003; Burdet, *op. cit.*; Tom Shachtman, *Around the Block: The Business of a Neighborhood* (Nova York: Harcourt Brace, 1997), 5.
18. *Inc.*, levantamento "Best Places", março de 2004, pesquisa do economista David Friedman; "Leeds: Cities Paved with Brass", *in The Economist*, 29 de agosto de 1998; Paul Fox e Rachael Unsworth, "City Living in Leeds — 2003", University of Leeds, 2003; Johanthan Tilove, "2000 Census Finds America's New Mayberry Is Exurban and Overwhelmingly White", *in Newhouse News Service*, 26 de novembro de 2001.
19. "Will Asian Crisis Spare the Suburbs", *in Real Estate Forum*, novembro de 1998, 101.
20. Castells, *The Informational City*, 151; Peter Muller, *op. cit.*; "Engine Failure"; *Inc.*, levantamento "Best Places", maio de 2004, pesquisa do economista David Friedman.
21. National Retail Federation, 2003, extraído do website.
22. Charles V. Bagli, "Office Shortage in Manhattan Imperils Growth", *in The New York Times*, 9 de setembro de 2000; Siegel, *op. cit.*, 253; "Engine Failure"; Jackson, *op. cit.*, 185; John Norquist, *The Wealth of Cities: Revitalizing the Centers of American Life* (Nova York: Perseus Books, 1999), 60; Andy Newman, "Recession Seen as Gentler for New York City's Outer Boroughs", *in The New York Times*, 6 de fevereiro de 2004.
23. Joseph N. Pelton, "The Rise of Telecities: Decentralizing the Global Society", *in The Futurist*, janeiro-fevereiro de 2004; William J. Mitchell, *City of Bits: Space, Place and the Infobahn* (Cambridge, Massachusetts: MIT Press, 1995), 94-98; Doug Bartholomew, "Your Place or Mine?", *CFO*, 15 de março de 2004; Sheridan Tatsuno, *The Technopolis Strategy: Japan, High Technology and the Control of the 21st Century* (Nova York: Prentice Hall, 1986), xv-xvi; Bruce Stokes, "Square One", *in National Journal*, 24 de maio de 1997; Alvin Toffler, *The Third Wave* (Nova York: William Morrow, 1980), 204-7.
24. Fishman, *op. cit.*, 187; análise do censo dos EUA feita por William Frey, Brookings Institution; *Technological Reshaping of America*, 93; Sara B. Miller, "Big Cities Struggle to Hold On to New Immigrants as Costs Rise", *in Christian Science Monitor*, 9 de outubro de 2003; "U.S. Cities Have Fewer Kids, More Singles", News Max.com, 13 de junho de 2001; William H. Frey, "Metropolitan Magnets for International and Domestic Migrants", Brookings Institution, outubro de 2003; Berger, *op. cit.*; Friedmann, *op. cit.*, 40-41.
25. Fogelson, *op. cit.*, 42; Wells, *op. cit.*, 32.

26. Jacques Ellul, *The Technological Society*, trad. John Wilkinson (Nova York: Vintage, 1967), 113-15; Norman Birnbaum, *The Crisis of Industrial Society* (Nova York: Oxford University Press, 1969), 113-14.
27. B. Joseph Pine II e James H. Gilmore, *The Experience Economy: Work Is Theatre and Every Business a Stage* (Cambridge, Massachusetts: Harvard Business School Press, 1999), 1-3; uma boa discussão sobre Las Vegas como paradigma urbano moderno pode ser encontrada em Robert Venturini, Denise Scott Brown e Steven Izenour, *Learning from Las Vegas* (Cambridge, Massachusetts: MIT Press, 1977).
28. Keith Schneider e Charlene Crowell, "Granholm's Urban Theory", Great Lakes News Service, 6 de maio de 2004; Richard Florida, "The Rise of the Creative Class", *in The Washington Monthly*, maio de 2002; Larry Solomon, "Canada's Outsourcing", *in Financial Post*, 31 de março de 2004; Peggy Curan, "Montreal's Bright Side", *in The Gazette*, 25 de setembro de 2000.
29. Alan Cowell, "Manchester Rising", *in The New York Times*, 24 de junho de 2001; Bruce Weber, "Arts Sapling Bears Fruit in Downtown U.S.", *in The New York Times*, 19 de novembro de 1997; Ben Craft, "City of Brotherly Love Bets on the Arts", *in The Wall Street Journal*, 24 de junho de 1998; "In London's Shadow", *in The Economist*, 1º de agosto de 1998; Yusuf e Wu, "Pathways to a World City."
30. Richard Bernstein, "Vienna's Grandeur Fails to Mask a Sense of Loss", *The New York Times*, 3 de agosto de 2003; Akin Ojumu, "Escape: Berlin", *The Observer*, 15 de julho de 2001; John Burgess, "A Renaissance of Counterculture", *The Washington Post*, 9 de março de 2004; David Wessel, "If a City Isn't Sunny — and Air Conditioned — It Should Be Smart", *The Wall Street Journal*, 26 de fevereiro de 2004.
31. Peter Hall, "Changing Geographies: Technology and Income", *in High Technology and Low-Income Communities: Prospects for the Positive Use of Advanced Information Technology*, ed. Donald A. Schon, Bish Sanyal e Willam J. Mitchell (Cambridge, Massachusetts: MIT Press, 1999), 51-53; "Engine Failure".
32. Jean Gottmann, *The Coming of the Transactional City* (College Park: University of Maryland Press, 1983), 28-43.
33. Robert Bruegmann, "The American City: Urban Aberration or Glimpse of the Future", *in Preparing For the Urban Future: Global Pressures and Local Forces*, ed. Michael A. Cohen, Blair A. Ruble, Joseph S. Tulchin e Allison Garland (Baltimore: Johns Hopkins University Press, 1996), 59.
34. Tyler Cowen, *In Praise of Commercial Culture* (Cambridge, Massachusetts: Harvard University Press, 1998), 31, 83-96, 108-10, 120.
35. David Clark, *op. cit.*, 161-63; Taichi Sakaiya, *The Knowledge-Value Revolution, or, A History of the Future*, trad. George Fields e William Marsh (Tóquio: Kodansha, 1985), 348; "Population Drop to Affect Tokyo Policy", *in Daily Yomiuri*, 31 de janeiro de 1997; Yusuf e Wu, "Pathways to a World City"; "Falling Birth Rates Revive E. E. Debate on Immigration", *in The Hindu*, 31 de maio de 2001; "State of the World's Population, 1999".
36. Tamara Theissen, "Marriages, Mussolini Losing Their Grip in Italy", *in The Gazette* (Montreal), 6 de agosto de 2000; Susan H. Greenberg, "The Rise of the Only Child", *Newsweek*, 23 de abril de 2001; David Holley, "Italy's Aging Bambini", *Los Angeles Times*, 14 de setembro de 2002; "Population Drop to Affect Tokyo Policy"; "Global Baby Bust", *The Wall Street Journal*, 24 de janeiro de 2003.
37. "Uptown, Downtown", suplemento publicitário do *Dallas Morning News*, 14 de abril de 1999; Yusuf e Wu, "Pathways to a World City"; Weber, "Arts Sapling Bears Fruit in Downtown U.S."
38. Julian Wolpert, "Center Cities as Havens or Traps for Low-Income Communities: The Potential Impact of Advanced Information Technology" *in High Technology and Low-Income Communities*, 78-94; Hill e Kim, "Global Cities and Development States"; Logan, *op. cit.*, 158-59; Castells, *in The Informational City*, 172-228.
39. Eli Lehrer, "Broken Windows Reconsidered", *in Public Interest* (verão 2002); Friedmann, *op. cit.*, 40-41.
40. Fred Siegel, "The Death and Life of American Cities", *in The Public Interest* (verão de 2002).
41. Burdett, "Toward the 21st Century".
42. Larry Rohter, "As Crime and Politics Collide in Rio, City Cowers in Fear", *in The Wall Street Journal*, 8 de maio de 2003; Jonathan Friedlan, "Living a Cut Above Mexico: Offices, Shops and Restaurants Cash In Need for 'Safer Ground'", *in The Wall Street Journal*, 24 de junho de 1998.

43. Linden, "The Exploding Cities of the Developing World"; Vidal, "Disease Stalks New Megacities"; Thomas H. Maugh, "Plunder of Earth Began with Man", *in Los Angeles Times*, 12 de junho de 1994.
44. Drakakis-Smith, *op. cit.*, 8, 38; Lofchie, *op. cit.*, 23; McGill, *op. cit.*, 21; Gilbert and Gugler, *op. cit.*, 25; Mabin, "Suburbs and Segregation in the Urbanizing Cities of the South"; "Black Flight", *in The Economist*, 24 de fevereiro de 1996.
45. Bianca, *op. cit.*, 329-30.
46. Ali Parsa et al., "Emerging Global Cities"; Robert Looney, "Beirut: Reviving Lebanon's Past", *in Journal of Third World Studies* (outono de 2001).
47. Frantz Fanon, *The Wretched of the Earth*, trad. Constance Farrington (Nova York: Grove Press, 1965), 315.
48. Fouad Ajami, "Arabs Have Nobody to Blame but Themselves", *in The Wall Street Journal*, 16 de outubro de 2001; Daniel Benjamin e Steven Simon, *The Age of Sacred Terror* (Nova York: Random House, 2002), 79.
49. Yossi Klein Halevi, "Islam's Outdated Domination Theology", *in Los Angeles Times*, 4 de dezembro de 2002; Benjamin e Simon, *op. cit.*, 5.
50. "One Year Later: New Yorkers More Troubled, Washingtonians More on Edge", Pew Research Center for the People and the Press, setembro de 2003; "The Impact of 9/11 on Workplace Security and Business Continuity Planning", *in Business Continuity Planning*, outubro de 2002; Daniel Benjamin, "the 1,776 Foot Target", *in The New York Times*, 23 de março de 2004; Jonathan D. Glater, "Travel Fears Cause Some to Commute Online", *in The New York Times*, 7 de abril de 2003; *Innovation Briefs*, Urban Mobility Corporation, julho-agosto de 2002.
51. Benjamin, "The 1,776 Foot Target"; Pelton, "The Rise of Telecities: Decentralizing the Global Society"; Jason Singer, "Tokyo Braces for Tsunami of New High-Rises", *in The Wall Street Journal*, 11 de dezembro de 2002; Charles V. Bagli, "$3.7 Billion Plan to Alter Far West Side Is Revealed", *in The New York Times*, 12 de fevereiro de 2004; Margaret Ryan, "Skyscrapers Transforming City Skyline", *in BBC News Online*, 24 de março de 2004.
52. Jane Jacobs, *The Economy of Cities* (Nova York: Random House, 1969), 141.
53. H. J. Dyos, "Agenda for Urban History", *in The Study of Urban History*, 1; Ryan, "Skyscrapers Transforming City Skyline".
54. Coulanges, *op. cit.*, 310.
55. Mike Biddulph, "Villages Don't Make a City", *in Journal of Urban Design* 5, nº 1 (2000); William J. Stern, "How Dagger John Saved New York's Irish", *in City Journal* (primavera de 1997).
56. Eli Lehrer, "Broken Windows Reconsidered"; Charles Zwingmann e Maria Pfister-Ammende, *Uprooting and After* (Nova York: Springer-Verlag, 1973), 25; Schorske, *op. cit.*, 109-11.
57. Daniel Bell, *The Coming of Post-Industrial Society: A Venture in Social Forecasting* (Nova York: Basic Books, 1973), 367, 433; Arthur Herman, *The Idea of Decline in Western History* (Nova York: Free Press, 1997), 312, 348-57.
58. Lenn Chow, Des Verma, Martin Callacott e Steve Kaufmann, "Ethno-politics Threaten Canadian Democracy", *in National Post*, 31 de março de 2004; Stephen Toulmin, *Cosmopolis: The Hiden Agenda of Modernity* (Chicago: University of Chicago Press, 1992), 26.
59. Hill e Kim, "Global Cities and Development States"; Weiming Tu, "Beyond Enlightenment Mentality"; David Bonavia, *The Chinese: A Portrait* (Londres: Penguin, 1980), 18-19; "Shanghai Tries to Stay Original", *in China Daily*, 6 de agosto de 2002; Lily Kong e Brenda S. A. Yeoh, "Urban Conservation in Singapore: A Survey of State Policies and Popular Attitudes", *in Urban Studies* (março de 1994).
60. Bianca, *op. cit.*, 324-41; Wilfred Cabtwell Smith, *Islam in Modern History* (Nova York: Mentor, 1959), 204-7; Naycan-Levent, "Globalization and Development Strategies for Istanbul"; Bruce Stanley, "Going Global and Wannabe World Cities: (Re)conceptualizing Regionalism in the Middle East", Globalization and World Cities Study Group, 2003; David Lamb, "In Egypt, a Bastion of Learning Rises from the Ashes of History", *in Los Angeles Times*, 5 de dezembro de 2002.

# Sugestões de Leitura

Embora escrever seja uma arte essencialmente solitária, no processo de concluir esta obra encontrei boa companhia em literalmente centenas de livros. A seguir faço uma lista dos títulos que os leitores talvez achem mais úteis para dar continuidade a sua exploração da história urbana.

Na tentativa de escrever história, poucos prazeres são maiores que esses relatos em primeira pessoa que aproximam o leitor da vida cotidiana das cidades em seu contexto contemporâneo. Iniciei o texto com um deles: *The Discovery and Conquest of Mexico, 1517-1521*, de Bernal Díaz del Castillo, uma obra quase mágica que transporta o leitor para o primeiro encontro dos europeus com a grande civilização urbana do México central.

Outros livros que me proporcionaram essas visões em primeira pessoa incluem a obra do historiador grego Heródoto, escritos do satirista romano Petrônio, a poesia de Dante, os diários do viajante árabe ibn Battuta, as memórias de Marco Polo, as reminiscências do historiador britânico G. C. Allen, que por muito tempo viveu no Japão, a poesia de William Blake e os romances de John Dos Passos. Todos esses estão citados no texto.

Talvez o mais difícil de achar sejam livros que abordem a história urbana num vasto escopo. Sem dúvida, a obra clássica continua sendo *The City in History*, de Lewis Mumford (Harcourt Brace, 1961). Já exigi a leitura desse livro em minhas aulas sobre a história das cidades e, apesar de seu peso e sua complexidade, ele inevitavelmente inspira, estimula e às vezes enfurece os alunos. Eu também recomendaria a série de ensaios reunidos em outro livro de Mumford, *The Urban Prospect* (Harcourt Brace, 1968).

Outras obras são valiosas para compreender a evolução das cidades. *History of Urban Form: Before the Industrial Revolution*, de A.E.J. Morris (Longman, 1994); *Cities in Civilization* (Pantheon Books, 1998), de Peter Hall; e *Cities and People: A Social and Architectural History*, de Mark Girouard (Yale University Press, 1985), fornecem diversas visões interessantes.

Na busca de entender a demografia das cidades, me baseei fortemente no livro *Three Thousand Years of Urban Growth*, de Tertius Chandler e Gerald Fox (Academic Press, 1974), e nos ensaios de *Urbanization in History: A Process of Dynamic Interactions* (Clarendon Press, 1990). Essa utilização foi moderada pela noção de que as estimativas demográficas, principalmente no passado mais distante, são sabidamente especulativas. Na maioria dos casos, tentei me aproximar das estimativas mais conservadoras ou dar aos leitores o escopo mais amplo de possíveis verdades.

A obra de William H. McNeill foi especialmente útil em duas áreas. Seu livro *Plagues and Peoples* (Anchor Press, 1976), com sua ênfase no impacto da doença no desenvolvimento das cidades, me permitiu contemplar a evolução urbana de uma perspectiva distintamente biológica. De modo semelhante, seu livro *The Pursuit of Power: Technology, Armed Force and Society Since A.D. 1000* (University of Chicago Press, 1982) me ofereceu um foco sobre o papel muitas vezes subestimado da tecnologia militar. Além dessas obras, consultei frequentemente um livro que há muito tempo é um favorito meu, *Cross-Cultural Trade in World History*, de Philip D. Curtin (Cambridge University Press, 1984), sobre assuntos relacionados ao comércio transnacional, um dos principais fatores determinantes das grandes cidades.

Neste livro, referi-me especialmente à questão da religião, da ordem moral e do lugar sagrado. Essa é uma noção que, embora clara para estudiosos seculares como Mumford, muitas vezes perdeu-se entre historiadores modernos. O livro *The Myth of the Eternal Return*, de Mircea Eliade, traduzido por Willard R. Trask (Princeton University Press, 1971), foi especialmente inspirador na discussão das raízes religiosas da experiência urbana, assim como *The Meaning of the City*, de Jacques Ellul (Vintage, 1967).

Historiadores de cidades antigas quase unanimemente reconhecem o papel da religião e do lugar sagrado. Bons pontos de partida incluem Grahame Clark, *World Prehistory: An Outline* (Cambridge University Press,

1961); Mason Hammond, *The City in the Ancient World* (Harvard University Press, 1972); Gordon Childe, *What Happened in History* (Penguin, 1957); Numa Denis Fustel de Coulanges, *The Ancient City* (John Hopkins University Press, 1980); Herbert Muller, *The Uses of the Past* (Oxford University Press, 1952); e meu favorito pessoal, Werner Keller, *The Bible as History* (William Morrow, 1981). Se o escritor quer abordar esse assunto mais a fundo, eu também recomendaria *The Epic of Gilgamesh*, traduzido por Andrew George (Penguin, 1999), que põe o leitor em contato com a vida espiritual dos primeiros habitantes de cidades.

Fora da tradição ocidental, eu recomendaria fortemente Paul Wheatley, *The Pivot of the Four Quarters: A Preliminary Enquiry into the Origins and Character of the Ancient Chinese City* (Aldine Publishing Company, 1971). O trabalho de Wheatley sobre religião e cidades em diferentes culturas proporciona um meio valioso de explorar esse assunto crucial. G. C. Valliant, *Aztecs of Mexico* (Doubleday, 1944), e Jeremy A. Sabloff, *The Cities of Ancient Mexico: Reconstructing a Lost World* (Thames and Hudson, 1989), me ajudaram esclarecer sobre processos semelhantes na Mesoamérica primordial. *Fire and Blood: A History of Mexico*, de T. R. Fehrenbach (Macmillan, 1979), lida de forma detalhada tanto com o primeiro período quanto com o subsequente escopo da experiência mexicana.

A Mesopotâmia e o antigo Oriente Próximo são geralmente considerados o ponto crucial da história urbana. A. Bernard Knapp, *The History and Culture of Ancient Western Asia and Egypt* (Wadwsorth Press, 1988), H.W.F Saggs, *The Greatness That Was Babylon: A Sketch of the Ancient Civilization of the Tigris-Euphrates Valley* (Hawthorn Publishers, 1962), e Michael Grant, *The Ancient Mediterranean* (Scribner's, 1969), são todos excelentes lugares para começar uma exploração dessa região fascinante.

Os fenícios tiveram um apelo particular para mim, em grande parte porque pareciam os tão habilidosos precursores da cidade comercial moderna. Para aprender mais sobre esse povo fascinante, eu recomendaria Gerhard Herm, *The Phoenicians: The Purple Empire of the Ancient World* (William Morrow, 1975), e Sabatino Moscati, *The World of the Phoenicians*, traduzido por Alastair Hamilton (Praeger, 1968).

As civilizações clássicas grega e romana produziram muitos bons cronistas, talvez nenhum maior que Heródoto, que eu poderia recomendar não apenas como um bom historiador antigo, mas como filósofo da história e portanto das cidades. Passei a pedir a leitura de *The Histories*, na tradução de Aubrey de Sélincourt (Penguin Books, 1954), nos meus cursos de história das cidades. Também recomendo enfaticamente os diversos ensaios de *Civilization of the Ancient Mediterranean*, editado por Michael Grant e Rachel Kitzinger (Scribner's, 1988), como um excelente ponto de partida.

Eu gostaria de expressar minha dívida particular para com Michael Grant, o historiador clássico britânico. Para entender a mente clássica, é possível aprender muito com suas diversas obras sobre história grega e romana. Sua produção é prodigiosa, sua escrita é clara e concisa, suas ideias são quase uniformemente ricas. Seu livro *From Alexander to Cleopatra* (Scribner's, 1982) cobre um período crítico entre a ascensão do Império Macedônio com uma perspicácia singular e uma análise reveladora.

Para o período romano, a obra mais importante continua sendo o magistral livro de Edward Gibbon, *The Decline and Fall of the Roman Empire* (Modern Library, 1995). Duas obras que oferecem uma visão especialmente próxima da vida urbana em Roma são *Daily Life in Ancient Rome*, de Jérôme Carcopino (Yale University Press, 1940), e *Life and Leisure in Ancient Rome*, de J.P.V.D. Balsdon (McGraw-Hill, 1969). Para uma visão do fim do Império Romano e seu legado duradouro, Robert Lopez, *The Birth of Europe* (M. Evans and Company, 1967), e Cyril Magno, *Byzantium: The Empire of New Rome* (Scribner's, 1980), são leituras instigantes.

A cidade islâmica, tão relevante em nosso tempo, deveria suscitar o interesse de leitores contemporâneos que acompanham as atualidades. Se há um equivalente de Heródoto no mundo islâmico, este seria ibn Khaldun, um escritor que tive o prazer de voltar a conhecer depois de um primeiro encontro durante a redação de meu livro *Tribes*. Sua obra *The Muqaddimah: An Introduction to History*, traduzida por Franz Rosenthal (Princeton University Press, 1969), está entre os livros mais reveladores não apenas sobre o mundo islâmico, mas sobre as forças que impelem a criação de grandes cidades.

Além de ibn Khaldun, há muitas histórias excelentes mais modernas. Os principais textos, para mim, incluíram Albert Hourani, *A History of the Arab Peoples* (Harvard University Press, 2002); Philip K. Hitti, *Capital*

*Cities of Arab Islam* (University of Minnesota Press, 1973); Stefano Bianca, *Urban Form in the Arab World: Past and Present* (Thames and Hudson, 2000); e *The Places Where Men Pray Together: Cities in Islamic Lands, Seventh Through the Tenth Centuries* (University of Chicago Press, 2001), do notável Paul Wheatley.

*Cairo: 1,001 Years of the City Victorious*, de Janet Abu-Lughod (Princeton University Press, 1971), e *Cairo*, de André Raymond (Harvard University Press, 2000), contribuíram em muito com minha compreensão da maior cidade do islã. A evolução das cidades da Índia foi bem abordada no magistral *Cambridge Economic History of India, Volume One, 1200-1750* (Orient Longman, 1982), de Taypan Raychaudhuri e Irfan Habib, assim como em *History of India*, de Romila Thapar (Penguin, 1990).

A história da China antiga e medieval foi um desafio particular, apesar de minhas diversas viagens a esse país e meu conhecimento de longa data de sua cultura, tanto lá quanto na Califórnia. Além do *Four Pivots*, de Wheatley, me beneficiei imensamente de *The Chinese: Their History and Culture*, de Kenneth Scott Latourette (Macmillan, 1962), *Commercial Development and Urban Change in Sung China*, de Laurence J. C. Ma (Michigan Geographical Society, 1971), *Beijing: The Nature and Planning of a Chinese Capital City*, de Victor F. S. Sit (John Wiley, 1995), e *Cities in China*, de Alfred Schinz (Gebruder Borntraeger, 1989).

A ascensão das cidades ocidentais no Renascimento e início do período moderno gerou diversas obras excelentes. Fernand Braudel e Henri Pirenne são os principais autores que modelaram minha visão desse interessante período. *Medieval Cities: Their Origins and the Revival of Trade* (Princeton University Press, 1925) e *Mohammed and Charlemagne* (Meridian Books, 1957), ambos de Pirenne, são extremamente úteis para compreender o primeiro ressurgimento das cidades europeias. *The Perspective of the World: Civilization and Capitalism 15th-18th Century* (Harper & Row, 1984) e *The Mediterranean and the Mediterranean World of Philip II* (Harper & Row, 1972), de Braudel, são cheios de detalhes ilustrativos e observações perspicazes sobre devastadoras mudanças globais após a Idade Média.

No início do período moderno, esta história das cidades é principalmente focada em duas cidades em particular, Londres e Amsterdã. Além de Braudel, o texto beneficiou-se muito de obras como *The Embarrassment of Riches: An Interpretation of Dutch Culture in the Golden Age*, de Simon Schama (Vintage, 1987); *The Dutch Republic: Its Rise, Greatness and Fall*, de Jonathan Israel (Oxford University Press, 1995); e *An Age of Ambition: English Society in the Late Middle Ages*, de F.R.H. Du Boulay (Viking, 1970).

A transição para a era industrial e o crescente domínio dos poderes anglo-americanos não podem ser entendidos de forma adequada sem a leitura de três textos clássicos: *Das Kapital*, de Karl Marx, traduzido por Ben Fowkes (Vintage, 1976); *The Condition of the Working Class in England*, de Friedrich Engels, traduzido por W. O. Hennderson e W. H. Chaloner (Stanford University Press, 1968); e *The Industrial Revolution*, de Arnold Toynbee (Beacon Press, 1956).

Há diversas histórias excelentes sobre o impacto do industrialismo em partes específicas do mundo. No Japão, me baseei fortemente em Carl Mosk, *Japanese Industrial History* (M. E. Sharpe, 2001); Thomas O. Wilkinson, *The Urbanization of Japanese Labor: 1868-1955* (University of Massachusetts Press, 1965); e em diversos ensaios reunidos por Kuniko Fujita e Richard Child Hill, em *Japanese Cities in the World Economy* (Temple University Press, 1993).

Jon C. Teaford, *Cities of the Heartland: The Rise and Fall of the Industrial Midwest* (Indiana University Press, 1994), e Andrew Lees, *Cities Perceived: Urban Society in European and American Thought: 1820-1940* (Columbia University Press, 1985), assim como Charles e Mary Beard, *The Rise of American Civilization* (Macmillan, 1950), fornecem excelentes recursos para entender o impacto do crescimento industrial nas cidades americanas.

Para estudar a experiência alemã, *Fin de Siècle Vienna: Politics and Culture*, de Carl E. Schorske (Knopf, 1979), continua sendo um dos grandes estudos clássicos. O livro também se valeu tanto da obra de Alexandra Richie, *Faust's Metropolis: A History of Berlin* (Carroll and Graf, 1998), quanto da de Klaus P. Fischer, *Nazi Germany: A New History* (Continuum, 1995).

Quanto à compreensão da urbanização industrial russa, procurei W. Bruce Lincoln, *Sunlight at Midnight: St Petersburg and the Rise of Modern*

*Russia* (Basic Books, 2002); Reginald E. Zelnik, *Labor and Society in Tsarist Russia: The Factory Workers of St. Petersburg, 1855-1970* (Stanford University Press, 1971); e a reveladora obra de Dmitri Volkogonov publicada mais recentemente, *Stalin: Triumph and Tragedy*, traduzida por Harold Shukman (Grove Weidenfeld, 1991).

Em vez de desconsiderar os subúrbios como a "anticidade", escolhi tratá-los mais como sua expressão moderna predominante. O sul da Califórnia serviu de modelo para essa análise. *Eden by Design: The 1930 Olmsted-Bartholomew Plan for the Los Angeles Region*, de Greg Hise e William Deverell (University of California Press, 2000), e *The Reluctant Metropolis: The Politics of Urban Growth in Los Angeles*, de William Fulton (Solano Book Press, 1997), mostraram-se um excelente ponto de partida para compreender o sul da Califórnia. Qualquer um que queira se aprofundar nos assuntos californianos também deve conhecer a magnífica série de histórias da Califórnia escritas por Kevin Starr (todas disponíveis pela Oxford University Press).

Excelentes histórias gerais dos subúrbios incluem *Crabgrass Frontier: The Suburbanization of the United States*, de Kenneth Jackson (Oxford University Press, 1985), *Bourgeois Utopias: The Rise and Fall of Suburbia*, de Robert Fishman (Basic Books, 1987), e *Edge City: Life on the New Frontier*, de Joel Garreau (Doubleday, 1991). O declínio paralelo das cidades tradicionais é bem relatado em livros notáveis como *City Life: Urban Expectations in the New World*, de Witold Rybczynski (Scribner's 1995), *Downtown: Its Rise and Fall, 1880-1950*, de Robert M. Fogelson (Yale University Press, 2001), e *The Future Once Happened Here: New York, D.C., L.A., and the Fate of America's Big Cities*, de Fred Siegel (Free Press, 1997).

A obra definitiva sobre a cidade contemporânea de terceiro mundo talvez ainda não tenha sido escrita. *The Third World City*, de David Drakakis-Smith (Methuen, 1987), fornece um excelente começo. Diversos livros de ensaios reunidos em volumes separados por Josef Gugler e por John D. Kasarda — especialmente *Third World Cities: Problems, Policies and Prospect*, editado por Kasarda e Allan M. Parrell (Sage Publications, 1993) — são leituras obrigatórias no que diz respeito a esse assunto. Eu também recomendaria A. S. Oberoi, *Population Growth, Employment and Poverty in Third-World Mega-Cities* (St. Martin's Press, 1993).

A ascensão do Leste Asiático como ponto focal do urbanismo do século XXI também está, talvez, sendo estudada apenas agora. Ideias valiosas sobre essa evolução encontram-se em D. J. Dwyer, editor, *The City as a Centre of Change in Asia* (Hong Kong University Press, 1972), assim como em Joochul Kim e Sang-Chuel Choe, *Seoul: The Making of a Metropolis* (John Wiley, 1997).

Por fim, ao pensarmos a cidade contemporânea e seu futuro, diversas obras se destacam. Talvez a mais impressionante em minha mente seja uma obra de um século de idade, *Anticipations of the Reaction of Mechanical and Scientific Progress upon Human Life and Thought*, de H. G. Wells (Chapman and Hall, 1902), que contém algumas das ideias mais perspicazes sobre o papel da tecnologia nas cidades. De uma safra um pouco mais recente, mas também bastante proféticos, são *The Information Age: Economy, Society and Culture, Volume III: End of Millenium*, de Manuel Castells (Blackwell Publishers, 1998); *The Technological Society*, de Jacques Ellul, traduzido por John Wilkinson (Vintage, 1967); *The Knowledge-Value Revolution, or, A History of the Future*, de Taichi Sakaiya, traduzido por George Fields e William Marsh (Kodansha, 1985); *The Coming of Post-Industrial Society: A Venture in Social Forecasting*, de Daniel Bell (Basic Books, 1973); e obras de Alvin e Heidi Toffler, mais especialmente *The Third Wave*, de Alvin Toffler (William Morrow, 1980).

# ÍNDICE

Abu Dhabi, 197
Abu-Lughod, Janet, 85, 179
Açores, 110
Açúcar, 119, 120, 177
Adcock, F. E., 64
Addams, Jane, 134
Afeganistão, 89
África, 46, 59, 84, 85, 86, 94, 95, 99, 109, 140, 171, 175, 185. *Ver também cidades específicas*
  moderna, 181, 182
África do Norte, 48, 49, 68, 69, 73, 74, 82, 83, 84, 86, 99, 100, 184
Afro-americanos, 164
Ágade, 19, 23, 43
Ágio, 104
Ágora, 56, 57, 59, 83
Agostinho, Santo, *A cidade de Deus,* 25, 72
Agricultura, 59, 109, 126, 144, 145, 147, 148
  chinesa, 90, 96
  moderna, 181, 186
  primórdios da, 36-38, 43, 59, 80
Alba, duque de, 117
Alberuni, 87
Alemanha, 122, 140, 145, 147
  industrialização, 140, 144-146
  nazista, 144-146
  subúrbios, 170. *Ver também cidades e países específicos*
Alexandre, o Grande, 24, 58, 59, 60, 61, 69
Alexandria, 19, 24, 29, 59-61, 69, 74, 85, 86, 93, 94, 118, 136, 177, 178, 184, 203, 210
Allen, G.C., 139, 140, 239
Alfabeto, 48, 149
América, 120, 140
  cidade moderna, 155-158
  colônias, 119, 120
  industrialismo, 129-137

Nova York, 135-137
  subúrbios, 155-158, 161, 162-168. *Ver também cidades específicas*
  primórdios da, 40, 44
América Central, 175, 185
  primórdios da, 40, 44. *Ver também cidades e países específicos*
América do Sul, 40, 140, 168, 169, 175, 176, 185
  primórdios da, 40. *Ver também cidades e países específicos*
Amman, 182
Amsterdã, 11, 28, 48, 116-118, 120, 122, 147, 171, 197, 203, 243
Andhra Pradesh, estado de, 187
Antioquia, 59, 71, 74, 94, 177
Antissemitismo, 146
Antuérpia, 14, 28, 116, 117
Árabes, 25, 26, 82, 85, 87, 94, 97, 106, 110, 177, 183, 184, 190, 206. *Ver também* islã; muçulmanos; *cidades e países específicos*
Argentina, 168
Aristocracia, 46-49, 116, 117, 121, 125, 148
Aristóteles, 55, 58
Arkwright, Richard, 125
Arquitetura:
  americana, 135-138, 156, 166, 167
  egípcia, 38, 39
  europeia, 105, 112, 113, 145, 146, 150, 166
  futuro da, 200, 202, 204, 207, 208
  grega, 53, 55, 58, 59
  islâmica, 83, 84, 96
  japonesa, 141, 143, 144, 168, 172
  moderna, 164-167, 200
  nazista, 145, 146
  primórdios da, 36-39
  renascentista, 105
  romana, 62, 65, 66. *Ver também cidades específicas*

Arranha-céus, 135-137, 165
Arte, 20, 24
    americana, 136, 137
    europeia, 105, 108, 118, 119, 149
    grega, 54
    japonesa, 143
Arte Moderna, 136
Ásia, 185-195
Ásia. *Ver países específicos*
Assíria, 37, 44, 49
Astecas, 36, 173, 174
Atenas, 19, 24, 54, 55, 56, 56-n, 58, 59, 66-n, 69, 71, 136, 203
Atlanta, 199
Augusto, 25, 65-n, 66
Aurélio, Marco, 25, 69, 70
Austrália, 20, 35, 140, 160, 168
    subúrbios, 168, 169. *Ver também cidades específicas*
Autocracia, limites da, 97, 98
Automóveis, 161, 169, 178, 194

Babilônia, 20, 21, 23, 38, 39, 43, 44, 47, 56, 62, 84, 113, 146
Bagdá, 20, 26, 84, 97, 98, 182, 183, 190
Bangalore, 186, 187, 204
Bangcoc, 185, 195, 197
Bartlett, Dana, 30, 155, 157, 160; *A cidade melhor*, 155
Basra, 83
Beduínos, 81
Beirute, 206
Bélgica, 200
Bell, Daniel, 210
Berdyaev, Nicolas, 151
Berlim, 30, 31, 109, 137, 140, 145, 146, 202
Bianca, Stefano, 206
Bíblia, 60
    hebraica, 61
Biblos, 47, 48
Bizâncio, 25, 57, 74, 82, 97, 106
Blake, William, 128
Bolonha, 105, 108
Bombaim, 27, 177, 180, 186, 188, 193, 201
Boston, 132, 134, 137, 166, 199
Bradford, 126-128, 130
Brasil, 166, 181
Braudel, Fernand, 13, 118
Bruegmann, Robert, 203
Bruxelas, 171
Budapeste, 68
Budismo, 15, 94
Buenos Aires, 113, 168
Burckhardt, Jacob, 75, 105
Burnham, Daniel H., 136

Cabot, John, 111
Café, 100
Cairo, 26, 27, 29, 84-86, 94, 99, 118, 136, 178, 180-184, 188, 189, 196, 197
    fundamentalismo, 183
    futuro do, 210
    primórdios do, 79-81
Calcutá, 28, 177, 180, 186-188
Caldeira, Teresa, 181
Calvinismo, 117, 118
Cambay, 87
Canais, sistemas de, 37, 43, 96, 105, 117, 142
Cantão, 189, 190, 193
Capetiana, dinastia, 111
Capitalismo, 22, 104, 160, 176, 192, 210
Carlos V, rei da Espanha, 117
Carlyle, Thomas, 160
Cartago, 24, 49, 65, 66, 72, 82, 158
Católicos, 36, 73, 103, 111, 116, 118, 125
Casa própria, 161, 162, 168, 169
César, Júlio, 24, 65, 67, 69
Chang'na, 20, 45, 91, 92, 97
Charnock, Job, 177
Chicago, 14, 29, 132-136, 145, 156, 157, 161, 166, 195, 198, 240
Chilango, 197
Child, Lydia, 131
China, 20, 39, 40, 68, 80, 84, 85, 88, 96, 106, 120, 166, 176, 210
    "Quatro Modernizações", 193, 194
Cidade do Cabo, 177, 182
Cidade imperial, 44, 45
    comunista, 189, 191-194
    Império do Meio, 89-95
    moderna, 187, 189-195, 199, 203, 210
    oportunidade perdida, 96-100. *Ver também cidades específicas*
    primórdios da, 39, 44, 45, 46
Chipre, 47, 54
Cícero, 64, 72
Cidades clássicas, 53-75
    eclipse das, 70-75
    gregas, 53-60
    Roma, 62-73, 167, 168
Cidades:
    ascensão das, 42-45
    época oriental, 76-100
    europeias clássicas, 53-75
    futuro das, 196-212
    imperiais, 42-45
    industriais, 123-151
    modernas, 152-212
    origens religiosas, 35-41
    pós-coloniais, 173-195

primeiras capitais comerciais, 46-49, 50
primórdios das, 40. *Ver também cidades e países específicos*
universalidade das, 20, 23
Cidade pós-colonial, 173-195
primazia ocidental reafirmada, 101-122. *Ver também cidades e países específicos*
Cidades imperiais:
ascensão das, 42, 45
renascentistas, 108, 109
Cidades helenísticas, 58-60, 65
Cidade futura, 196-212
crise da megalópole, 176, 196, 197
efêmera, 200-204
gentrificação e, 201-203
limites do renascimento urbano, 197, 198
lugar sagrado, 208-211
questões de segurança, 204-208
tecnologia e globalização, 197-201
"cidade-jardim", modelo, 160, 172
Cidades muradas:
primeiras, 44, 45
renascentistas, 105
Cidade do México, 13, 17, 40, 62, 173, 175, 181, 193, 196, 197
Cidade moderna, 155-211
asiática, 185-195
dilema pós-colonial, 173-184
futuro da, 196-212
subúrbios, 157-172
Cincinnati, 28, 132, 133
Cingapura, 189-191
subúrbios e, 157-172. *Ver também cidades e países específicos*
Cipriano, 72
Ciro, o Grande, 24, 56, 57, 58, 69
Clark, Grahame, 38
Classe artesã, 24, 37, 46-48, 70, 98, 104, 120, 131, 141, 142
Classe camponesa, 108, 109, 149, 193
primórdios da, 38, 39
Classe mercadora, 46-49, 98, 112, 117, 177
Classe operária, 129, 156, 160, 184
Classe sacerdotal, 36, 209
primórdios da, 36-40, 43, 46, 49
Cláudio, 67, 69
Cleópatra VII, 60, 66
Cleveland, 133, 134, 137, 164, 167
Clive, Robert, 178
Colombo, Cristóvão, 27, 111, 116
Colonialismo, 119, 120, 176-180, 187, 189
britânico, 176, 178, 189, 190
dilema pós-colonial, 173-184
fim do, 120, 179, 180
Comércio, 20, 21, 22
americano, 46-49, 131-137

centrado em domicílios, 198-200
chinês, 46, 89-98, 99, 100, 189
egípcio, 38, 39, 84, 85
europeu, 100, 103, 104-115, 117-122, 131-144
fenício, 47-49
futuro do, 196-211
grego, 53, 54, 56, 59
indiano, 86, 87, 100, 178, 187
industrialismo e, 123-151
japonês, 141-144, 187
moderno, 176-195
muçulmano, 79-81, 84-88, 97
papel do, 22, 24-46
primeiras capitais comerciais, 46-49
primórdios do, 37, 38, 39, 43-46
renascentista, 103-113
romano, 63, 67
Comunismo, 147-151, 188, 189, 191-194
Confucianismo, 44, 92, 99, 210
revitalização do, 192
Conrad, Joseph, 190
Constantino, 74
Constantinopla, 14, 25, 57, 74, 75, 79, 84, 92, 97, 105, 174
Contini, Edgardo, 168
Copenhagen, 108
Corão, 81, 82, 83
Coreia, 89, 93, 98, 144, 166-188, 189, 200. *Ver também cidades específicas*
Coreia do Sul, 166-188
Córdoba, 80, 83, 97
Cornualha, 170
Cortés, Hernán, 13, 115, 174
Coulanges, Fustel de, 209
Crescente Fértil, 35, 39
Creta, 53, 54
crime, 22, 43, 72, 158, 173, 184, 205
segurança e futuro urbano, 206-208
Cristianismo, 15, 71, 94
Cruzadas, 26
Cultos de fertilidade, 39
Cunhagem de moedas, 59
Cuzco, 40

da Gama, Vasco, 27, 110
Dallas, 204
Damasco, 25, 26, 71, 82, 83
Dante, 239
Dar al-Islam, 79, 86, 88, 96, 97, 210
Déli, 80, 87, 96, 177, 178, 180, 186
Deng Xiaoping, 192, 193
Des Moines, 199
Desastres naturais, 54, 141
Detroit, 132-134, 137, 164, 167, 198, 202
"bombas-relógio sociais", 184
"microcosmos europeus", 177-179

cidades de ocupantes, 180, 181, 185, 188. *Ver também cidades e países específicos*
desenvolvimento, países em, 176, 188
dilema pós-colonial, 174-180
Díaz del Castillo, Bernal, 19, 20
Dionísio I, 57
Diu, 110
Doenças e epidemias, 71, 110, 127, 131, 148, 151, 182, 206
Dos Passos, John, 136, 239
Dubai, 197
Du Boulay, 121
Düsseldorf, 168, 170

Economia de Mercado, desenvolvimento da, 38, 39
Egito, 35, 36, 38-39, 46, 59, 60, 66, 71, 98, 178, 184
Eliade, Mircea, 37, 240
Ellul, Jacques, 201
Emirados Árabes Unidos, 206
Engels, Friedrich, 127, 133, 160
Épico de Gilgamesh, 37
Escravidão 22, 84, 85, 126
    africana, 100
    egípcia, 38, 84
    primórdios da, 38, 43, 49, 57, 58
    romana, 65, 70
Escrita, 48, 103
    primórdios da, 37, 48
Espanha, 47- 49, 80, 82- 84, 97, 100, 108, 109, 116, 174
    declínio da, 115-117. *Ver também cidades e específicas*
    hegemonia da, 109-111
Esparta, 58
Especiarias, comércio de, 85, 88, 93, 99, 104, 110
Etruscos, 49, 63, 65
Europa, 79, 80, 96, 97, 99, 101-122, 157, 166
    cidades clássicas na, 51-75
    colonialismo, 119, 120, 174-180, 187
    desurbanização, 72, 73, 79
    exploração, 109, 110, 115, 174
    impérios ibéricos, 109, 110, 115, 116
    moderna, 173, 200, 201, 203
    norte da, 116-121
    renascentista, 103-113, 114, 115
    ressurgimento, 99, 100, 101-122
    retorno das cidades-estado, 104-107
    suburbanização, 158-160, 168-172. *Ver também cidades e países específicos*
    surgimento de guetos nas cidades, 170
Exploração europeia, 109, 110, 115, 174

Fanon, Frantz, 207
Fargo, 199
Feder, Gottfried, *A nova cidade*, 144-146

Fehrenbach, 41
Fenícia, 46-49, 55-59, 63, 105, 108
    ascensão da, 47
    declínio da, 48, 49
Ferrovias, 136, 156, 161
    metrô, 135, 151, 165, 191, 194
    suburbanas, 159-161, 172, 195
Filadélfia, 134, 137, 159, 161
Filipe, rei, 111
Florença, 104, 105, 107, 109, 111, 130, 197
França, 109, 110, 111, 113, 119, 122, 125
    Paris, 110-112, 158
    subúrbios, 170, 175. *Ver também cidades específicas*
Frankfurt, 170, 189, 198
Freud, Sigmund, *O mal-estar na civilização*, 141
Fuentes, Carlos, *Onde o ar é limpo*, 173, 175
Fujiwara, 45
Fukuoka, 142
Fuzhou, 94

Gália, 68
Gandhi, Mahatma, 186
Gdansk, 114
gênero, questões de, 60
gregas, 48, 55, 56, 57
    muçulmanas, 80, 84
Gênova, 104, 105, 109
Germantown, 161
Gibbon, Edward, 68, 71
Globalização, 196-204, 210, 211
Goebbels, Joseph, 146
Gógol, Nicolai, 148
Gorki, 150, 151
Governo e política, 46
    cartaginês, 49
    chinês, 90-92, 97, 99, 189-195
    europeu, 100, 105-109, 112, 113, 114, 148
    grego, 57, 59
    muçulmano, 85, 86, 99, 206, 207
    primórdios do, 45, 49
    revoltas modernas, 182-184, 185-188
    romano, 64, 68. *Ver também cidades e países específicos*
    surgimento da política urbana moderna, 107
Grã-Bretanha, 47, 49, 68, 99, 119, 122, 125, 140
    colonialismo, 120, 176, 177, 189
    industrialismo, 125-130
    Londres, 119, 122, 125, 126, 159, 160
    subúrbios, 158, 160, 161, 169, 170. *Ver também cidades específicas*
Grande Depressão, 161
Grande Revolta de 1572, 117
Grant, Michael, 60
Grécia, 53-60, 63, 64, 65, 66, 91, 108, 109, 210
    clássica, 48, 49, 54-60

declínio das cidades-estado, 57
diáspora, 56, 57
helenística, 58, 60, 65
polis, 54, 55. *Ver também cidades específicas*
Gregório, papa, 73
Guadalajara, 175, 197
Guangzhou, 90, 93, 94, 189, 193
Guerra da Coreia, 31, 188
Guetos nas cidades europeias, surgimento de, 170

Hall, Peter, 198
Hamburgo, 170, 207
Hamurabi, 44
Han, dinastia, 45, 89
Hangzhou, 90, 93, 94, 96
Harappa, 20, 39, 44
Haussmann, Georges-Eugène, 113, 130, 158
Henrique IV, rei da França, 112
Henrique VIII, rei da Inglaterra, 121
Henry, O., 135
Heródoto, 21, 44, 56
Hideaki, Ishikawa, 172
Hinduísmo, 87
Hitler, Adolf, 146, 150
Hititas, 47
Holanda, 118-120
Homero, *A Ilíada*, 48, 54
Hong Kong, 177, 187, 189, 190, 191, 192, 193, 194
Hoover, Herbert, 161
Houston, 11, 199, 204
Howard, Ebenezer, 160
Hunos, 82
Huntington, Henry, 155, 156
Hyderabad, 187

Identidade cívica, 14, 167
  erosão moderna da, 167, 168
  grega, 54, 55
  primórdios da, 36, 37
  renascentista, 105-108
  romana, 64, 68, 69
Iluminismo, 210
Impérios ibéricos, 110, 111
  fracasso dos, 115, 116. *Ver também cidades e países específicos*
  hegemonia dos, 110, 111
ibn Battuta, 79, 85, 87, 89, 96
ibn Khaldun, 80, 81, 97, 98, 99
Ikebukuro, 172
Imigração, 10, 130, 170, 194, 200
Império Máuria, 87
Império do Meio, 89, 90, 92
Império Selêncida, 66
Incas, 40
Índia, 20, 39, 58, 59, 68, 79, 80, 84, 85, 86, 87, 106, 109, 210

colonial, 121
islã, 39, 44
oportunidade perdida, 96-100
pós-colonial, 178-180, 186, 190. *Ver também cidades específicas*
primórdios da, 176-180
Indústria do entretenimento, 71, 94, 136, 186, 201
  cidade efêmera, ascensão da, 200, 203
  classe empreendedora, 45, 141
  moderna, 183, 186, 197, 199, 200
  primórdios da, 45-49
  supressão da, 98, 186
Industrialismo, 123-151, 157, 158, 159
  alemão, 140, 144
  americano, 130-137
  britânico, 125-130
  implicações globais, 140, 167, 168
  japonês, 138, 139, 140, 144-146
  russo, 140, 146-151
Inquisição, 115
Internet, 183, 203
Invasões nômades. *Ver grupos específicos*
Irã, 31, 35, 83
Iraque, 36, 83
Irlanda, 127
Irrigação e canais, sistemas de, 36, 43, 96, 105, 117, 142
Islã, 74, 79-88, 89, 95, 103
  Bagdá, 83, 84
  Cairo, 84, 85
  fundamentalismo, 183
  futuro do, 210
Índia, 86, 88
  movimentos antimodernistas, 182-184, 185, 204-210
  natureza da cidade, 81, 82
  oportunidade perdida, 96-100
  primórdios, 79, 81
  terrorismo, 204-206. *Ver também cidades e países específicos*
  visão urbana de Maomé, 80, 81
Ispaã, 86
Israel, 183, 206
Istambul, 96, 97, 99, 177, 210
Itália, 48, 56, 72, 99, 125
  cidades-estado renascentistas, 103-111, 116
  Roma, 62-73. *Ver também cidades específicas*

Jacarta, 177, 185, 190, 195, 197
Jackson, Kenneth, 158
Jacobs, Jane, 167
Japão, 45, 89, 90, 92, 96, 141, 150, 151, 161, 165
  industrialismo, 139, 140, 141-144, 147, 168
  moderno, 171, 172, 187, 188, 190, 195, 199, 203
  primórdios do, 45

subúrbios, 171, 172, 195. *Ver também cidades específicas*
Jazz, 136, 144, 146
Jericó, 23, 35
Jerusalém, 48, 69, 72, 82, 92
Jiddah, 207
Johannesburgo, 177, 182
Johnson, James Weldon, 136
Jones, Emrys, 166
Judeia, 61
Judeus, 60, 61, 72, 83, 94, 106, 115
    perseguição aos, 75, 80, 115, 116, 145
Justiniano, 75
Jutlândia, 54
Juvenal, 67

Kaifeng, 91, 92, 94
Karachi, 185, 207
Kawasaki, 142
Keller, Werner, 35, 241
Kent, 170
Khiyami, Sami, 183
Khrushchev, Nikita, 150, 152
Knossos, 20, 24
Kuala Lumpur, 195, 197
Kublai Khan, 95
Kuomintang, 192
Kuwait, 183, 207
Kyoto, 26, 45, 142

Labé, Louise, 119
Lagos, 29, 177, 180, 182, 187, 196
Lahore, 180
Lancashire, 126, 159, 195
    primórdios da, 42, 43
    propriedade de terras, 43, 146, 162, 169, 171
Las Vegas, 202
    babilônio, 43
    direito, 91, 120, 150, 151
    europeu, 107
    islâmico, 83, 85
    romano, 64
Le Corbusier, 31, 165, 166
Leeds, 129, 130
Lee Kuan Yew, 191
Leipzig, 167, 198
Leningrado, 32, 149, 150, 151
Letchworth, 30, 160
Levittown, 31, 162
Lewis, Bernard, 89
Lisboa, 27, 109, 111, 115
Litvinoff, Barnet, 116
Liverpool, 130, 159, 188, 198
Lívio, 64
Livros, 67, 84, 85, 119, 143

Londres, 67, 68, 109, 116-119, 122, 136, 140, 143, 158, 168, 175, 187, 189, 197, 199, 201, 207
    emergência de, 119, 121, 122, 125
    industrialismo, 122-130
    subúrbios, 158, 159, 169, 170
Lopez, Robert, 68, 242
Los Angeles, 9,10, 14, 28, 30, 31, 32, 62, 144, 155-158, 166-168, 172, 195, 198, 201, 205
Luís XIV, rei da França, 28, 112, 131
Luís Napoleão, 29, 113
Loyang, 20, 45, 91
Lueger, Karl, 30, 146
Luxemburgo, 197
Lynch, Kevin, 22
Lyon, 112

Macedônia, 58
Mãe Terra, 39, 53
Madras, 177
Madri, 27, 109, 111, 115, 122, 170
Magnitogorsk, 151
Maias, 40, 44
Malásia, 166, 190
Mamelucos, 26, 85
Manchester, 126-130, 133, 140, 159, 167, 168, 198, 202
Manila, 180, 185, 195, 196, 197
Mao Zedong, 193
Maomé, 25, 79, 80, 81, 82, 89
Maquiavel, Nicolau, 109
Marrakesh, 83
Marselha, 24, 56, 57, 69, 73, 177
Martin, Ralph G., 163
Marx, Karl, 126, 128, 176
Meca, 25, 79, 80-83, 92
Médici, família, 107, 111
Médico, atendimento, 148
Medina, 82, 83, 92
Melbourne, 169
Melos, 54
Mênfis, 29, 39
Mercado. *Ver* comércio
Mesopotâmia, 20, 35-40, 42, 44, 53, 71, 81, 85, 125. *Ver também cidades específicas*
Mesquitas, 82, 83, 85
Metrô, 135, 151, 165, 191, 194
México, 19, 20, 40, 173-175, 197
    conquista do, 174
    moderno, 174, 175. *Ver também cidades específicas*
    primórdios do, 40, 44, 173, 174
Miami, 198, 202
Micenas, 54
"microcosmos europeus", 177-179
Mídia de massa, 200, 201
Milão, 73, 84, 105, 109, 111

Militar, poderio, 46
  chinês, 90-92, 99
  europeu, 104, 110, 111, 116
  grego, 55, 56
  romano, 63-67, 68, 69
Milwaukee, 134
Ming, dinastia, 90, 98
Mogadishu, 86
Mogóis, 96
Mohenjo-daro, 20, 39
Mombasa, 86
Mongóis, 87, 94, 96, 98
Montreal, 11, 202
Mouros, 110, 174
Moscou, 94, 147-152, 165
Moses, Robert, 162
Muçulmanos, 36, 75, 79-88, 92, 94, 96, 104, 106, 210. *Ver também* islã
Mumbai, 79-82, 89
Mumford, Lewis, 39, 62, 164, 239

Nações Unidas (ONU) , 176, 181, 184, 189
Nagoya, 139, 140, 141, 144, 167
Naniwa, 45
Nanquim, 91
Nápoles, 70, 116
Napoleão I, 113
Napoleão III, 130, 158
Nara, 45
Nazismo, 144-147
Nova Amsterdã, 120
Nova York, 11, 12, 14, 62, 120, 131-137, 144, 158, 159, 162, 164,166, 176, 195, 198, 199, 200, 202, 203, 205, 207, 208
  ataque terrorista de 2001, 207, 208
Nezahualcóyotl, 175
Nicolau II, czar da Rússia, 150
Nilo, rio, 35, 63, 85
Nínive, 20, 21, 44
Nishiyama, Uso, 144, 145
Novgorod, 94, 150

Oakland, 164
Odoacro, 73
Ocupantes, cidades de, 181, 185, 188
Olmecas, 44
Olmsted, Frederick Law, 134, 157, 172
Oriental, época, 77-99, 100
  arquipélago islâmico, 79-88
  declínio, 96-99, 100
  Império do Meio, 89-94
Oriente Médio, 35, 39, 171, 182, 183, 185, 189, 206. *Ver cidades e países específicos*
Orlando, 202
Osaka, 48, 140, 141, 142, 144, 167, 172, 187, 188, 189, 200

Ouro, 58, 86, 94, 99

Pacific Electric Railway, 156
"padrão cósmico", 40
Pádua, 104
Paganismo, 72
Países Baixos, 111, 116, 117, 118, 121
Palestina, 35
Paquistão, 184
Paris, 109, 111-115, 122, 130, 137, 158, 159, 171, 198, 201, 202
  subúrbios, 171, 172
Park, Robert Ezra, 208
Partos, 61
Paulo, 71
Pedro, czar da Rússia, 147, 149
Pequim, 26, 90, 91, 96, 177-179, 193, 204
Péricles, 56
Pérola, delta do rio, 194
Perry, comodoro William, 141
Pérsia, 58, 68, 82
Peru, 20, 40
Petróleo, 183, 184
Petrônio, 62-64, 66, 67; *Satyricon,* 67, 68
Phoenix, 204
Pirenne, Henri, 22, 74, 104
Pisa, 104
Plano Abercrombie, 31, 169
Platô, 54, 55
Política. *Ver* governo e política
Pollio, Marcus Vitruvius, 105
Polo, Marco, 93, 95, 239
Polo, família, 89, 94, 96
Pope, Alexander, 121
População, 140, 157, 158
  americana, 129-134, 135, 162, 164, 166, 167
  chinesa, 93, 96
  declínios, 73
  europeia, 108-114, 116, 120-122, 126, 127, 144-147, 149, 150, 158, 169, 170
  futuro da, 196- 211
  grega, 55, 56, 61
  japonesa, 141, 143, 168, 172
  mexicana, 174, 175
  moderna, 175-195
  muçulmana, 84
  primórdios da, 36-40, 49
  Roma, 62, 65, 66, 67, 68, 72, 73.*Ver também cidades e países específicos*
Portugal, 100, 110, 111, 115, 116
  hegemonia de, 110, 111. *Ver também cidades específicas*
Primeira Cruzada, 104
Procópio, 75
Produção Industrial, 125, 151
Protestantismo, 112, 121

"protocidades", 35-40
Psellus, Michael, *Chronographica*, 74
Ptolomeus, 59
Pudong, Nova Área de, 194
Punjab, 39
Pirâmides, 18, 20, 39, 66

Quat-Hadasht, 49

Racismo, 164
Raffles, Sir Stamford, 190
Ravena, 73
Reforma social, 129-134
Religião, 20- 24, 36
    americana, 133
    aspecto sagrado do lugar, 21, 22, 206-211
    chinesa, 89, 92, 94, 98, 192, 210
    cidade futura e, 208-212
    europeia, 103, 109, 112, 114, 116-120, 125
    islã, 80-87
    moderna, 182-184, 191
    origens sagradas das cidades, 35-40. *Ver também religiões específicas*
    pagã, 81, 210
    primórdios da, 36-40, 43, 53
    romana, 63, 64, 71, 72
Rembrandt van Rijn, 119
Renascimento, 48, 103-113
    cidades imperiais, 108, 109
    cidades-estado, 104-108
Restauração Meiji, 141
Revolução cultural, 31, 193
Revolução Industrial, 125, 151, 158
Riga, 114
Rio de Janeiro, 205
Riyadh, 183
Rodes, 54, 57, 59, 69
Roma, 21, 42, 62-74, 79, 82, 91, 105, 107, 115, 176, 200-204, 208
    colapso, 70-75, 103
    como megalópole arquetípica, 65, 68
    poder e vitória, 63-69
    segurança, 67-70
Rômulo e Remo, 63
Rossi, Niccolò de, 108
Rota da Seda, 79
Roterdã, 118, 171
Rússia, 114, 147-151
    industrialismo, 140, 147-151
    regime bolchevique, 148, 149
    soviética, 148-151, 166. *Ver também cidades específicas*

Sagrado. *Ver* religião
Saint Louis, 132, 133, 134, 137, 155, 164, 167
Salamina, 58

São Francisco, 198, 199, 202
San Jose, 11, 195
San Salvador, 205
São Paulo, 181, 188, 196, 205
São Petersburgo, 122, 140, 147, 148, 149
Sapporo, 142
Sardenha, 47
Sargão, 42, 43, 44, 85
Sassen, Saskia, 198
Seattle, 137, 199
Seda, 93, 104, 129, 177
Segunda Guerra Mundial, 147, 151, 162, 169, 172, 190
Segurança, 21, 22, 24, 157, 204-208
    ameaça terrorista, 205-208
    colapso urbano e, 44
    futuro urbano e, 204-208
    necessidade de, 22
    primórdios da, 37, 44
    romana, 67-70
Seul, 45, 187-191, 195
    emergência de, 187-190
Sevilha, 14, 111, 115, 116
Shang, dinastia, 39
Shenzen, 193
Shibuya, 172
Shih Huang-ti, 92
Shinjuku, 172
Shiraz, 83, 86
Shopping centers, 67
    primeiros, 37, 67
Sicília, 56
Sídon, 47, 49
Simmel, Georg, 145
Sind, 39
Sioux Falls, 199
Siracusa, 21, 57, 59
Síria, 47, 69
Smith, Adam, 131
Socialismo, 144-151
Sociedade:
    americana, 131, 132, 156
    chinesa, 39, 46, 90, 97-99, 189-195
    egípcia, 38, 46, 99
    europeia, 103, 104, 108, 115-120, 125, 129, 144, 145, 147-151, 158, 159
    fenícia, 47-49
    grega, 55, 59
    indiana, 186, 187
    industrial, 127-151
    japonesa, 141-144
    mesopotâmica, 36, 37
    mexicana, 174, 175
    moderna, 175-195
    movimentos reformistas, 129, 130, 133, 134
    muçulmana, 80, 81, 85, 97-99, 206-208

primórdios da, 36-40, 43, 46
    romana, 64-68, 70, 71
    suburbana, 159-172. *Ver também cidades, países e classes sociais específicas*
Sócrates, 55, 82
Soseki, Natsume, 143
Speer, Albert, 146
Stalin, Josef, 150
Stalingrado, 150, 151
Subúrbios, 157-172, 175, 199
    alemães, 170
    americanos, 155-158, 161, 162-168
    Argentina e Austrália, 168, 169
    asiáticos, 171, 194, 195
    britânicos, 158-161, 169
    franceses, 170, 171
    futuro dos, 199
    história dos, 157-161
    racismo, 164
Sudeste Asiático, 80, 88, 89, 93, 99
Sui, dinastia, 92
Sui Wen-ti, 92
Suméria, 20, 35-37, 38, 39, 48, 108
Sung, dinastia, 92, 93, 94, 98
Suriname, 120
Sverdlovsk, 150, 151
Sydney, 169, 198

Tabriz, 86, 94
Taipei, 187, 193
Taiwan, 192
Tang, dinastia, 45, 89, 91, 92, 93
Taoismo, 94
Tcheliabinsk, 151
Teaford, Jon C., 163, 167
Tebas, 38, 39, 54, 58
Tecnologia, 20
    industrialismo, 125-151
    moderna, 164, 182, 183, 186, 198-205
    romana, 68
Tecnologia e globalização, 197-201
Teerã, 28, 183, 184, 197
Tel Aviv, 197
Telecomunicações de massa, 20, 198, 205
Televisão, 201
Templo de Salomão, Jerusalém, 48
Templos, 143, 201
    primeiros, 17-20, 37, 39, 40, 43, 48, 66
Tenochtitlán, 13, 14, 40, 110, 115, 174, 175
Teotihuacán, 40, 44, 173, 174
Terrorismo, 207
Tertuliano, 72
Têxtil, indústria, 191
Tibre, rio, 63, 68
Tigre e Eufrates, rios, 19, 35, 36, 84
Tijuana, 205

Timbuktu, 86, 178
Tiro, 20, 47, 49, 59, 130, 158, 197
Tocqueville, Alexis de, 127, 129
Toledo, 80, 134
Tolstói, Aleksei, 149
Tóquio, 14, 62, 140-142, 144, 168, 172, 186-190, 194, 195, 198, 200, 201, 207, 208
Trabalho a distância, 198-200
Trácia, 69
Trajano, 69
Trier, 68, 73, 177
Troia, 54
Trollope, Frances, 133
Tucídides, 56
Turcos, 75, 85, 86, 97
Turim, 168, 198
Turismo, 202, 204, 205
Turquia, 35, 56, 183

Ugarit, 47
universalidade da experiência urbana, 20, 21
Ur, 20, 21, 36, 37, 43
"urbanização do campo", 175, 176

Valladolid, 111
Varsóvia, 109
Veneza, 48, 84, 94, 104, 105, 106, 109, 203
    renascentista, 104, 105, 107-109, 119
Verona, 104
Verrazano, Giovanni da, 111
Versalhes, 112, 147
Vespúcio, Américo, 111
Viena, 113, 122, 141, 146, 150, 202
Vikings, 103
Visigodos, 73

Washington, D.C., 113
Wells, H.G., 159, 170, 201
Welwyn, 160
Whyte, William H., 164
Wilbur, Richard, 163
Winchester, 121
World Trade Center, 166
    ataque terrorista de 2001

Xangai, 62, 176-179, 189, 193, 195, 204, 207, 208
    ressurgimento de, 194

Yamasaki, Minoru, 166
York, 68

Zhangzhou, 90, 93, 94, 96
Zhou, dinastia, 44, 45, 91

Conheça mais sobre nossos livros e autores no site
www.objetiva.com.br
Disque-Objetiva: (21) 2233-1388

Este livro foi impresso na
LIS GRÁFICA E EDITORA LTDA.
Rua Felício Antônio Alves, 370 – Bonsucesso
CEP 07175-450 – Guarulhos – SP
Fone: (11) 3382-0777 – Fax: (11) 3382-0778
lisgrafica@lisgrafica.com.br – www.lisgrafica.com.br